力動性としての時間意識

力動性としての時間意識

武藤伸司著

知泉書館

凡例

一、フッサール全集（Husserliana）は Hua. と略記し、フッサール全集資料集（Husserliana Materialien）は HMat. と略記し、それらからの引用は、巻数をローマ数字、ページ数をアラビア数字によって本文中の（　）内に示す。

一、『経験と判断』は Felix Meiner 版を使用し、EU と略記する。

一、原著における強調は強調、筆者による強調は、強調と示し、〔　〕は筆者による補足、〈　〉は原文にある補足を示す。

一、引用文中の…は中略を示す。

一、参照を表す略記はドイツ語の文献の場合 vgl. で示し、英語とフランス語文献の場合 cf. で示す。特に注において文頭で用いる場合は、Vgl. と Cf. と示す。

一、本文中の引用において同所を示す略記は、ドイツ語文献の場合 ebd. で示し、英語、フランス語文献の場合、ibid. で示す。

一、注における引用、参照文献は、初出のみ、著者名、文献、論文のタイトル、出版所、出版年を明記し、以降は、著者名と出版年のみで略記する。

一、注における引用・参照文献について、前掲書と前掲論文が同所、同箇所の際は、ドイツ語文献の場合、a. a. O. で示し、英語、フランス語文献の場合、op. cit. で示す。

一、引用・参照文献のページ数は、邦語文献の場合、「頁」とし、英語とフランス語の場合、「p.」（複数ページの際は「pp.」）と示し、ドイツ語の場合は、「S.」（連続するページの場合は、ページ数のアラビア数字の後に f. をつける）と示す。

一、フッサールの主要な著作、講義を日本語で示す場合は、以下の略記を用いる。

『算哲』　『算術の哲学』

『論研』　『論理学研究』

『理念』　『現象学の理念』

『認識論講義』　『論理学と認識論のための序論』

『厳密学』　『厳密な学問としての哲学』

『イデーンⅠ・Ⅱ』　『純粋現象学と現象学的哲学のための諸構想』

『ベルナウ草稿』　『時間意識についてのベルナウ草稿』

『受動的綜合』　『受動的綜合の分析』

『能動的綜合』　『能動的綜合』

『時間講義』　『内的時間意識の現象学』

『危機書』　『ヨーロッパ諸学問の危機と超越論的現象学』

『間主観性』　『間主観性の現象学』

『C草稿』　『時間構成についての後期テキスト（1929-34）—C草稿群』

目次

第Ⅱ部　ヴァレラによる時間意識の神経現象学

力動性としての時間意識

序論

時間とは何なのか。時間についての問いは、哲学の歴史の中で常に問題とされてきたものであり、哲学にとって一般的な問題系の一つと言える。時間を問うということの中でその対象となるものは、例えば時計のような計測される時間や、その計測のために単位化された物理学的な時間、あるいは季節や天体の運動の秩序から規定される世界の中での時間などが挙げられる。これらの時間に関する概念に共通することは、「客観的な存在としての時間」という理解である。しかしながら我々は、これらについて分析し説明するということを目的としない。我々が時間に対する問いの対象としたいのは、そうした客観的に実在すると考えられている時間に対して解釈を与えることではない。では、一体時間の何を問うのか。それは、そもそも人が時間という認識をいかにして持ち得るのかという原理にまつわる、意識において体験されている時間である（以下からこれを「時間意識」と呼ぶ）。

なぜ時間意識の体験が問題にされねばならないのか。この点は、哲学史の先例に倣えば自ずと見えてくるだろう。例えば、主観的な時間について行われた分析を代表するのは、アウグスティヌスの『告白録』第一一巻であろう。アウグスティヌスはそこで心理的な時間を考察しており、過去、現在、未来という時間様相を、記憶、注目、予期という意識の働きとしてそれぞれ考察している。またアウグスティヌス以外にも、例えばカントは、『純粋理性批判』において時間を感性的な直観の形式であるとし、認識におけるアプリオリな条件であると考えている。そしてウィリアム・ジェームズは、心理学的な思考の流れという経験をもとにして、時間の長短を感覚として問題にしている。彼の指摘する時間の感覚とは、現在でありながら過去の内容を含んだものである。つまりジェームズは、時間の体験を単にそのつどの瞬間的な現在だけでなく、それらに縁暈（fringe）を伴ったものとして考えているのである。

以上のように主観的な時間体験に関する考察は多々ある。しかしながら、様々ある主観的な時間論の中でも、可能な限り意識に即して、意識に与えられているがままにその詳細な性格を捉えようとする最もラディカルな時間論は、フッサール現象学における時間意識論をおいて他にないだろう。なぜなら、現象学は上に列挙した哲学者たちの諸説とは異なり、「事象そのものへ」という格率に従って我々の意識の根本的な性質を志向性であると規定し、その志向性において現れているものを純粋に捉えようとしているからである。具体的には、例えば時間意識の体験を与えられているがままに純粋に取り出そうとするならば、それはつまり、意識における現出を常に動いているままに取り出して考察しよう、ということになる。このことは、フッサール現象学の時間意識論が他の哲学者たちの論説と異なる重要な特徴を端的に示している。したがって、主観的な時間を哲学的に、ないしは現象学的に考えるということは、意識の活動それ自体を捉まえて、それをそのままのものとして哲学的に分析する、ということに他ならないのである。

このような主張は、全くもって素朴で、一見して当然の指摘であると思われるかもしれない。しかしながら、時間という意識体験を分析するということは、それほど一筋縄で行くようなものではない。例えば、何らかの対象の変化や動きを捉えるとき、その動きを何らかの方法で止めて（連続写真などでコマ送りにしてみるなど）、ある一定区間に固定された瞬間の今の連続として見ることができる。つまり、動きをバラバラにして動いてはいないものにし、その対象の時間を分析するということである。しかしこうしたことからは、時間という事象の内実に対し、狭く、限定的な理解しか得られない。なぜなら、動きとは動いているから動きとして成立するのであって、それを止めてしまっては、もはや別物に対する分析にしかならない。それが分析のための仮の措置であるとしても、である。これは素朴な指摘でありながら、本研究の最も重要なポイントである。時間はまさに「意識の働き」ないし「意識の動き」という持続や変化に他ならない。そうだとすれば、時間意識という現象の原本的な在り方に哲学的な説明を施すためには、何らかの方法的な工夫が要求されねばならない。それがなければ、意識の動きそれ自体やその働き方を捨象することになり、時間という現象の本質に届かないということになってしまう。だが、そうした「動いているなら止めて考える」という一般的な考察の素朴さは、フッサール現象学において、現象学的還元という方法を用いることで、徹底した態度変更がなされ、排除される。そしてそればかりではなく、その方法は、生き生きとした時間そのものをありのままに開示し、把捉可能とする。また、この方法を用いることによって、現象学的な探究は明証性を獲得し、我々の意識における構成の仕組みの本質規則性を示すことにもなる。現象学はこの方法論を持つことによって、他の哲学とは一線を画するのである。

　したがって、我々が真摯に時間という問いの探究を進めようというのであれば、それは単に時間という現象に対する意識の在り方だけでなく、意識自体の根本的な在り方を明らかにすることへとつながっていくことになる。つまり、以上の考察の前提に則れば、意識は常に動き、展開し、発展するといった、意識の力動性に即して現象を産出し構成している、ということが本研究において明らかになるのである。こうしたことから、我々は本書において、「意識の志向的な構成は常に時間的である」というテーゼを原理的に解明することになるだろう。

　以上のことから、本書における研究の目的は、冒頭に掲げた哲学的に一般的な問いの立て方である「時間とは何か」ではなく、「時間という現象は、どのようにして生じるのか」という問いの考察に向けられることになる。つまりここで改めて強調したいのは、この研究が時間それ自体に対する考察ではなく、時間意識に対する考察であるという点である。この基本的な研究方針に沿って、本書は、以下の通りに議論を展開する。

まず、本書の第I部において、フッサール現象学の時間意識分析の内実を考察する。ここでは、フッサールの時間意識論において、その論立ての根幹をなす「過去把持（Retention）」という特有な志向性の性質を明らかにする。我々は、この過去把持という志向性に対して、フッサールに即した正当な理解を得ねばならない。この過去把持の理解こそ、彼の生涯に渡る時間意識論全体の核となるものであり、これが理解できるか否かが、フッサール現象学を理解することの分水嶺となるといっても過言ではないだろう。我々は、まずもってこの過去把持という志向性の本質を徹底的に考察しなければならないのである。

そして、その理解の上で、未来に関する意識の構成に関わる「未来予持（Protention）」という志向性を考察する。この未来予持という志向性は、過去把持と対になって時間意識の全体を構成する重要な能作である。この未来予持は、単に過去把持の派生概念に過ぎないのではなく、意識にとって固有で本質的な役割を果たしている。しかも、その未来予持に特有な諸性質は、フッサール現象学の展開の中で重要な転機をもたらすものでもある。その転機よってもたらされるものとは、フッサール現象学の中後期の思索において中核をなす「受動的綜合」の分析である。我々は、この受動的綜合への着想に、未来予持の分析が関与しているということも考察する。この未来予持の議論は、フッサール現象学の結節点であるばかりでなく、本書全体の論旨においても重要な意義を持つことになる。

さらに、これらの過去把持と未来予持の働きが受動的綜合への着想だけでなく、受動的な構成それ自体の契機にもなっているということを我々は考察することになる。それは、受動的綜合が成立する感性的な次元の諸規則性に関わっている。つまり、覚起、連合、触発、対化という意識の働きに、時間意識の両能作が関わるということである。これらのことについて我々は、過去把持と未来予持の能作なくしてこれらの規則性自体が成立し得ないということを考察する。第Ⅰ部では、特にこの点を理解することが最も重要な課題となる。なぜなら、この次元での綜合に時間意識の構成の諸能作が本質的に関わるということは、それが意識の構成全体に根本から敷衍しているとも言い得るからである。その証左は、本能や衝動という意識の深層にまで遡及することで明らかになるだろう。意識をその深層の限界まで遡るとき、まさに時間意識の構成が意識活動の根源性をなしていると、我々に示されるのである。

以上が第Ⅰ部で為される考察の概要となる。そしてさらに我々は、これらの第Ⅰ部での考察をもとにして、現象学の現代的な発展の可能性を第Ⅱ部において考察する。第Ⅱ部で議論となるのは、フッサール現象学を認知科学に応用した、ヴァレラの神経現象学である。

ヴァレラは認知科学を専門としているが、その研究の中でフッサール現象学を用いている。そこで彼は、認知科学研究の探究プログラムとして、「神経現象学」という方法を提案し、研究を展開している。そのヴァレラの神経現象学の内実を理解するために、我々はその導入として、認知科学における様々な研究方法や、それに対する哲学的な見解を確認する。これらを確認することによって、ヴァレラがなぜ認知科学に現象学を必要としたのかを理解することができるだろう。

この神経現象学の展開において特徴的なのが、「現象学の自然化」という試みである。神経現象学を展開する研究者は、主に認知科学の研究者であるが、彼らは現象学で用いられる一人称的に記述される体験を、物理学や数学のモデルを用いて理解するという試みを行っている。本書は現象学の立場からこの試みを吟味し、それが正当なものであるか否かを考察する。なぜなら現象学は、科学的な諸学問の一般的な態度である自然主義的な態度をエポケーすることで、そのような事実学に対する本質学を主張するからである。この主張に即せば、現象学の側から現象学の自然化の試みをどのように理解して展開すればよいかという原理的な問題を、曖昧なままにしておくことはできない。現象学を基本原理に据え、その方法を行使して研究を行うのであれば、それらに悖るような探究は容認されないだろう。そこで本書は、現象学の自然化の可能性を批判しつつ、しかし現象学が諸事実学とどのようにタイアップしていけるのかという点について提案を試みる。その試みとは、「諸事実学を領域的存在論として現象学の立場から規定することによって、事実学において呈示される成果を「手引き」として現象学的な研究に用いる」というものである。領域的存在論へと事実学を回収し、手引きとして用いるというこの「手続き」を経ることによって、現象学と認知科学は相互制約と相補性を主張することができ、共同研究が可能になると考えられる。この提案が妥当であれば、現象学的な探究は、全方面に果てしなく拡張できるようになると考えられる。

実際、こうした共同研究の可能性の中で、ヴァレラは具体的に神経現象学における時間意識論を展開している。ヴァレラは、認知科学において研究される脳神経系のダイナミクスと身体における感覚と運動の連動という体験の記述を、時間意識の構成能作における過去把持と未来予持に相応させている。我々はこの試みを改めて現象学の側からの考察にもたらし、神経現象学が現象学の現代的な展開のモデルケースであることを確認する。こうした確認の中で、我々は現象学の新たな展開と課題を具体的に見出すことになるであろう。

したがって、我々は現象学と神経現象学を研究することで、伝統的な哲学の正確な理解を求め、現代的な新たな問題を考察し、そしてさらに今後の研究の展開可能性を示唆していくという、本質的な哲学の探究プロセスとプログラムを呈示するものとなるだろう。

第Ⅰ部　フッサールによる時間意識の現象学

第一章　時間意識の本質規則性としての過去把持

第Ⅰ部では、フッサール現象学における時間意識の問題を考察する。我々はここでの考察において、フッサールの時間意識に対する思索の経過を追うこととなる。時間意識の問題はフッサールが生涯をかけて絶え間なく思索を繰り返したテーマであり、またそれゆえに現象学の核心となっていると言い得るものである。つまり、時間意識の現象学を理解することは、フッサール現象学全体の理解に繋がるものであると言っても過言ではない。具体的に言えば、その理解を通じて、静態的現象学から発生的現象学への深化の過程とその内実を正当に理解することになるということである。したがって我々は、この第Ⅰ部において、フッサールのテキストを時系列に沿って読解し、時間意識の構成の本質規則性と、時間意識から派生するその他の諸問題の考察を進めることとする。

こうした現象学の時間意識の研究は、言うまでもなく多くの先行研究が存在する。それらを鑑みれば、この第Ⅰ部における研究は、一見してありふれたものと捉えられるかもしれない。しかしながら、改めてこの問題を主題とする狙いは、フッサール現象学の時間意識分析における最も重要な点が、「過去把持」という意識構成の持続に関わる能作の発見であるという点をさらに強調し、さらに深く理解することにある。この過去把持は、フッサールによって「特有な志向性」と呼ばれ、時間意識の核になっているのだが、それだけではなく、意識の構成プロセス全体に、実的かつ本質的に関与する意識の働きでもある。意識の構成の要件、ないしは志向性の根本性質に時間意識が含まれているということは、いくら強調してもし過ぎることはないほどの重要性を持つ。したがって、我々はまず、フッサールがいかにしてこの重要な志向性の能作を発見するに至ったのか、ということについて、彼の思索の足跡を辿ることとする。このことによって、その能作の働きや特徴を正しく理解することが可能となるだろう。

そこで我々は、フッサール全集第一〇巻『時間講義』(1)に収められた後半の「B」補足テキストにおいて年代順にナンバーを付された草稿を用い、フッサールによる初期の時間意識分析の経過を考察し、以降の議論の基礎とする。これらの草稿群は、およそ一〇年もの歳月の間、フッサールが粘り強く時間意識の働きを考察し続けた成果であり、その中には、様々な哲学者たちの学説との対決や、自ら打ち立てた諸理論への徹底的な反省、そして過去把持の発見に至る考察の過程が収められている。したがってこの第一章において、我々このテキストに基づいてフッサールの現象学的な思惟の過程を確認し、そしてまた、体験の明証性に基づいた記述による過去把持の重要性を示すことを目標とする。

以上のことから本章第一節では、フッサールの時間意識考察に対する最初期の考察を確認する。フッサールは、ゲッティンゲンでの一九〇四／〇五年の「時間講義」が行われるまでの間にも、すでに一八九〇年代から時間意識に対する考察を行っている（vgl. HuaX, Nr. 1）。ここでフッサールは、時間的な経験の例として、メロディーという聴覚的な体験の構成を重点的に記述し、考察している。例えばフッサールは、

1　各瞬間に直観される個々の音の連なりがいかにして構成されるのか

2　そしてその連なりにおいて、統一的なメロディーという表象がいかにして構成されるのか

という二つの問いを考察している。そこでフッサールは、前者の問いにおいて、個々の音の直観的な体験の「時

間的な拡がり」を指摘しているのである。しかしそれによって、現在の実在性と過去の非実在性という区別から、現在を瞬間的な時間点として主張するフランツ・ブレンターノの学説との対決が生じることになる。そしてまた、後者の問いにおいてフッサールは、アレクシウス・マイノングの非時間的な高次対象（表象）の構成に対しても、ブレンターノとの対決と同様に、体験の持続という現象学的な記述の明証性から、構成の非時間性というマイノングの見解を否定することとなる。フッサールはこれらの時間論との対決を通じて、時間的な体験を「位相（Phase）」の連続として捉えることで、「現出論（Phansiologie）」(2)を展開する。

このことをもとに、我々は続く第二節において、この現出論が後にフッサールによって展開される過去把持の「二重の志向性」の萌芽となることを指摘し、ゼーフェルトでの現象学的還元の着想や、『認識論講義』における「原意識（Urbewusstsein）」と「絶対的意識（Das absolute Bewusstsein）」の指摘との関連を考察する。フッサールは、以上のように内的意識の詳細な特徴を露わにしていく中で、内的時間意識の核心に迫るための道具立てを揃えていくのである。我々は、後の考察のためにこの道具立てをフッサールとともに手に入れなくてはならない。

そして第三節では、フッサールが二重の志向性や原意識、絶対的意識の体験を明らかにしたことで、『論研』以降用いてきた自らの「統握‐統握内容」という図式による構成論を維持し得なくなるという点を考察する。フッサールは、その再考の最中で、統握図式自体を支えている過去把持という特有な志向的能作を見出すのだが、これこそが本章の要点となる。この点を考察することによって、我々は過去把持がいかなる意味で特有であるのかを明らかにすることができるのである。またこのことは、後にフッサール現象学の中後期において展開する時間意識の考察の基礎となり、さらには発生的現象学へと繋がっていくことになる。したがって、この過去把持の正確な理解は、今後展開する我々の考察にとっても、橋頭堡となる重要なものとなるのである。

第一節　時間意識分析の始まり

我々は、フッサールの時間意識に対する考察に関して、まず彼が時間意識を問題にした最初期の考察を確認する(3)。この時期におけるフッサールの時間意識に対する考察は、一九〇四年から一九〇五年にかけて行われたゲッティンゲン大学での講義、いわゆる「時間講義」が主であるが、それ以前にも時間に対する考察は行われている(vgl. HuaX, Nr. 1- 17)。フッサールが現象学を構想して提唱するに至る一八九〇年代から一九〇一年頃の時期に、時間という現象に対してどのように考えていたのかを知ることは、本書の展開における導入と準備に適うものとなるであろう。したがって、我々は、(1)この当時のフッサールの時間意識考察においてポイントとなる二つの問い、すなわち個々の直観における時間的な拡がりという問題と、その直観の持続によって成される高次の対象構成に関わる時間的な意識の働きの問題を取り扱うことになる。そして、それぞれの問いについてフッサールは、(2)ブレンターノの根源的連合説と、(3)マイノングの非時間的な高次の対象構成の理論と対決している。我々は、二人に対するフッサールの批判を確認することで、彼の時間意識論の特徴をより深く理解することになるだろう。そして我々は、彼らとの対決を経たフッサールが、(4)個々の直観の時間的な統一を位相として捉えていること、また各時間の諸位相の更なる統一という二重の連続体として捉えることという、二つの議論を考察する。これらのことにより、フッサールは意識の持続的な構成の分析に関する様々な困難と出会うことになる。我々は本節において、以上のことを確認し、フッサールの時間意識分析の出発点を呈示する。

（1）時間意識の現象学的な記述の始まり

フッサールは時間意識の問題をどのようにして扱うようになったのか。まず、フッサールの時間意識に対する基本姿勢を確認するため、時間の問題を網羅的に取り扱った、彼の最も古い草稿[4]を確認することとする。この草稿は、フッサールの時間意識分析に関する基本的なアプローチを呈示しており、しかも、後に展開される二つの重要な問いの萌芽を含んでいる。では、それがどのようなものであるかを以下から見ていこう。

フッサールは時間の問題を考える際に、時間的な知覚や表象、例えば音やメロディーを聴くという経験を例として多用している。そこでフッサールは、各音の短い区間、すなわち感覚の断片的な「音形態（Tongestalt）」（HuaX, S. 137）が、時間的に連続し、そして延長することに注目する。このことについてフッサールは、これらの体験がいかにしてある一定の統一、すなわちメロディー全体の「代表象[5]」（HuaX, S. 140）としての意識へと至るのか、という問いを立てる（vgl. HuaX, S. 137, 142）。つまり、ここでのメロディーに対する考察は、各瞬間に直観される個々の音が、ある瞬間から他の瞬間へ、といったある種の発展段階を経ることと、そしてそれらの連続から時間的な秩序を持った代表象が構成されるということに、焦点が絞られているのである。これらの二つの側面から考察することは、単にメロディーがそのつどの瞬間的な音の直観の総和ではなく、メロディーという統一的な表象が、それらの総和以上の対象性を有していることに由来する（vgl. HuaX, S. 137ff.）。つまり、フッサールがこの区別のもとで音の連続やメロディーなどの時間表象ないし知覚の分析を展開するのは、それらが対象を現出させる志向性の本質契機、すなわち「統握と統握される内容」によって構成されるという、意識の志向的な体験を考慮しているからである。

このことについて、フッサールは、後の『論研』で、「知覚の表象は、以下のことを通して成立する。体験された感覚の複合体は、ある一定の作用性格、ある一定の統握すること、思念することによって生化（beseelt）される」（HuaXIX/1, S. 80）と述べている。つまり、『論研』におけるフッサールの構成理論において、知覚や表象などの構成は、意識に与えられた感覚与件を意識作用が意味賦与する（生化する）ことによって、すなわち統握することによって成立すると考えられているのである。(6) 例えば我々は、一つの箱を見るとき、それを回したり向きを変えたりしても絶えず同じ箱を見ていると考えている。つまり、その箱に対して我々は、回す度に異なる射映を体験するにもかかわらず、同じ対象として意識しているのである。この「同一性の意識」の根本にあるのは、異なった感覚与件（射映）を「同じ意味」、ないしは「同じ対象」として統握するということである。これについて、フッサールは、「ここで際立っている諸内容と諸作用の間の区別、特に、呈示している諸感覚という意味における知覚の諸内容と、そして統握しながらさらになおも様々に層をなした諸性格を備えた志向という意味における知覚の諸作用の間の区別を、私は明証的に見出す」（HuaXIX/1, S. 397）と述べている。このことから、「どの志向も統一の中で統握された感覚とともに完全で具体的な知覚の作用をなす」（ebd.）と彼は指摘するのである。これらのことは「統握 - 統握内容図式」と呼ばれ、志向性の構成理論としてフッサールによって定式化されたものである。したがってこの理論は、フッサールの現象学的な考察の基本的な枠組みであると言い得る。フッサールは、この枠組みを時間意識の考察にも当てはめ、持続や想起、知覚の分析にもそれを駆使することになるのだが、すでに『論研』を著す以前の時点でも、その萌芽が窺えるのである。

上述のように、フッサールは、時間意識を専ら知覚の現象学的な分析として考察している。その際、分析の中心となるのは、知覚の「持続」である。音やメロディー、あるいは物体の運動に関する知覚は、多かれ少なかれ一定の持続を持って現出する。例えば、メロディーの知覚は、音の変化と不変化、異なる音の接合や混合、音の鎮静という多様な変化の中で現出する。ここで重要なことは、それぞれの音は、次の新たな音が来ても、消えずに意識に留まり、新たな音と連続をなしているという点である。つまり、そうした変化の中でも、個々の音は同じ音として記述されるのである。だが一方で、「今」の音から「過ぎ去った」音に変わるといった、時間的な変様も記述される。このような体験の記述もまた、時間それ自体を理解するために重要な意味を持つことになる。それを端的に示すのが、「あらゆる今は……可視的な拡がりを持つ」（HuaX, S. 168）という、フッサールの指摘である。

我々が幾つもの音を続けて聞いている場合、今の音を聴きつつも、最早ない過ぎ去った音と、これから来るであろう音が意識されている。例えば、連続する三つの音「ド・レ・ミ」を聞いたとき、最新の今において我々に直観されているのは「ミ」であるが、これまで聞いた「ド・レ」も、我々の意識に残っている。そしてそれだけではなく、その過去の音に関係して、次に来るであろう「ファ」を我々は予期してもいる。このことから、音（あるいは物の運動）に関する知覚というのは、そのつどの現在であった知覚がそれとして保持されることによって、時間的な連続を形成しているのだということが分かる。フッサールは、このように「今のもの」から「過ぎ去ったもの」へと保持しつつ変化する意識を、「新鮮な想起（frische Erinnerung）」（HuaX, S. 165）と呼ぶ（あるいは「原初的な想起（primäre Erinnerung）」（HuaX, S. 166）とも呼んでいる）。この意識の働きにおいて、「今」の知覚は単なる瞬間的な直観なのではなく、過去と未来を携えた、言わば拡がりある現在と言い得るものなのである。

では、この時間的な「拡がり」の構造を一般化してみよう。例えば、連続する契機A、B、Cは、Aが今において優先的な仕方で知覚され、次にBが知覚されたとき、今度はBが今として優先され、Aが過ぎ去ったものとして過去になる。そして未だ来ていないCは、Bの時点で予期として未来に投射される（projektieren）か、あるいは未規定的で空虚な未来志向なままに留まるかして、次の「今」の充実を待ち受ける（vgl. HuaX, Nr. 12）。このことからフッサールは、「知覚の本質には、時間性格に関して、必然的なある「今」の優位と、今に向けての漸次的な段階、ゼロ点に対する漸増関連の性質、〔そして、〕それとして本質的に現出しないが、逆向きの方向に不明瞭にぼやけることが属している」（HuaX, S. 168f.）と述べている。フッサールはこうした現在における時間的な拡がりを「時間野」（HuaX, S. 168）と呼び、「思念と現出が呈示された連続と様態において、時間野に拡がっていることと、それらが持続性の統一を形成するということを、明証とともに一般的に看取する」（ebd.）と主張するのである。

　この様な時間的な構造の中で重要なのは、以上のような持続と拡がりに関与する新鮮な想起という意識の働きである。フッサールはこの働きの内実を、想像や再生によって現出する再想起の作用と根本的に区別して説明している。例えば、新鮮な想起は、「私がその音を「たった今聴いていた」にもかかわらず、……その音への志向が、思念の持続性を中断させて既在させねばならないということなしに、なおも絶えず持続する」（HuaX, S. 164）ということに関わっている。つまり新鮮な想起は、知覚の持続そのものに関わる想起なのである。一方、再想起は、「想像現出に基づいて、対象の知覚のように私の頭に浮かぶ「像」といった想起の意識」（ebd.）であって、「想像の中で知覚されたものの再想起、〈以前に知覚されたものや「新鮮な想起」に対するある新たな現出としての〉〔再想起〕」（HuaX, S. 165）というように、新鮮な想起と対置させられるものである。これらの働きは、「両者とも、原初的な想起と再生的な想起の場合に、表象されたものが「今そのものが現に無い」ということが共通している」（HuaX, S. 166）。しかし、両者における最も大きな違いは、再想起が「「現出」を復活させ、準現在的になるということである。これは繰り返すことができるし、そして志向の同一性がこの同一化を通して維持されて、常に新たに現出を生じる」(HuaX, S. 165) という作用性格にある。これに対し、新鮮な想起は、「本来的な作用であって、それは、知覚（新鮮な想起の限界）が時間〔、すなわち〕今的なものを構成するのと同様に、原初的で原本的な時間の中で、Aという過ぎ去ったものを原初的に構成する」(HuaX, S. 166)。つまりフッサールによると、現在という時間的な構成に関しては、新鮮な想起の方が本来的で基礎的（原初的）なのである。したがって、我々は、新鮮な想起が知覚ないし作用を保っているという志向的な働きであり、再想起が知覚を反省したり、像として想像したりするという意識作用であると、理解し得るのである (vgl. HuaX, Nr. 10)[7]。

しかしながら、以上のようなフッサールの分析にも、まだ考慮すべき問題が幾つか潜んでいる。一つは、新鮮な想起による持続の構成についてである。新鮮な想起と再想起の区別は、これまでのフッサールの考察によってはっきりとしているのだが、しかしながら、彼自身はこの時点（一九〇一年）で、新鮮な想起を変様した内容の統握として捉えている。つまりフッサールは、新鮮な想起の特有性は認めつつも、統覚様態の持続、あるいは変化を、なおも「作用」として分析するのである。新鮮な想起の働きを作用ないし統握として考えるのであれば、それは、新鮮な想起の働きに統握図式が適用されることになるが、同時に以下のような不合理を生じることとなる。例えば、知覚の持続を作用として捉えるのならば、その知覚の持続を内容として、それを持続させる作用が必要となり、それが新鮮な想起であるということになる。すると今度は、我々がその持続をなすその新鮮な想起の作用の成り立ちを考察しようとして、その考察のためにその作用としての新鮮な想起が、統握図式の内容として分析の対象となる。つまり、この統握図式の内容としての新鮮な想起は、それを持続として統握するための更なる作用を必要とすることになる。したがって、その新鮮な想起についての統握図式による分析は、常に持続の体験を統握と統握内容による構成と考えることから、持続させる新鮮な想起を必要とし、またさらに持続を持続させる新鮮な想起が持続するために、その持続を持続させる新鮮な想起を必要とし……といった具合に、無限遡及に陥るのである[8]。先んじて言えば、フッサールは、新鮮な想起を作用ではなく過去把持という含蓄的な志向性として理解するまで、何度もこの問題に遭遇し、同種の困難にぶつかることになる。だが、フッサールがこの問題の解決に至るとき、すなわち過去把持という特有な志向的能作の発見に至るとき、時間意識における構成の問題は、大きな前進を果たすことになる。

そして、この無限遡及に関連してもう一つ大きな問題がある。まずこの問題に行き当たる前提として確認されねばならないのは、フッサールが新鮮な想起の「保つ」という働き、すなわち「現在にあったものの「直接的に」――自己把捉しつつある意識――」（HuaX, S. 191）を通して、知覚に幅ができるということを解明し、ここでの現象学的な記述と分析において、「知覚に「与えられたもの」は必然的に、時間的に拡がったものであり、単に時間的に点的なものではない」（ebd.）ということを指摘しているということである。この「点的ではない」ということに問題があり、注意すべきことがある。それは、上で見たような現象学的な記述が、瞬間的な今の個々の音形態を、時間的な位置の系列として、空間的な配置のモデルで時間経過を俯瞰的に説明することではないということである。ここでのフッサールの分析は、その音が過ぎ去ったときの時間「位置」を比較するということでは全くない。この分析の特徴は、まさに今の音から過ぎ去った音になるまでの、音の持続する体験それ自体を分析するということである。もし、このような空間的なモデルにおいて、音や事物の時間の持続が説明できるのであれば、メロディーや運動する対象の知覚は、瞬間ごとに分割された直観の総和として与えられていると理解できてしまう。これはつまり、時系列的な諸断片をそれぞれに把捉し続ける作用と、それら諸断片をまとめ、繋げて、一つの高次の対象へと構成する作用によって、空間的な綜合が可能であると主張され得ることになりかねない。しかし、上で見たように、作用がそれぞれに新鮮な想起によって持続しているという時間の幅を持っているのであれば、ここに新鮮な想起によって幾重にも時間の幅が生じることになり、持続の知覚や対象の構成に膨大な時間がかかってしまうことになる。だが当然、我々はそのような冗長な時間やその構成を体験してはいない。また、それでも空間モデルに固執して、諸断片の時間位置という点的な局在化を考えるとすれば、それは感覚的な体験や作用の構成に理念的な抽象を施す必要があり、上述の拡がりある現在という体験の記述とも異なってしまう。これに対し、フッサールは、「多様な諸部分、諸々の性状や結合が、それらから客観的に存続し、それ自体において実際に現れたものとしての全部をひっくるめて捉まえ、それらが同時に気づかれ、統握されるといった、瞬間的な作用はない」(HuaX, S. 143) と述べている。したがって、ここで確認すべき重要なことは、メロディーや運動する対象の諸部分を持続的に存続させて、かつ、統一的なメロディーを構成するという、作用的な意識とは異なる意識の働きを理解することなのである。

とは言え、以上に列挙したような問題の解決は、過去把持の発見を待たねばならない。しかしながら、我々は一挙にそこへ跳躍することはせず、フッサールによるこれらの問題点の克服の歩みを丁寧に辿ることとする。そうすることによって、我々は確実で正確な過去把持の理解へと至り得るだろう。したがって我々は、フッサールによるこの問題の克服について、ブレンターノとマイノングの時間論を考察し、彼が二人の学説と対決することによって、その突破口を見出そうとする過程を確認することにしたい。

(2) ブレンターノの時間論に対するフッサールの批判

フッサールによる拡がりを持つ現在と「新鮮な想起」の現象学的な記述は、ブレンターノの時間論との衝突をもたらす。ブレンターノはフッサールの師であり、フッサール現象学の志向性という術語は、彼から受け継いでいる。しかしフッサールは、ブレンターノが用いる意味での志向性、表象、あるいは知覚の概念を、ことごとく変様させ、自らの現象学の基礎概念として鍛え上げていった。その洗練化の作業は、そのつど師を批判することで遂行されてきた（このことは『論研』において顕著である）。それは時間の問題においても例外ではない。我々は、これらのことを念頭に置いた上で、時間論に関する二人の対決を考察することとする。

ブレンターノの時間論は、[9]「心的な現象としての時間的なもの」という表象を扱う。[10]彼は、時間的なものとして直接的に表象されるのは「現在的なもの」のみであり、過去と未来は、現在的な表象が変様した間接的なものであると規定する。[11]つまり、ブレンターノの考える時間とは、直接態と間接態の関係において成立するものであり、現在するもののみが本来的に存在し、過去と未来は、現在的な表象の変様した様態であるに過ぎないというものである。したがって、ある表象の現在と過去は、その表象が質的に不変であっても、意味の異なる別種のものとして区別されるのである。[12]この別種のものという規定について、ブレンターノは、「過去」や「未来」という時間的な様相を、意味的、論理的な「種概念」として考えており、それらの概念が現在的な表象に結合することを時間的な変様であるとしている。そのことから、彼は現在が実在的なもので、過去が非実在的なものであるという性格づけをする。[13]このような前提において、ブレンターノは、「過ぎ去った」と変様され、規定された過去を現在に結合し、時間的に連続的な表象を成すような意識の心理法則を「根源的連合（ursprüngliche Assoziation）」と呼ぶ。[14]これについてマルティーは、「ブレンターノは、いわゆる「根源的連合」によって、すなわち、特殊で生得的な想像活動によって、あらゆる感覚表象ないし知覚表象に、知覚された内容を再生産し、そして同時に変化し、あるいは変様するといった、諸々の想像表象の連続的な系列が結びつくと考えた」と述べている。[15]

この法則によれば、例えばあるメロディーにおいて、今の音と過ぎ去った音をともに表象するという持続的な統一は、「想像活動（Phantasietätigkeit）」[16]によって成立するということになる。ブレンターノの根源的連合説に従えば、ド・レ・ミというメロディーを表象する場合、ミが現在的なものとして与えられているところから、過去のレの表象を想像的に再生産し、そしてさらに、想像されたレの過去として含まれたドの表象を想像的に再生産して、連続的な表象を持つ、ということになる。つまり、ブレンターノの考える「持続する」表象とは、意識の想像する作用によって構成されたものとして理解され得るだろう。しかし、これらの説明には二つの問題が含まれている。一つは、「今」と「過ぎ去ったもの」の実在性に関する内容変化という前提である。そしてもう一つは、ある現在の中に、複数の想像的な再生産作用の遂行が要求されている点である。

まず、前者の内容変化の問題であるが、これについてフッサールは、「ここでブレンターノに従うなら、表象することの作用性格は、何らの差異も許さないことにより、全ては内容変化へと遡及することになり、〔したがって〕時間的な変化は、単に固有の内容変化に過ぎないということになる」（HuaX, S. 171）と指摘している。つまり、ブレンターノにとって、表象同士が時間的に区別されるのだとしたら、それは作用性格ではなく作用質料（内容）によって区別されているということになる。しかし上で述べた通り、フッサールは、統握図式において統握と統握内容を区別することで、統握の側にも固有の差異を認めている。時間構成の場合で言えば、今のものとして統握するか、過ぎ去ったものとして統握するか、という作用性格の差異も、内容変化とともに生じなければならないと彼は考えている。つまり、フッサールにとって、内容的な変化は、表象構成の統握図式に帰せられるものであって、時間的な変様は、時間規定に関する統握によって行われるのでなければならないのである。[17]

だが、ブレンターノにおいて、そのようなことは考慮されていない。ブレンターノは、この作用性格の差異を見落としていたため、近接する時間的な与件の持続的な構成を、実在（現在）と非実在（過去）の区別に帰すことになる。だがそうすると、唯一の実在的な規定を持つ「今」と、非実在的に規定される「過ぎ去ったもの」は、そのような作用性格を考慮しない根源的連合という心理学的な法則によって無限小の差で結合されていることになってしまう。もしそうであるとしても、過去が非実在的な想像として表象される限り、現在と過去は断絶されていることに変わりはない。つまりここには、実在的な現在と非実在的な過去ないし未来の間に超えることのできない境界が生じてしまうのである。すると、現在が過去と未来から孤立して、それらに挟まれた瞬間的な点であるという想定を許すことになってしまう。(18) しかも、現在的な知覚と過去的な想像という異なる表象作用の結合によって持続が成り立つのだとすれば、知覚する実在的な現在と想起する非実在的な過去が、一時点において同時に存在せねばならないということになる。したがって、ここには、現在と過去の表象の共在と、そして、異なる作用性格の同時遂行という背理が生じてしまうのである（vgl. Hua. X, §6）。

そして、複数の作用の同時遂行という後者の問題であるが、内容変化の前提からして、その際には、過去表象を想像する作用の分の時間が必要となる。しかし、想像作用の遂行に時間がかかるとした場合、その作用を遂行している意識は、次々に生じる現在的な与件から取り残され、現在を捉えることができなくなる。しかも、振り返る過去の遠さや、内容の豊富さによっては、多くの過去表象をまた想像的に再生産せねばならず、場合によっては、無限に時間を必要とすることもあり得るだろう。もし、ブレンターノの根源的連合説を推し進めるならば、想像の想像によって、表象の時間系列を構成したり、知覚や想像ないし再生産という異なった作用を遂行したりするために、作用遂行自体の時間を無視する必要がある。そのような無時間的な構成というのは、体験的な記述に沿う限り、不合理であると言わざるを得ない。

また同様に、この無時間的な構成に関連して、フッサールが引き合いに出すロッツェは、あるaとbの両方の表象を連続的に捉えることについて、「これらの表象が、これらを唯一で不可分な作用によって、全くの不可分的に総括して関連づけられた知識の、全くの同時的な客観となっていなければならない」[19]と述べている。つまり、ロッツェはここで、時間的に連続する表象が、非時間的な知識、すなわち「無時間的に総括する知の働き」によって両者が同時的に成立すると想定しているのである（vgl. HuaX, S. 19f.）。我々の体験している時間意識の構成は、体験の明証的な呈示において、無時間的であるなどあり得ない。したがって、このような論理的かつ観念論的な帰結と相応することも当然あり得ない。このことについて、これまでの我々の考察は、ロッツェのような観念論的な時間論を考慮する必要はないのだが、しかしながらこのような無時間的な構成の可能性が論理的にも不合理があるということを我々は細緻な分析を通して論駁し、フッサールの批判の正当性を確認することは無駄ではないだろう。したがって我々はここで、ロッツェの言うこのような無時間的な構成と、論理的に高次な対象へと統一する時間意識の分析について、類似の見解を示すマイノングの時間論を確認し、「意識の瞬間性というドグマ」の不合理、すなわち現在の意識に対する理念的かつ点的な把握の不合理を示すことになる。

（3）マイノングの時間論に対するフッサールの批判

ブレンターノの時間論の批判から生じた諸問題に関連して、フッサールは、マイノングの時間論分析と対決することになる。フッサールがマイノングの時間論について問題にするのは、メロディーや物体の運動など、個々の表象の時間的経過からなる「高階秩序の諸対象（Gegenstände höherer Ordnung）」についての説明である。[21]ルドルフ・ベルネによると、フッサールがマイノングの時間論を扱う理由は、「単一ないし感性的な諸対象と、複合的ないしカテゴリー的な諸対象の間の区別を、時間的に配分される（zeitlich distribuiert）対象と、時間的に配分されない（zeitlich undistribuiert）対象という、別の区別に結びつけたことが新しかった」[22]からであるという。つまり、マイノングの高階秩序の対象構成論は、フッサールがすでに『論研』において扱った、意識における対象構成の高次段階であるイデア的な対象が、低次段階であるリアルな対象を基礎的な作用として構成するという基づけ関係（vgl. HuaXIX/2, VI, Kap. 6）に、時間性も含み込ませている点で、フッサールにとって問題とすべき見解であったということである。

では、マイノングの規定する「時間的に配分される／配分されない」対象とは、いかなるものなのか。端的に言って、前者の時間的に配分される対象は、その対象構成を展開するために時間的な延長ないし区間を必要とするものであり、対象がある一定の時間的な延長や区間を占めているものを指す。例えば、メロディーや色彩変化、物体の運動がそれに該当し、また、物体の静止状態や変化のない持続するだけの色や音なども、時間的に配分される対象であると言われる。そして後者の時間的に配分されない対象は、時間区間を必要としない音それ自体や色それ自体などである[23]。

以上の規定を前提にした上で、マイノングは、時間的な延長を持つ対象（例えばメロディー）の構成について以下のように述べる。「配分された上位のもの（superius）の表象を所持しているということは、連続するものの最後に現れて付け加えられた対象の表象を所持しているということか、あるいは諸々の下位のもの（inferiora）の最初と、それから付け加えられた諸対象、場合によっては最後の下位のものとともにある表象を所持することのどちらかに、本質がある[24]」。マイノングによれば、我々があるメロディーを知覚して表象する場合、その知覚は諸々の音という下位のものの継起的な知覚であり、それらの継起的な知覚は、その継起の最後の局面、あるいは最後の位相に到達したときに、諸々の音とその変化の全体的な統一、すなわちメロディーという上位のものとして表象する、ということになる。そして、その最終位相では、全ての音の位相についての概観が与えられ、特定のメロディーという綜合的な表象が与えられることになる。つまり、マイノングにとって、運動やメロディーを把握するということは、対象の契機や音の要素を瞬間的に綜合し、その表象を通して包括するということなのである。(25) このことから、そのつどの諸知覚の継起だけでなく、高次の意味的な統一をもたらす作用が遂行されていると、マイノングは考えるのである。

このようなマイノングの時間論に対し、フッサールは、二つの点を批判する。一つ目は、時間的に配分される／配分されない対象についての規定である。フッサールは特に後者に対し、「時間的に配分されない対象とは、まさに単なる諸々の抽象概念である」（HuaX, S. 219）と指摘する。マイノングによると、時間的に配分されない対象は、時間的に分配された対象の一部分を統握した表象である。(26) それゆえ、時間的な延長を除かれた色、音、場所などは、フッサールの述べる通り、それ自体で時間的な規定を持たない抽象に他ならない（vgl. HuaX, S. 221）。だがこのことは、フッサールが『論研』の第三研究において指摘した独立した対象と非独立的な対象の区別に相応することであって（vgl. HuaXIX/1, III, Kap. 1）、それらの区別と、「時間性の諸契機をともに含むものとそれを含まないものの区別は、食い違う」（HuaX, S. 220）ことになる。つまり、時間的に配分されない対象とは、フッサールからすれば、「我々が諸対象を、一切の時間概念を構成的な諸要素として含まない概念を通じて規定するとき、規定の論理的な表象において、時間的なものが未規定に留まっている」（HuaX, S. 221）ということを示しているに過ぎないのである。つまり、このことをわざわざ時間的な対象規定の一要件として、時間的に延長している対象の構成に関わらせる必要性はないのである。しかしながら、あえてマイノングの規定に則るならば、時間的に配分されない対象とは、意識構成の点から見ると、時間的に配分される対象のある一時点を抜き出したもの、ということになるだろう。そのことから、その一時点は瞬間的な断面としても見做すことができる。したがって、時間的に配分されない対象という抽象的な表象は、時間を度外視した内容であると言い得るのである。この点について、フッサールは、マイノングが数学的な時間点といった、理念的な虚構に陥っていると批判しており（vgl. HuaX, S. 225）、この批判こそが、マイノングの時間論における不合理の内実を示していると考えられる。

フッサールによる二つ目の批判は、マイノングの時間点を前提とした対象構成論における不合理性である。我々は、以上のように時間的に延長する対象の諸部分の表象を瞬間的な点のように扱うマイノングの規定ないし前提に対して、彼の言うような高階秩序の対象構成が成立し得るかどうか、批判的に考察することとする。

上で見たように、マイノングの言う構成が成立するためには、最終位相において低次と高次の異なる階位の作用が、同時に遂行される必要がある。つまり、マイノングの理論では、継起する音の知覚の全体的な統一は、最終位相において成立するので、最後の瞬間の位相ないし時間点における知覚と、そこで生じる音全体という表象、すなわちメロディーという表象の二つの作用が、その最終位相の一時点において遂行されねばならないということになる（以下で再度述べることになるが、ここにはしかも、以前の諸知覚の継起全てを最終位相に集めて、高階対象へ統合する作用も必要となる）。最終位相における音を知覚し、しかもそれと同時点で、高次の対象としてのメロディーを表象するということは、同時に二つ以上の直観が意識に生じているということになる。しかし、二つの直観が同時に意識に生じるとは、一体いかなる体験と言えるのか。通常、我々の経験において、二つの内容が同時に直観されることはなく、どちらか一方が直観されていれば、他方は直観にもたらされず、背景に退いている。もし、「今」の時点で、高次の対象が表象されているならば、最終位相で今まさに生じている個別的で継起的な知覚は、直観されていないことになる。すると、低次の階位における知覚が直観されなければそもそも高次対象が構成されることはなく、あるいは構成されたとしても、不完全な対象として構成されるしかないということになるだろう。

また、高次対象を構成するには、複数の直観や作用を最終位相でそれらの全てを想起し、取りまとめて高次対象へ統一するという、非常に多くの作用を必要とする。だが我々の意識作用において、音の鳴り響きの最後にこれまでの音をそのつど思い出して順序よく並べ、それらを単に音の羅列でなくメロディーとして統一し、意味付与するということをわざわざ行っているとは到底言い得ない。もしこのことが可能であるとすれば、上で見たロッツェの観念論的な時間論のように、そのような多数の作用を無時間的に遂行するか、マイノングのように最終位相を数学的な点と看做すという、体験的に納得し難い能力と前提条件を導入しない限り、不合理な主張を導くこととなる。そのようにして想定される複数の作用の同時的な構成を遂行するような意識の能力と、高次対象構成の無時間的、あるいは超時間的な、時間に干渉しない構成とは、どのような根拠によって承認されるのか、まったく明確でない。これについてフッサールは、「これらの瞬間的な作用というのは、時間客体の知覚ではなく、ある抽象概念である」(HuaX, S. 226f.) と述べている。したがって、実際の体験において遂行し得ない諸作用の想定は、後づけの抽象的な規定に過ぎないと言えるだろう。

では、マイノングのこのような不合理な説明はなぜ生じてしまうのか。その理由は、上で為された時間的に配分されない抽象的な表象に対するフッサールの批判が示すように、マイノングが感覚や知覚といった低次対象の各位相の直観を、点的な現在へ制限するということにあると言えるだろう。[27] 例えば、マイノングの時間論には、対象とその表象の内容（フッサールにおいて、それは実的に構成されつつある内在的なもの（vgl. HuaX, S. 223）ということになるだろう）という、それぞれに固有の時間系列を有する「対象時間」と「内容時間」の区別がある。[28] この区別は、例えば、運動する対象が占める時間と、それを観測する人の感覚において表象される時間との違いであり、両方の時間は並行的に経過するが、一方と他方は一致することもあるし、そうでないこともある。つまり、対象時間のある時点に、同様の内容が同じ時間に生じるといった一対一対応する必要はない、ということである。だが、他方でマイノングは、両者は依存関係にあり、対象的な延長と内容的な延長が相関するのだと述べている。[29] ここには多くの先入観を指摘することができるが、その中で最も重大な誤謬は、対象と内容、すなわち客観と主観を前提として分けてしまっていることである。つまり、主観 - 客観図式でこの問題を考えてしまっているのである。この素朴すぎる前提によって、内容である主観の側が、結局のところ対象の側に従属することで時間的な経過を表現しているに過ぎない、と考えられてしまうのである。マイノングは、主観の任意性（自由に表象できるということ）や、対象の最終位相における高階秩序の対象構成の能力を考慮して、対象と内容の時間位置的な一対一対応を否定するという措置を取っているが、しかし、対象と内容が相関する限りで、対象の空間的な位置、すなわち点として観測時点を区切れば、内容も点的に表象されてしまうことになる。また、時間的に配分される／配分されない対象の区別や、下位の与件を上位での瞬間的な作用によって統一すること、そして対象時間と内容時間の区別といった、マイノング時間論の諸規定を見る限り、上位の瞬間的な統一作用は述べられているが、下位の与件、そのつどの感覚や知覚の時間的な変様やそれら自体の変化、不変化という能力が意識の側にあるか否かということについては述べられていない。せいぜい、対象に意識内容が平行に走っている、という程度の主張である。

これに対し、内在的な体験を現象学的に分析する場合、抽象的な内容の表象であろうと、その現出には、構成的な何らかの時間的な諸体験が属している。我々が実際に体験するのは、当然ながらそのように具体的な構成の体験に他ならない。そしてその体験は、変化あるいは不変化として、時間的な経過を持って現れている。つまり、メロディーにしろ物体の運動にしろ、変化や不変化という連続ないし持続の知覚というのは、そもそも知覚の持続を前提として生じるのである（vgl. HuaX, S. 22, Nr. 20）。この知覚の持続は、すでに述べた通り、過ぎ去ったこれまでの知覚が今現在の時点まで保持しているという意識の働き（新鮮な想起）によって構成されており、今現在という時点がこれまでの知覚とこれからの知覚の志向を含み込んでいる拡がりある現在でなければ、すなわちそのような統握内容でなければ、変化や不変化、さらには持続的なメロディーや運動といった高次対象の表象という統握自体が生じ得ないというのが、フッサールの見解である。その際の時間意識の構成において、時間的に分配されないような、点的な今という直観が統握以前の体験において直接的に見出されることはない[30]。もちろん、体験の抽象としての表象ないし概念の構成は、カテゴリー的な直観に関する意識作用において可能であるが、しかし、そうして表象された高次の抽象概念は、それ以前の低次の時間意識構成のプロセス自体に一体何の役割を担うのか。マイノングのこのテキストにおいてその点は明らかにされておらず、またこの時間的に配分されない対象の規定は言及も少なく、不明瞭である[31]。このことから我々は、マイノングが意識における時間構成の体験に無関係なものを導入し、規定していると言い得るだろう。これらのことからフッサールは、マイノングによる高階秩序の対象構成という説明では、時間的な意識の構成を解明できないと考えるのである。

以上見て来たように、ブレンターノとマイノングの時間論の批判から、フッサールは、時間的な意識構成を持続している体験として捉えていなければならないと、改めて主張している。過ぎ去る以前の「今」において生じている意識の内容がある程度の時間的な幅を持つこと、すなわち「持続している」ということが体験されていなければ、根源的連合の法則によって想像的に再生する場合にも、また高階秩序の対象としてカテゴリー的に綜合する場合にも、各表象の時間間隔やそれらの先後関係、時間的な持続を含む統一的な構成を遂行することができないのである。これまでの考察からすれば、ブレンターノやロッツェ、マイノングによる持続的な表象の成立に関する彼らの理論は、現在を瞬間的な点に制限するということを暗黙の内に前提して、体験においてすでに意識内容自体が持続していることを度外視し、不合理な理論を展開していたと言わざるを得ないだろう。

（4）持続的な意識位相に関する二重の持続体の構成

フッサールがブレンターノやマイノングの時間論を批判するにあたって、その要となったのは、点としての現在という先入観に対して、現在の知覚の拡がりを現象学的な分析の明証性によって主張し、彼らの諸理論の不合理性を指摘することであった。だが一方でフッサールは、彼らの時間論を批判する中で、知覚の今の位相がどのようにして持続しつつある知覚の過ぎ去る位相を、また到来するであろう位相を把捉することが可能なのか、ということについて、その構成の仕組みを自己批判的に問うことになる（vgl. HuaX, Nr. 30-33）。

瞬間的な構成という理念的な制限を、時間の拡がりという現象学的な分析の明証性によって否定するフッサールにとって、以上の問題には二つの解明すべき点がある。それは、フッサールが「統握の位相における（個別の統握の位相における）統握の統一を、瞬間の直観（直観の位相）内の、全ての統握の位相の統一から区別するべきである」（HuaX, S. 229）と述べるように[32]、それぞれの位相の持続の構成と、それら各位相の全体的で時間的な統一の構成がいかにして成るのか、ということである[33](vgl. HuaX, S. 232f.)。つまり、時間的な拡がりを持った知覚の体験には、個々の断片的な内容を統握することと、それらの統握を統一して直観にもたらす統握という、これらの二つが求められているということである。

以上のことについて、フッサールは、「二重の持続性(doppelte Kontinuität)」(vgl. HuaX. S. 232)という考え方によって、これら二つの構成の同時成立を明らかにしようと試みている。まず、一つ目の「位相の持続」についてであるが、これはこれまで述べてきたように、新鮮な想起の働きによって先々の位相が到来する間もその内容を保つということである。しかしながら問題は、二つ目の「各位相の全体的な統一」についてである。各音の連続、すなわち各位相の統一であるメロディーを構成する統握の過程を、フッサールは以下のように表現する。例えば、音の連続ド・ミ・ソによるメロディーが構成されるとき、連続する三つの音の全ては、一つの知覚の統一として構成されている。それぞれの音は、メロディーが構成される時点において、その内容を保ったまま意識されているが、しかしそれだけでなく、個々の音が最後の音まで持続していなくてはならない。つまり、フッサールはこの持続によって、最終位相の時点までの内容が同時に共在していると考えるのである(vgl. HuaX, Nr. 30)。

例えば、ドという統握は、ドの始まりの時点から変化せずに持続し、ドの終わる瞬間に統握が止むのではない。ここでは、単にドの「今の統握」が止んで、ドがこの今の統握という性格を失うが、しかしドは、「過ぎ去ったという統握」によって、その内容は過去に「沈む(sinken)」(vgl. HuaX, Nr. 31)ことになる。このことはミとソの場合も同様である。この過去に沈み込んだドは、次の今として統握されているミの過去へとずれ込み、ミという今の統握の位相と重なるように沈殿する。そして、ミという今の統握が止んで、「過ぎ去った」と統握されて、ミの内容も過去に沈み込むことになる。そして最終的には、ソという今の統握の位相と、ドとミという過ぎ去った音の内容が層を成すような形で連続する。ここには、それぞれの音の内容を「内容の諸々の時間段階を終点に対して含有する」（HuaX, S. 230）という統握があり、その働きは、過ぎ去った内容を現在に対して近接的に保持し、「今」と「たった今」を結びつけている。フッサールはこの統握を上で述べた新鮮な想起であると考えている。この働きによって、過去の位相が持続することで、それぞれの今の統握の位相は、過去の諸位相とともに時間的な層状の重なりを形成することになる。つまり、諸位相が持続的に含蓄的に今の過去に伏在することから、一つの位相を取り出してみれば、「直観的な交差断面の持続体（intuitives Querschnittkontinuum）」（HuaX, S. 232）が見出されることになる[34]。これについて、フッサールは、「音は統握内容の共延長（Koextension）を通して、直観的に、時間的に伸びて現出する。……この共延長は、これらの知覚のそれぞれに広がる交差断面の中に現存し、そしてそれは、交差断面から交差断面へ、音知覚の終わりの交差断面まで成長する」（HuaX, S. 233）と述べている。

　こうしてフッサールは二種類の持続体を見出すこととなる。つまり、一つはそれぞれの知覚の位相の持続体と、もう一つは各位相で切った場合の直観的な統握の持続体である。これを総じてフッサールは、「あらゆる交差断面における感覚的な諸内容の持続性は、ある感覚の中で頂点を定めつつあり（terminierend）、そして〈統握〉の諸性格の持続性は、今 - 知覚において頂点を定めつつある。全ての知覚の統一は、今やまさに位相に対する位相が（それらの瞬間の位相に即して）絶え間なく互いに続き、そしてそれを通して、時間対象全体の統一的な意識を構成するといった、これらの持続体の持続体なのである」（HuaX, S. 231）と述べる。このことからフッサールは、それぞれの今の統握という位相の持続と、その位相に属する内容の持続によって、その知覚が全体の統一となるという構造を「二重の持続性」（HuaX, S. 232）、または「諸持続体の持続体」（HuaX, S. 233）と称するのである。

以上のことについて注意すべきことは、フッサールが二重の持続性の構成を、統握図式で考えているということである。フッサールは、「統握の諸内容について遂行されているものは統握にも当てはまる。〔すなわち、〕感覚は今の意識として知覚の意識と一致する。段階的に階段状になった統握内容は、位相の内での統握の階段化と一致する。そして志向的な統一であるこれらの階段化の統一の中で、知覚された今に持続的に接続することの中で、原本的な過去が構成される。それはつまり、今まで経過した時間客体についての過去の意識である」（HuaX, S. 233f.）と述べている。これについてベルネは、「フッサールは、持続しつつある対象の持続しつつある知覚の分析において、「統握 - 統握内容」図式を用い、そしてこの図式は、今や完全に熟しており、「内的時間意識」の現象学的な規定を無条件に支配している[35]」と分析している。フッサールは、知覚の時間構成に対して、統握図式を用いることでその構造を理解しようとするのであるが、しかしながら彼は、この統握図式による時間意識の分析に関して、避けられない困難に衝突することになる。例えば、A・B・Cが順に変化する知覚の場合を考えてみよう。AからCまでの変化は、これまで述べてきたように、AがBに変化してBの過去に沈み、Cも同様にAとBが近い過去の順に過去へと変化して沈み込む（vgl. HuaX, Nr. 34）。つまり、「Aの統握は、Aの瞬間に消え去るのではなく、Aは「沈み込み」、絶えず統握を統握に繋ぐ」（HuaX, S. 236）ことになる。それについてフッサールは、「相次いで起こる意識の段階、相次いで起こる瞬間の諸直観がある。これらの相次いで起こることにも、我々は意識を持つのか。もちろん〔そうである〕。困難は、意識が無限遡行しないかどうかであろう」（ebd.）と、無限遡行の危険を察知している。つまり、「例えば、私が三つの音を口ずさむとき、そして最後の意識において私はまさに最後の意識だけを持つ。どのようにして私はそれらを区別し、どのようにしてそれらを比較するのか。どこから私はその絶え間ない連続を知るのか」（ebd.）というように、遂行している作用の連続的な把捉についての問題が生じるのである。このことについてベルネは、フッサールが、「「瞬間的な諸直観」の「相次いで起こること」に関して、知覚の経過の意識と、知覚されたものの経過の間の比較において前提された意識を適切に、そして「無限遡行」に陥ること無しに規定する諸々の手段を、未だ欠いている(36)」と、指摘している。知覚の持続と知覚されるものの持続の共在に関しては、二重の持続体という意識の能作によって解明されたが、しかしフッサールは、依然として二重の持続体を統握として捉えているので、その図式を二重の持続体に適用し続ける限りで、そのつどの構成に関する統握図式の無限遡行を解決することができないのである。

しかしながら、始まりから終わりまでの正確な序列が意識に直接現れることなく持続し、把捉され、しかもその正確な序列を構成する統握図式がさらに必要とされないのはなぜなのか。そして、知覚の時間的な延長を把握する反省的な把捉自体に、さらに時間を必要とするという時間の要請が無限に続いてしまう可能性も困難の一つとしてある。これは要するに、意識自体の時間的な構成は、どこでどのようになされるのか、という問題である。これらの困難の解決には、「絶対的意識」という構成の根源的な領域の開示と、それに伴う原意識の働き、そして何より、統握以前に感性的な内容の統一を可能にする過去把持についての理解が不可欠なのであるが、フッサールはその発見にはまだ時間を要するのである。

第二節　時間意識分析の方途

上述したブレンターノやマイノングに対する批判を通じて、フッサールは意識における現象学的な時間の在り方、すなわち「拡がりある現在」という時間意識の在り方を明確にしたわけだが、その際の分析において、現象学的還元という方法論の萌芽が、一九〇五年の夏に書かれた「ゼーフェルト草稿」に現れ始める。現象学的還元の確立は、一九〇七年の『現象学の理念』の刊行を待たねばならないが[37]、この現象学的還元という意識の構成を分析する方法論は、さらにその後の一九〇九年に登場する絶対的意識の考察に不可欠なものである。ここで我々は、『理念』を直接に扱うことはないが、『時間講義』の「B」補足テキストに収められたゼーフェルト草稿に即した形で、（1）現象学的還元という方法論の萌芽と骨子を指摘し、そのことが絶対的意識の明確化へと繋がっていく過程を考察する。そして、その過程の中で、フッサールはある一時期に、（2）「現出論」という見解を用い、意識の構成において働いている意識作用の実的な（reell）性質を捉え、意識作用が働く際の時間的な幅を分析している[38]。そして、この現出論的な分析においてフッサールは、（3）その意識作用それ自体の働きを捉える「原意識」という内的意識の重要な性格に気づくことになる。そしてフッサールはこれらのことから、（4）時間意識の構成の根源的な次元としての絶対的意識を見出すこととなる。特に、原意識と絶対的意識は、後の過去把持の発見とその性質の理解に欠かせないものである。したがって我々は、これらのフッサールの主張を考察することとする。

（1）現象学的還元の萌芽——ゼーフェルト草稿の考察

「B」補足テキストのNr. 35において、フッサールは、一九〇四／〇五年の時間講義から引き継いだ諸問題の内の一つである「時間体験の現象学的な分析の始まりは、客観的な時間に関する全ての想定を完全に排除することである」（HuaX, S. 187）という問題を、このテキストにおいて掘り下げている。ここで行われているフッサールの考察は、知覚対象を所与の様態に即して記述する、ということに主眼が置かれている。例えばフッサールは、変化や不変化における対象の同一性に関する考察の中で、意識に与えられているがままの「このもの（Dieses）」（HuaX, S. 239）への、純粋な帰還（後の現象学的還元と言い得るような考察方法）を試みている。このような考察の仕方によって現れるその所与様態は、様々な問題を呈示する。我々は、所与様態そのものへの帰還を試みるフッサールの考察がいかなるものであるかをここで確認することとする。

フッサールは、茶色いビール瓶の知覚を例にとって、それを現象学的に分析するのだが、その際に以下のように述べている。「私は何によって現象学的な知覚における明証性を持ち、そしてどんな場合に同じ知覚についての間接的で超越した知を持つのか。私はある茶色のビール瓶を見て、「それが実際に与えられている」といったように、その瓶の拡がりにおける茶色を〔現象学的な明証性の〕拠り所にする。〔そして、〕現象の中で単に思念されているだけで、与えられていない全てのことを排除する」（HuaX, S. 237）。ここでフッサールは、現象学的な明証性として拠り所にし得るものと、排除すべきものを区別している。それは、意識における内在と超越の区別に他ならない。例えば、一方の超越した知覚について、フッサールは、「ビール瓶の超越した知覚は「欺き」得る。超越した知覚の対象は「疑われ」得る。〔つまり、〕ビール瓶は、場合によっては「それとして現出するものとは別のもの」であったり、それはまた場合によっては「そもそも無い」ということがあったりする」（HuaX, S. 238）と述べている。例えば、超越した知覚は、詳細な規定を持つ対象として経験されていることもあれば、また、充実されないということで否定や失望として経験されることもある（vgl. HuaX, S. 238）。つまりそれは、何らかの実在措定がなされた対象、すなわち志向的な構成によって対象化された知覚、客観化された対象を指すのである。その意味で、判断や解釈といった他の志向が追加されており、直接的な意識を超えた、誤謬の可能性を生じるような知覚なのである。それは、「それとして現出するもの」という体験における明証的な仕方で捉え

られる内在的な知覚とは別の様態の知覚であるという点に注意せねばならない。(39)

では他方で、超越的な知覚に対置される内在的な知覚についてフッサールは、「内在的な知覚の「対象意識」は、常に充実されたものであり、〔その対象の〕同一性の意識は、ある純粋な〔意識〕であって、志向や付加的な充実といったそのようなものは一切ない。現象におけるこの同一性の意識の中で、私は、充実する仕方——「この茶色が変化する」——という仕方で、全てを把捉する」（HuaX, S. 238）と述べている。例えば、「我々は、知覚において与えられたもの、〔すなわち〕持続の内にある「今」見られた茶色、この茶色という、現象学的に与えられたものに制限してみよう。この茶色は持続する。この茶色は、常に同じ拡がりを覆っている。今、この茶色が自ずと変化し、この茶色が暗くなり、この茶色がその拡がりを、〔すなわち〕この茶色が覆っている拡がりを変える」（HuaX, S. 238f.）。これは、知覚という経験を現象学的な所与に即してありのままに記述した代表的な例である。つまり、フッサールの言う内在的な知覚とは、超越した知覚のように対象化されたものとして経験されているのではなく、意識における所与そのもの、すなわち体験されたままの射映的な現出そのもののことなのである。したがってこのことから、内在的な知覚は、超越的な知覚のような、判断や解釈といった志向が追加される以前の知覚であり、誤謬の可能性を生じない明証的な体験の知覚であると言い得るのである。こうしてフッサールは、この内在的な知覚こそが、全ての客観的な規定を排除した現象学的な考察の対象であるとして、分析の主題に据えるのである。以上のことから我々は、フッサールが知覚の考察の際に、意識に与えられているがままのもののみを考察対象として用い、それ以外のものを排除するという制限ないし手続きを遂行するところに、現象学的還元という方法の骨子を見出し得るのである。(40)

こうして現象学的な考察の対象となった内在的な知覚であるが、フッサールはその知覚に対し、二つの重要な特徴を指摘する。それらは、フッサールによる上述の内在的な知覚の言及にある通り、「知覚が持続している」ということ、そして「持続している知覚対象の同一性」というものである。知覚の持続については、すでに本書の第一節で考察が為されたが、ここで問題なのは、後者の知覚の同一性である。これについてフッサールは、内在的な分析の与件である「持続の内にある「今」見られた茶色」から、持続している同一性について考察を展開している(41)。

フッサールは、茶色という持続的な所与の同一性を考えるとき、まずそれが「スペチエス（Spezies）」（HuaX, S. 239）として考えられ得るかどうか、すなわち種概念やその種的な差異として考えられ得るかどうか、という点から考察を始めている。我々が持続する茶色を分析するとき、それをあえて部分的な区間や各時点の一つの位相として区分けすることができるが、そのように区分けされた場合にも、それぞれの部分や位相の茶色は、当然、一貫して茶色を呈示している。我々がこの一貫して呈示されている茶色の確実性を考えたとき、その確実性は、茶色という最低次のスペチエス（抽象度ないし一般性の低いスペチエス）によって確保されていると考えることも可能であろう。しかしながらフッサールは、この考え方に「否」と答える。これについてフッサールは、最低次のスペチエスとしての茶色を「〔それは〕単に瞬間位相にのみ言い当たるに過ぎない。持続の個々の位相としての茶色は持続しない……それは抽象化である」（ebd.）と述べている。上で見たように、フッサールはここでの現象学的な分析を超越的なものを排除することであると規定した。この規定により、内在的な体験において現出している持続的なこの茶色の同一性は、個々の位相に分けられた、持続的な統一を持つ茶色とは異なった抽象的な茶色として、すなわち最低次のスペチエスとして思念されるようなものでは一切ないということになる。そもそもこのスペチエスをめぐる議論は、「区分けする」ということや、「スペチエスとして思念する（抽象化する）」

ということなど、後から追加された操作を含んでしまっている時点で、すでに内在的なものではない。分析の対象が超越的なものへ移行してしまっている。

　では、スペチエスとは異なる仕方で同一性を確保する内在的な茶色がいかにしてあるのか、ということについて、フッサールは、「この茶色は個別的な契機である。この茶色は差し当たり、ある個別的なものであり、一つのそれであり、その絶対的な個別性を持ち、個別性として思念されるが、一般的なものとして思念されるのではない。それは前提されるような仕方で知覚されたこのものであり、そしてその今を、当然ながら今であるということが思念されることなく、所有する」（ebd.）と記述している。また、これについてフッサールは、「スペチエスという個々のものの場合、これらの茶色は、ここで、茶色の‐現出を基礎に置いた思念によって同一的なものとなっている」（HuaX, S. 240）とも述べている。ここではつまり、スペチエスという思念された規定が、この茶色という個別的な現出を前提にし、基礎としていることを、フッサールは指摘しているのである。特に、個別的な現出について、フッサールは、「その茶色は持続して、そして持続の中で同一的であり、すなわち統一と自同性（Selbigkeit）の中で思念されるのである。そのように思念されるということは「反省」ということを指し示している」（ebd.）と述べている。つまり一つには、個別的な現出が思念とは別の仕方で、すなわち持続するということとそれ自体によって、同一性が成立している（内在的な同一性）と、フッサールはまず指摘しているのである。しかも、もう一つには、反省において思念された同一性[42]（スペチエス的な超越の同一性）をフッサールは指摘している。したがってここには、持続における現出の統一と自同性と、反省において思念された同一性との間に区別がなされているのである。そして、個別的な現出の前提ないし基礎ということを鑑みれば、ここで言われる内在的で個別的な契機の同一性とは、超越的な対象の同一化作用（思念、想起、反省など）を可能にする、持続という性格を伴った認識基盤であると理解するべきなのである[43]。

これまで見て来た通り、現象学的な時間意識の考察は、現象学的還元の手続きにより、内在的な意識における個別的で具体的な「このもの」を呈示するというところに至った。榊原哲也によると、このような現象学的還元は、「このもの」の学的な論定のために、スペチエスの問題と相俟って、それを看取する本質直観の方法に関わり、後の『理念』や『イデーンⅠ』に受け継がれていったという[44]。この現象学的還元によって開示された領野は、『イデーン』期の静態的現象学としての発展を見せる一方で、時間意識の分析という方面から見た場合、すなわち上の考察にもあるように、個別的で具体的な現出そのものが持続を備えているという点を重視して見る場合、「このもの」に対するフッサールの考察は、静態的現象学とは異なる発生や生成の現象学という方向へも展開していくことになる。我々は、後者の時間的な発生と生成の考察の方に向けて、続けてフッサールの思索を追うこととする。

(2) 時間意識の現出論的な分析

以上において確認された現象学的還元によって見出される内在的な与件の分析はもちろん、第一節の最後に考察した二重の持続体の分析においても、フッサールはそれらの考察対象を現在の拡がりとして捉えている。ここで注目すべきことは、これらの考察において、「位相」という語が使用されているという点である[45]。この位相という語を用いるフッサールの意図について、ベルネは二つのことが意味されていると述べている。一つは、あらゆる現在的な知覚が、今の意識を取り囲んでいる過去志向と未来志向によって拡がっているという意味で用いる場合にこの語が使われるということである。そしてもう一つは、知覚の時間的な延長における諸部分が非独立的なものであるということを前提にした上で、あえて各部分を分離させて独立的に考察する際に使われるということである。[46] 実際、我々が位相の内実を現象学的に分析する場合、現出のある具体的な局面として捉えるが、その局面は、空間的な状況や状態だけでなく、もちろん時間的な持続も含まれている。そこには、すでに述べたように、過去が言わば地層のように積み重なって一連のプロセスを形成しており、過去から現在までの知覚対象の時間的な延長が、まさに持続体の断面（直観的な断面の持続体）として見出される（本書第一章第一節（4）参照）。つまり、現象学的な分析のために、考察対象のある瞬間を便宜的に切り取ったものが、位相と呼ばれるのである。もちろん、上述の現象学的還元の考察において確認した通り、フッサールが現象学的な分析において扱う与件は、実的な内在の与件である。その中で位相と言う場合、「その持続性のあらゆる位相は、リアルな体験である」（HuaX, S.209）ことは言うまでもない。つまり位相とは、体験的に経過するプロセスの中でのみ、その具体的で本質的な内実を垣間見ることができるのであって、ベルネの指摘のように、知覚の瞬間的な位相というものも、瞬間的な一個の知覚ではなく、非独立的で持続的な継起が前提となっていると理解されねばならないのである（vgl. HuaX, Nr. 24）。[47]

位相における実的な内在の体験は、一九〇四／〇五年の「時間講義」の時間意識分析で開示されてきた「体験の流れ」との関連で、一九〇九年の講義「認識の現象学入門」において、「現出論的な（phanseologisch）分析」として呈示されるようになる。[48] この現出論的な分析について、フッサールは、「我々が名づけるのは、したがって、感覚の流れであり、同様に、体験の流れ、多様性の、まったく種類の異なった射映である。体験の流れは、絶対的な体験、絶対的で現出論的な存在を形成している」（HMatVII, S. 189）と述べている。ここで言われている「現出論的」という語について、フッサールは、「作用それ自体の意味における現象の先鋭な表記が、何らかのものが現出する意識の意味として必要とされるとき、我々は、ファンジス（φάνσις）[49]について語るようになり、意識のあらゆる実的な分析を現出論的な分析として先鋭化する」（HMatVII, S. 65. 引用文中の注は筆者による）と述べる。つまり、現出論的な分析は、これまで述べられてきた内在的で持続的な体験の流れの実的な側面の分析に特化した問題領域の設定の中でなされていると、理解され得るのである。

　フッサールは、上述にあるような「絶対的な体験の流れ」が現出論的な分析を通して記述可能であると述べているが、この現出論が論として、あるいは方法として必要になる経緯について、以下のように述べている。「ここで、フェノメノンという、現出しつつあるもの（Erscheinenenden）と現出（Erscheinung）に対して、ファンジスというギリシャ語の表現は、体験としての現出することそれ自体（das Erscheinen selbst）を表記するので、我々は今問題にしている領野を、現出論的な領野と呼ぶようにする」（HuaXXVIII, S. 307f. 傍点筆者）。この現出することそれ自体の体験について、フッサールは、「デカルト的な明証性が絶対的な自己所与性へと至るのと同様に受け取る」（HuaX, S. 271）と述べる。つまり、ここでフッサールが考察の中心に据えようとしている体験として現出することそれ自体の明証的な所与性とは、「コギタチオ（cogitatio）」という意識構成の作用性格そのもののことに他ならない。つまり、フッサールは、「コギタチオをその実的な存続体に即して究明する」（HuaX, S. 277, Anm. 1）ことを目標とし、ファンジスという現出論的な領野を浮き彫りにしようとするのである。したがってフッサールは、現出論的な方法を用いることにより、「現出すること」という作用性格における統握ないしコギタチオが、時間意識の考察によって開かれた領野、すなわち絶対的な体験の流れの中でいかなるものであるのか、ということを記述し、呈示しようとしているのである。

　以上のようにフッサールは、現出論的な分析において、「コギタチオが反省的な知覚の中で統一になり、そこでの諸々の明証的な統一の所与性がここで把捉され、記述されねばならない」(ebd.) と考えるのであるが、その理由は、「この諸統一〔、反省におけるコギタチオの統一〕は、……必然的に最終的な時間流の多様性に遡及し、この時間流におけるそれらの諸統一は、必然的に描出されており、現出論的な時間の流れにおいて射映している」(ebd.) からである。つまり、ここで現出論的に捉えられるコギタチオは、実的な存続体として、すなわち時間的な持続を持っているというのである。この作用性格の時間的な持続について、フッサールは、例えば判断作用の場合、「判断することは、長くも短くも持続し得るし、主観的な時間におけるその拡がりを持つ」(HuaX, S. 96)(50) というように、まさに作用性格であるコギタチオが時間的な持続を具えているということを指摘している。また、「あらゆる作用は作用の流れのあらゆる瞬間において、いわば意識の根本法則にしたがって射映を経験する原感覚として作動する」(HuaX, S. 132) とも、フッサールは述べている。特にここで重要なことは、この「作動する」という内在的な意識の構成契機自体が、それとして把捉可能であるということも指摘している点である。このことは今後の議論の中で重要な論点となる。つまり、我々はここで示された「体験として現出することとそれ自体」をいかにして考察の主題にもたらしているのか、ということを考えねばならないということである。

したがって我々は、内在的な構成契機の把捉がいかにして可能となっているのか、ということを明確にする必要がある。なぜなら、この構成契機が把捉可能であるということが、現出論的な分析を支えていると考えられるからである。これについてフッサールは、「あらゆる体験はそれ自体で体験されるのであり、そしてそれゆえに「意識され」もする」(HuaX, S. 291) と述べており、体験それ自体の意識を意識自体が把捉し、呈示し得るという可能性に言及している。このことから我々は、この問題を考察するために、現出論的な分析によって明らかにされた内在的な意識の構成契機それ自体、すなわち「体験それ自体」に対する理解を得なければならない。したがって我々は、以下において体験それ自体を意識するという内的意識の特有な性質について考察する。

（3）原意識という内的意識の性質

フッサールは『認識論講義』（一九〇六／〇七年冬学期の講義）において、「素朴な知覚全体と、それにおける感覚質料、注意すること、統覚することといった、構成要素の全ては体験されており、つまりそれらは単純に体験されているのである」（HuaXXIV, S. 244）と述べている。ここでフッサールは、内的意識における志向的な体験の諸契機を、それ自体で体験されているものとしている。このことはつまり、上で言及したように、意識構成の諸契機を意識それ自体における直接的な把捉によって、記述できるという可能性にも関係していると言えよう。ここでフッサールは、この直接的な諸契機の体験記述を可能にする内的意識の性質を、「原意識（Urbewusstsein）」（HuaXXIV, S. 245）と呼んでいる。

　フッサールによれば、この原意識とは、内的意識それ自体を意識しているものであるという（vgl. HuaX, Beil. XII）[51]。これについてフッサールは、「我々は、単純な体験の、原意識としての概念を構成し、その原意識の中で、与件は未だ対象的になってはいないのだが、それにもかかわらず存在し、原意識における与件は、その与件の先現象的な存在を持っており、明証とともに持っていなければならない」（HuaXXIV, S. 245）と述べている。この原意識における先現象的な存在とは、上で述べた単なる体験であり、すなわち対象を構成する統握と統握内容というそれぞれの契機、体験それ自体や感覚という、端的な所与の意識それ自体である（vgl. HuaX, Beil. IX）。この原意識において把捉することは、意識の働きの結果として構成された対象の把捉とは異なり、むしろその対象構成以前の契機を把捉している、ということになると考えられる。フッサールは、そのような先現象的な存在という対象構成される以前の契機ないし与件を、この原意識によって明確に指摘しているのである。[52]

　そしてさらに、原意識において、「先現象的なものと、反省と分析をとおして現象したものの全てが、変転したという所与性において、その時間的な流れを持つ」（HuaXXIV, S. 245）と、フッサールは述べている。つまり、原意識を記述するということは、対象構成しつつある意識をその時間的な変転とともに記述し得るということを意味するのである。したがってこの原意識の特殊な点は、意識が働いていること、すなわち構成していることのその最中にあって、なおもその働き自体を把捉しているということである。これは、我々が通常行っているような考察対象を規定して（それが運動や変化の中にあれば、時間的にある一定の区間を区切るようにして）、対象から距離をとった仕方で観測するように、（時間的に言えば事後的に）反省したり、分析したりすることとは異なっている。

　これらのことから我々は、現出論においてこそ、原意識が開示されていると言うことができる。フッサールは、「我々が諸現出や現出の諸々の多様性を意識と呼ぶとき、それらを構成しつつある原意識へと本来的に遡及せねばならないし、そしてこの原意識を構成しつつあるものと呼ばねばならない」（HuaX, S. 292. 傍点筆者）と述べ、原意識においてまさに諸現出が構成されつつあるという事態を記述している。そしてその分析の中で、フッサールはさらに、「（現出論的な諸々の多様性、つまり客観化以前の諸体験という）絶対的な意味での諸現象の領野には、単なる諸変化、ある不滅の流れのみがある」（HuaX, S. 295）と述べている。ここで言及されている「客観化以前の諸体験」と「ある不滅の流れ」は、それぞれ原意識における先現象的な存在とその時間的な流れに他ならない。なぜなら、現出論と原意識によって呈示されるフッサールの諸々の記述は、対象構成以前の諸契機の時間的な変転の記述、そして構成する意識の働きそれ自体の記述という二つの点で一致しているからである。このことについてフッサールは、「「現象性」の本質に（絶対的に現出論的なものすべての本質に）「生成すること」が属している」（HuaX, S. 296）と指摘する。このことは、時間意識分析の内実とその方法に関して、重要な見解であり、特筆すべきことである。したがって、現象学的還元を通じて主題化されてきた現出論的な分析における「体験の流れ」という時間性の解明は、原意識による把捉という内的意識の特性によって、まさに裏づけられているといえるのである。

このように、意識の働きの最中にあって、その意識の働き自体を意識するという原意識の把捉を考えれば、むしろ通常の反省、すなわち対象化されたものに対する反省作用は、そもそもこの原意識を通じて可能となっていると考えられる。なぜなら、対象についての反省の可能性は、先現象的な存在に把捉に基づけられているからである。つまり、現象学的還元や現出論の考察において指摘したように、内在的な与件が常に持続しつつ、しかも時間的な流れの体験を呈示しているということを考えれば、原意識によって呈示される先現象的な存在も、当然、持続を有する時間的な体験ということになる。しかもそれは、構成の契機として対象構成を基づけている限りで、それに続く分析や反省の作用を導いていると考えられる。この反省の可能性について、フッサールは原意識における把捉から、以下のように述べている。「我々は反省と分析の中で根源的なものに対して変化した意識を見出す。素朴に知覚することは過ぎ去るが、しかしそれは、たった今過ぎ去ったものの形式における現象学的な意識の統一の中でともに存立し、それについて、新たな反省的意識への移行は、その分析と説明とともに生じるのである」（HuaXXIV, S. 244）。つまりフッサールは、原意識が根源的なものの変化の意識である先現象的な存在を把捉し、それを反省的な対象に構成するということを、根をともにして生じる働きであると指摘しているのである。(53) したがって、反省に対する先現象的な存在の関係と、構成契機と対象化の基づけ関係を併せて考えれば、原意識による意識構成の自己言及性は、現象学的な記述や分析に大きな役割を果たしていると言い得るのである。

こうして我々は、内的意識における構成契機自体を考察の主題にできるということから、それらが反省可能であるからと言って反省の反省という無限遡行にはまり込む必要はない、ということを明確に主張できるのである。つまり、構成契機自体を考察することが、原意識によって直証的な体験として把捉されており、それが明証性を持って見出されるということである。したがって、この直証的な体験として原意識されている構成契機、すなわち先現象的な与件は、その反省や分析という意識作用を可能にする契機であって、統握作用によって対象化されているわけではないのである。これまで問題にされてきたように、考察対象が統握作用によって構成されているとした場合には、その統握作用そのものが、構成されたものとして、その統握作用の統握作用を遡及するという無限遡行の危険が生じてしまっていた（本書第一章第一節（1）参照）。だがこの原意識において把捉されているのは、その統握作用の構成契機に他ならず、統握作用ではないということから、無限遡行に陥ることはないのである（vgl. HuaXXIV, §42）。

以上のことから、フッサールは先現象的な与件の直証的な体験を、原意識によって把捉可能であると主張するのである。そして、その原意識に把捉されている先現象的な存在が生じている次元を巡って、意識構成の根源と看做される絶対的意識の次元を露呈することとなる。

（4）感覚与件と絶対的意識

フッサールは、現象学的還元、現出論、原意識の考察から新たに浮き彫りとなった「先現象的な存在」という問題を明らかにするために、一九〇九年に詳細な分析を遂行している（vgl. HuaX, Nr. 39）。例えばフッサールは、その分析において、内在的な考察対象であるメロディーなどの一定の統一を持った知覚が、流れつつある諸感覚の「射映」の位相という持続体の中で現出するようになると考える（vgl. HuaX, S. 275-278）[54]。ここでの分析に関してポイントとなるのは、内的意識において見出される時間的な知覚（時間客体）が諸感覚の射映に基づくという点である。このことからフッサールは、知覚が構成されつつある際の時間的な起源を呈示するため、感覚与件自体の分析へと次第に移行していく。

例えばフッサールは、「音の時間的な射映の持続性」（HuaX, S. 274）を考察している。我々は現象学的還元の遂行によって、現出そのものを、すなわち射映を主題にすることができるが、そこで重要なのは、これらの射映が知覚構成の諸契機として持続を持つということと、そしてその契機が感覚であるということの二つである。フッサールは、まずこの射映の持続について、「充実とともに流れ去った今は、顕在的な今のまま残り続けることはなく、ある種の射映において新しい顕在的な今において呈示され、そしてあらゆるそのような射映は、言わば、顕在的な今の内で過ぎ去ったものの代わりをする」（HuaX, S. 275f.）と述べている。そしてその際に、「知覚の‐今という中で実的に含有した射映の全てとともに〔あるといった〕、その知覚の‐今という実的な内実の全体は「過去へと沈み込む」」（HuaX, S. 276）として、射映の時間的な持続性も同時に指摘する。このことはすでに述べたように、諸位相の時間的な沈み込みによって形成される今位相の交差断面の持続体と同様のことである（本書第一章第一節（4）参照）。だが、ここでさらに重要なのは、このような射映が「顕在的に感覚された音の——今に頂点を定める固有の音——射映」（HuaX, S. 280）として、「我々が音の現在点から出発し、そしてその音の現在点を過去へとずらしてみるとき、その現在点の志向的な同一性に音的な感覚の諸射映という持続体が相応する」（HuaX, S. 282）という点である。

射映を感覚として捉えることは、一見して特別なことのようには思えない。しかしここで注目すべきは、「同一的な音の時間客体というこの内在は、音という所与性の意識をなす音の - 射映の内在とそれらの射映の統握から、適切に区別されねばならない」（HuaX, S. 283）ということである。つまりフッサールはここで、内在的な与件の中でも時間客体と音の射映を区別し、両者の関係を問題にしているのである。[55] 我々は、上述した現象学的還元によって内在的な与件を見出して考察の対象としてきたが、その際の持続的な知覚、すなわち時間客体と単なる体験としての先現象的な存在について、詳細な区別はしなかった。しかしながらフッサールは『認識論講義』で、この両者について「絶対的意識は時間流であり、そしてその中で内在的に知覚することという諸作用が構成される」（HuaXXIV, S. 246）とし、内在的な知覚が絶対的意識によって構成されると記述している。[56] この絶対的意識についてフッサールは、「時間的な統一としてのこの統一の本質に、時間的な統一が絶対的意識において「構成される」ということが属している。特に、かの音の統一がそうであったように、十全的に与えられた諸統一に関して、我々はその統一をある種の仕方で構成されつつある統一であるということ、つまりある種の固有に形式化されて結びつけられた意識流へと振り返って指し示すことなしに、そのような統一の現存を考えることはできないという驚くべき事実を認識するのである。この意識流が存在するならば、統一的な時間客体はそこに存在し、そしてその時間客体が存在するならば、統一的な所与性があるということにおいて、あるいは統一として与えられねばならない。このことから、この統一の内実である絶対的意識が存在しなければならないのである」（HuaX, S. 284）と述べている。つまりフッサールは、内在的な考察対象の中でも、さらに深層の絶対的意識という次元を指摘し、意識構成の根源的な領野の存在を開示するのである。

またフッサールは、内在における知覚と感覚の関係、すなわち統一的な時間客体と個別的な射映ないし先現象的な存在の関係を、統一された十全的で時間的な存在と「絶対的意識の存続断片」(ebd.)との関係に相応すると述べている。特に、この後者の絶対的意識の存続断片についてフッサールは、「この意識流という絶対的な存在は、音を可能的に持つことと摑むことである」[57](ebd.)と述べており、絶対的意識の存続断片を感覚の射映、感覚与件のことであると考えている。したがってフッサールは、絶対的意識という最深の次元の考察を通じて、初期の時間意識分析や『論研』ではあまり顧みなかった感覚ないし感覚の射映に考察の重点を移していくことになるのである。

フッサールは、時間意識の分析を通じて得た現象学的還元、現出論、原意識、そして絶対的意識(絶対的意識流)という意識の本質規則性によって、徐々に感覚の次元に統握図式が適用されないということに気づくことになる。そしてそれだけでなく、そのことが自ら打ち立てた統握図式を批判することにつながっていく。したがって我々は次節において、フッサールが感覚を主題化したことによって統握図式の理論を維持し得なくなった理由を考察し、そして彼がそれを契機にして、時間意識の構成における最後の最重要能作、すなわち過去把持を見出した思索の現場を確認することとする。

第三節　過去把持の発見

我々は、フッサールの時間意識分析を考察する中で、彼の見出した様々な方途を確認し、時間意識の根源的な構成の解明へ向けて歩みを進めてきた。そして我々は、この第一章の最終節において、フッサールの初期時間論の最大の発見である過去把持へと到達することになる。それについて本節で考察するべきは以下のこととなる。前節において絶対的意識という時間意識の最深の次元と、そこで顕になる感覚の時間性の問題が呈示されたが、それに関連して、（1）フッサールはこれまで分析に用いてきた統握‐統握内容図式を維持し得なくなる。このことについて我々は、フッサールがいかなる理由からこの事態を招くことになってしまったのかを確認する。そして、（2）フッサールが感覚の時間性を解明するにあたり、すでに指摘されていた持続に関わる「新鮮な想起」の働きを改めて問題にする。この新鮮な想起こそが、統握とは異なる特殊な志向性、すなわち過去把持であると、フッサールは発見することになる。最後に我々は、（3）この過去把持における二重の志向性という重要な特性を確認し、時間意識を構成する意識流が根源的に自己構成されているということについて考察することとする。以上の考察により、我々は、フッサールとともに時間意識における過去把持という本質規則性を見出すことになる。したがって我々は、時間意識分析の次のステップへと歩を進めるために、この第三節において、今後のフッサールの時間意識分析の展開における基礎を得ることとなるだろう。

（1）　感覚の問題と統握‐統握内容図式の崩壊

フッサールはこれまで、知覚の持続が作用であるとして、統握図式を用いて時間意識の分析を行ってきた。振り返ってみれば、フッサールは一九〇五年の時間講義で、作用体験の内容を統握することで時間客体が構成されると考え、そのつどの統握の持続とそれらの統握全体の持続を二重の持続体として捉えていた（本書第一章第一節（4）参照）。また、この当時のフッサールは知覚の持続に対し、今の統握と過ぎ去った統握の区別をするだけで、その構成の契機である感覚的な内容自体がいかなるものなのかということにはあまり注意を払ってこなかったと言える。[58] しかし、これまでの我々の考察が示す通り、原意識や絶対的意識という内的意識の諸特性によって感覚与件の問題が浮き彫りになってくることから、フッサールは知覚の持続に統握図式を用いることに疑問を抱くようになるのである（vgl. HuaX, Nr. 46, Nr. 49）。

感覚の解明にあたり、フッサールは絶対的意識が問題になった際に、「我々は、例として強度、性質、音色に即して、しかじかに変様されつつある感覚の音や、高まったり弱まったりするなどの感覚の音を所有していた」（HuaX, S. 276）ということを指摘することで、時間的に統一された知覚とは別に、単なる感覚を改めて呈示していた。そしてさらにフッサールは、このような感覚の内容的な変様を、新鮮な想起との関連において以下のように考察している。「ある音が次第に弱まるとき、音それ自体は、差し当たり特殊な充実（強度）によって感覚されており、そして強度の即座の衰退がそのことに続いていく。〔だが、〕音はなおもそこにあり、〔すなわち〕なおも感覚されているのだが、しかし〔その音は、〕単なる残響の中で感覚されている。この真正な音の - 感覚は、新鮮な想起における音の契機から区別されねばならない。新鮮に想起された音は現在的なものでは一切なく、たった今において想起されたものである。〔すなわち、〕新鮮に想起された音は、想起の意識において実的にそこにあるのではない」（HuaX, S. 311）。ここでフッサールは、「真正な音の感覚」と「新鮮な想起における音の契機」を、現在的なものか否かに即して区別している。この区別は、新鮮な想起を作用として捉えることで、内容を過去のものとして統握し、現在的なものを統握する仕方とは別であるということなのだが、フッサールは、「現在的な音は、確かに過ぎ去った音「を」想起し得るし、その過ぎ去った音を呈示し得るし、具象化し得る。しかし、そのことはすでに、ある他の過去の表象を前提している。過去の直観それ自体は、具象化ではあり得ない。過去の直観は、原本的な意識である」（ebd.）とも述べている。つまりフッサールは、新鮮な想起における音を現在的なものではないとしながら、なおも直観として、原本的な意識であると記述するのである[59]。

このように、過ぎ去っていく感覚の直観についてフッサールは、それが時間意識分析の初期において主張した新鮮な想起の働きにおける諸特徴、すなわち拡がりある現在を構成する重要な働きであるという見解をそのまま継続して用いている[60]。そしてまた、「その際、二つの位相の間隔は、それらが沈み込む間、常に同じものに留まっているという点に規則がある。沈み込むことの中でAは同じAとして保持し、Bは同じBとして保持するといった、恒常的な同一性の意識によって、それらは両方とも常に同じ時間的な間隔を維持する」(HuaX, S. 317) として、そこで生じている位相間隔の持続的な同一性、つまり保持の規則性についても、それが新鮮な想起の働きによるものであるとフッサールは指摘しているのである。だが、このような新鮮な想起の分析に対してフッサールは、「ここで我々は、至るところで時間的なものが、時間意識において実的に体験された内容を通して、〔また〕時間的な代表象、時間統握によって生化された内容を通して構成されると考えた。その場合、つい今しがたの知覚の現前であるという同じものの内容が、恣意的に、ある想起の代表象として、作動し得るということもあり得るのではないか、という問題がある」(ebd.) とし、代表象という統握の仕方に同一性の根拠を求め得るかどうか、すなわち、新鮮な想起の働きを作用としての代表象の構成理論（統握図式）に組み込み得るかどうか、ということを再考することとなる。

ここでフッサールは、赤色の感覚が現出する場合を例にとって、以下のように検討している。「顕在的で現在的な赤がそこに絶えず保持されて、「代表象」として作動し得るのだろうか。人は、代表象理論で十分満足し得るだろうか。ある赤がなおもそこにあったとして、以前の赤、といったように、同じ意味で実際に体験されるならば、確かに赤は単純に持続するだけだろうし、せいぜい衰えたり、充実に即して強度が減ったりするなどのことがあるだけであろう」(HuaX, S. 318)。ここでフッサールは、感覚内容が衰えたり強度が減ったりするという変様を、「根源的で時間的な退去」と呼ぶ(vgl. HuaX, S. 318)。これについてフッサールは、この根源的な時間的な退去を以前から用いてきた代表象理論で解釈することは、「まったく根拠のないことかもしれない」(HuaX, S. 319)と、これまで適用してきた統握図式に限界を示唆している。なぜなら、「衰えつつある感覚の内容」が代表象あるいは統握内容であるならば、すなわち衰えという変化を内容変化とするならば、以前にフッサールがブレンターノを批判した際の、「内容変化は統握の変化であり、統握内容は変化しない」という自らの主張(本書第一章第一節(3)参照)と矛盾してしまうからである。とは言え、当初のフッサールの主張通り、内容の変化ではなく統握の変化であると説明することになれば、この変化も結局は統握図式に依拠することによって、構成に関する無限性と無限遡行の不具合が生じることとなる[61](本書第一章第一節(1)、(4)参照)。確かにこれらのことは、より以前の古い草稿においても、フッサール自身がすでに、そして常に懸念してきたことであった。二重の志向性というアイデアを得たとしても、それが統握である限り不具合を払拭できてはいなかったのである(vgl. HuaX, Nr. 34)。フッサールは、これまで様々な時間意識の考察を行ったことによって、自分自身の中でこの理論の再構築の必要性に改めて向き合うことになる。

以上のような統握図式に対するフッサール自身の批判は、ここでさらに「我々が時間直観を「統握 - 統握内容」図式にしたがって解釈するかしないか」(HuaX, S. 320)という根本的な選択の問題に至る。その選択が迫られる最大の理由は、「全ての事況の下で、我々は、持続の直観が現出論的な観点における持続体であるというアプリオリな必然性を正当と認めるべき」(ebd.)という点にある。これまでフッサールは、統握図式という構成理論に分析の方法を担わせてきた。しかし考察の進展により、すでに現出論的な分析や原意識において内在的な与件自体の持続、すなわち感覚の持続の分析を通して、それが統握図式ないし代表象理論に対してアプリオリな領野であることの必然性も認めることになった（本書第一章第二節（3）参照）。つまりフッサールは、代表象ではない実的に存在する原初的な内容が、時間的な統握によって代表象として構成されていると考えることに齟齬を感じるようになったのである。[62] こうしてフッサールは、全ての構成が統握図式によって説明可能ではないということを、これまでの分析から認めざるを得なくなったのである。それによりフッサールは、統握以前の契機である感覚自体に考察の眼差しを移し、改めて感覚の時間的な変化について分析を行うことになる。

感覚の時間的な変化を記述するにあたり、フッサールは今の感覚とたった今過ぎ去った感覚について以下のように述べる。「たった今過ぎ去った音は、それが現前時間（Präsenzzeit）へ（選び出された今点におけるメロディーの顕在的で直観的な断片へ）下降して行く限り、なお・も・意・識・さ・れ・て・い・るのだが、それが実際、実的に「感覚されている」という意味において〔意識されている〕のではないし、今の - 音という様態において現にあるかのように〔意識されている〕のでもない。……なおも生き生きとして、「なおも」時間直観の眼差しの内に存立する音というのでは最早ないのである。そしてその現出の属するものは、「音の - 感覚」（ある顕在的な今）ではなく、感覚の「残響」であり、顕在的な意味における原初的な内容ではなく（内在的な音の - 今ではなく）、何らか変様したもの、〔すなわち、〕過ぎ去った感覚の意識という変様なのである。そこにはしかし、実際の音が見出されるのではなく、音で - あったものが見出されるのである」（HuaX, S. 324）。この記述は、今の知覚とたった今過ぎ去った知覚の時間的な関係の記述と同型のものであるが、しかし、単に知覚を感覚に言い替えただけのものではない。これについてフッサールはさらに続けて、「要するに、それは根・底・的・な・変・化・であり、そして我々が諸・感・覚・へと再・び・導くといった、感・覚・の・諸・変・化・を記述するような仕方では決・し・て・記・述・さ・れ・得・な・い・変化なのである」（ebd.）と述べる。ここで指摘される感覚の変化は、「再び導くという記述の仕方」、すなわち反省的な対象化によって記述されるようなものではないということである。それはつまり、「感覚は、今意識（あるいは今を含む持続の現出）にその本質がある。持続性は、意識の諸変化の持続性であり、その意識の諸変化は、至るところで共通する存続体の部分――例えばｃの音、赤など――を含有する諸々の産出物として看做されてはならない[63]」（ebd.）とし、感覚を統握して、感覚「として」記述する必要はないということをフッサールは指摘しているのである。感覚「として」ではない、感覚それ自体を把捉する可能性は、すでに現出論的な分析や原意識の考察から明らかである。したがって、フッサールは、統握図式を適用する必要のない、感覚という意識変様の規則性の解明へと考察の目標を移行することになる。

（2）意識の含蓄性としての過去把持

以上において示されたように、「統握 - 統握内容」図式では捉えることのできない「感覚の変様」について、いよいよフッサールは、「原初的な想起（新鮮な想起）の変様」という過去把持の働きを発見することになる。しかしながらここでは、再度、先の批判において見出された統握図式に拠らない感覚の変化が、どのようにしてなされるのかを考察することとなる（もちろん、原意識と現出論的な分析という現象学的な方法論に則って、内的意識における諸契機の実的な存続、すなわち感覚与件を直接的に分析することが可能になった我々にとって、感覚与件の射映としての考察や、その変様の仕方を考察することの正当性は、すでに確保されている（本書第一章第二節参照））。

持続している感覚、例えば音の感覚は、その音の始まりからそれが消失するまで、持続的な射映の系列を持っている。ここでの射映は、絶対的意識を考察した際に見出された感覚の射映を指している（本書第一章第二節

（4）参照）。この感覚の射映は、音の現在的な所与と、それに対し、後退して「あったもの」となった諸々の所与の時間的な重なりのことであって、すでに見たように、時間流の断面、すなわち今の位相と過ぎ去った諸位相の併在として、フッサールに記述されている（本書第一章第一節（4）参照）。各位相の経過は、絶えず位相から位相へと連接し、それを通じて時間対象全体の統一を構成しているのだが、この持続しつつある感覚の位相が互いに連接して統一するという綜合的な意識は、ベルネによると「非独立的な位相の持続的で感覚的な「融合」であり、それらの非独立的な位相は、すでにそれ自体を超えて指示し、他の諸位相へ拡がっていく」[64]ものであるという。このような位相の連なりと持続性において、そのつど所与される新たな今の与件と、先行した位相の間に時間的な「ずれ」は、先んじて言えば、後に呈示される「過去把持のずれ」として生じることが理解される。このように、各位相が併在しつつ、そして「ずれつつ連接する」ということこそが時間的な諸系列を生じ、これによってそれらの位相のそれぞれに、客観的に言えば、相前後する時間的な位置が生じるのである。このような諸位相の移行という意識の動きから、フッサールは、「音の - 今点についての - 原感覚という意識の位相が、……それ自身で絶えず変転している」（HuaX, S. 325）と述べている。このように、与件のそれぞれが同一性を保ちつつ、互いの間隔を保って沈み込むと言われる以上のような規則性は、フッサールが考察の初期に主張した、新鮮な想起の働きを指していると考えられる。我々は、このような意識の変転と新鮮な想起の関係について、さらに考察を進めることとする。

以上の原感覚の位相とその変様について、フッサールは以下のように述べている[65]。まず原感覚であるが、「我々は、第一に原感覚の意識、絶対的に原初的な意識を持ち、……このことが絶え間ない変転において把捉されている」（HuaX, S. 325f.）とフッサールは述べており、この原感覚を、これまでの統握内容、あるいは代表象とは異なる「当該の持続の現出することの中で見出されるべき絶対的な所与性」（HuaX, S. 326）であると指摘している。そして次に原感覚の位相の変様についてであるが、フッサールによるとこれは、「原初性の非独立的な位相を示しており、〔例えば〕感覚そのものは、内在的で感覚的な内容が構成されるということにおいて、時間構成しつつある意識全体を示している」（HuaX, S. 326., Anm. 1）ものであるという。ここでフッサールが「感覚内容が構成される」と述べている通り、原感覚の位相は、これまでの統握図式のように、過去の位相の想起の一つ一つが代表象であって、変様しない内容であると看做されてきたこととはまったく別の事態を呈示している。統握図式によって内容の変様を問うと、内容の構成に関して無限遡及に陥ることはすでに述べたが（本書第一章第一節参照、あるいは第三節（1）参照）、ここではそのような構成以前の感覚与件の変様自体が問題になっている。つまり、原感覚における原初的な意識の変様も、これまでの考察に即して、そのような統握図式や代表象理論から離れて、改めて考える必要があるということである。

　このことについてフッサールは、以下のように意識変様について記述する。「あらゆる今、意識の〈あらゆる〉顕在的なものは、しかしながら、変様の法則に支配されている。〔すなわち〕それは、原初的な「想起」の「想起」に変転するということである。そしてそのことは、絶え間ない〔変転であり、〕すなわちそれは、「想起」（過去把持）[66]の絶え間ない持続体なのであり、あらゆる後から来る点が、以前の点にとって想起であり、過去把持であるという在り方で〔持続する〕」（HuaX, S. 326）。このフッサールの言及において、意識変様は、原初的な想起による持続体の構成という規則性によって生じるものであると指摘されている。具体的には、「音が始まって、「その音が」絶え間なく続く。音の‐今は、音で‐あったものに変転する（音の‐所与性の感覚意識が、常に新たな想起意識の中で、流れの連続に一致しながら流れつつ移行する）。そこで我々は、流れに沿って進行しつつ、あるいはその流れとともに進行しながら、音の開始点に属する原初的な想起の絶えざる系列を持つ」（HuaX, S. 326f.）と記述されるような事象である。そして、想起の想起という持続的な一連の流れを形成する原初的な想起の内実について、「この一連のあらゆる以前の時点は、ある今として、「想起」の意味において再び射映され、そしてつまり、絶えずそのような想起のそれぞれに想起の諸射映の持続性が結びつき、そしてこの持続性は、それ自身で再び顕在性の点、想起という仕方で射映される「今」なのである」（HuaX, S. 327）と、フッサールは述べており、そのつどの今の時点で、以前の諸想起の想起が想起されているという事態を記述している。このことは一見して、想起の想起の想起……というように、再び無限遡行の問題を呈示するかのように思われるが、しかしフッサールはここで、「あらゆる想起は、それ自体で持続的な変様であり、その変様は、言わば射映序列の形式において、過去に起こったことの展開の全てという遺産をそれ自体の内に担うということによって、無限遡行に陥らない」（HuaX, S. 327 傍点筆者）という、重要な見解を述べている。

　過去の遺産の全て、すなわち想起による過去の展開の全てを内蔵している意識が可能であるならば、想起の持続体やその変様は、過去の内容を顕在的に想起しようとせずとも、過去の様相がそのまま保たれて、持続的な変様が進んでいくということになる。「それは、単に流れの延長の方向において、あらゆる以前の想起が新たな想起で埋め合わせられるということだけではない。それは恒常的でもあると言われ、〔例えば〕あらゆる後の想起が原感覚から生じてきた持続的な変様であるというだけでなく、同じものの開始点という、以前の絶え間ない変様全ての持続的な変様でもあり、すなわち持続的な変様そのものであり、この想起の時点であり、持続体である」（ebd.）。これをフッサールは「意識の恒常性」（ebd.）であると指摘している。したがって、意識におけるこれらの過去の遺産の内蔵と、持続的な変様の恒常性を担う原初的な想起の働きにより、時間的な諸内容の持続的な系列の構成は諸内容が想起され、またその想起が想起されて系列を成し、そしてまたその想起の想起の系列の想起……といった、そのつど想起作用を働かせて、そうしたことを無限に必要とするということなく遂行されるのである。こうして原初的な想起は、全ての過去を含み、それを保持したまま、新たな今に属するという働きを担っていると理解されるのである。しかしながら、この過去の全展開を遺産として担う原初的な想起とは一体何なのか。これまでの代表象理論ならば、過去の想起一つ一つが代表象という変様しない内容の最小単位として看做され、内容の変様を問うと、また内容の構成に関して無限遡行に陥ったわけだが、フッサールはここに至って、原初的な想起にこれまでの理論を超える特徴を見出して行く。

原初的な想起による持続体の構成は、「私が今、音の開始点に持つ想起は、想起の統一であり、私が今まさに同じ音の位相を持った想起の想起にも属している。そして、そのように想起された想起のそれぞれは、全面的に受け取れば、同じ音位相に関係する先行した想起の想起も〈包括する〉、といった統一なのである」(HuaX, S. 327f.) ということになる。ここでフッサールは、「これらの想起の対象は、常に開始点であって、単にそのつどこの開始点があらゆる想起において、他の相対的な以前のものを想起するような仕方で携行している」(HuaX, S. 329 傍点筆者) とも述べている。そして、持続体における以前の内容の統一的な包括と、想起的な携行という原初的な想起の性質について、フッサールはここで、「この無限遡行を生じさせないという変様性質の本質である」(HuaX, S. 332) とはっきり述べるのである。

以上のことについて図式的に考えてみよう。例えば、ある与件が時間位置 t1 にあるとして、それが原初的な想起によって t2、t3 の位置へと移行するとき、t1 の与件は、t2 の直下に、過去になりつつ沈み込むように移行する。t2 における与件も同様に、t3 の直下に過去になりつつ沈み込むように移行する。そしてここで重要なのは、

t_2の直下に過去になりつつ沈み込んだt_1の与件がt_2の直下、すなわち過去への沈み込みに伴って、「相互内属的（ineinander）に移行する」（ebd.）ということである。この相互内属的な移行によって、t_1-t_2-t_3における与件は系列を保ったまま、t_nの過去へと移行することを繰り返すことになり、諸与件は、「意識変様の形成された同じ道を行く」（ebd.）ことになる。[67] このようにして、過去の与件全てを新たな与件の直下へと、さらに過去になりつつ相互内属的に移行することで、「意識の流れは、確かにそれ自体で再度相次いで連続することなのであるが、それは、連続の意識という可能性の条件をそれ自体によって充実する」（ebd.）のである。これがまさに、直観的な交差断面の持続体に見られる位相において、地層の様に見出される過去の感覚射映の連なりを形成しているのである。こうして、感覚の意識が失われることなく、感覚内容と時間的対象の持続、感覚の変化が構成され得るのである（vgl. HuaX, S. 332f.）。

ここでフッサールは、「想起の流れに関して、新たに生ずる想起に如何なるものもさらにつけ加えられる必要はない。なぜなら、想起自体がすでにそれ自体の内に過ぎ去った想起の「想起」を含蓄している（impliziert）からである」（HuaX, S. 333）と述べ、原初的な想起の意識変様の性質を「含蓄すること」であると規定する。これらのことは、二重の持続体の記述において、ほぼ同様のことが語られていたが（本書第一章第一節（4）参照）、上述したように、考察の次元が絶対的意識の領野であり、考察の対象が原感覚であるという点でまったく異なっており、何より、相互内属的な移行、感覚位相間の接合、含蓄性という、原初的な想起の特徴的な働きを、意識変様の本質として規定したところが徹底的に重要なのである。

この規定について、フッサールは、「過去把持を以前の意識位相に関して想起と呼んだとき過ちとなった。想起は常に構成された時間客体のみに関係する表現である」（HuaX, S. 333. 傍点筆者）と述べ、ここではっきりと、原初的な想起（新鮮な想起）、すなわち過去把持が作用としての想起ではないとして、我々が言うところの一般的な想起から区別するのである。ここに過去把持という言葉が初めて登場し、以降、フッサールの時間意識分析に欠かせない術語として使用される(68)。フッサールは過去把持を、「意識の位相から意識の位相へという志向的な（根本的に異なった）関係を特徴づけるために使用する表現であり、その際に意識の位相と意識の持続性そのものは、それ自体を再び時間客体として看做されてはならない」（HuaX, S. 333）と述べている(69)。つまり、フッサールはこの志向的な関連の形成を、過去把持の含蓄性という意識変様の本質として呈示するのである。したがって、過去把持は作用ではなく、むしろ作用が構成されるところの絶対的意識の側で、内在的な知覚を構成する時間流の能作であると見るべきなのである。これらのことから、感覚に統握図式を当てはめることで生じる無限遡行の問題は、絶対的意識の構成能作である過去把持には当てはまらず、むしろ過去把持による意識変様の本質において、無限遡行の問題そのものが生じない、問題とならないと言えるのである。

（3） 交差志向性と延長志向性

以上のようなフッサールの考察により、初期時間意識分析の最も重要な成果である過去把持の発見がなされた。しかしながら、フッサールの過去把持による時間意識分析はここで終わるわけではない。フッサールは内在的な統一の構成について、過去把持による時間意識の「流れ」の構造を分析している。この流れの構造を解明するにあたり、フッサールは、発見した過去把持によって、以前に考えていた二重の連続体を再度考察することになる。

絶えず新たな原感覚の意識が生じては過ぎ去って行くという意識様態の移行の中で、ある一つの位相に様々な原感覚の意識が併存する。それは、その位相に最新の原感覚の意識と、それ以前の原感覚の過去把持の連続が共在するということに他ならない。だが、これについてフッサールは、「しかしながら、今、困難が生じている。私は意識の流れを流れとして知るが、その流れにも目を向けることができる。つまり把捉されている意識の中で、流れの顕在性の位相を持つことができ、そして同時に以前の諸位相の想起それぞれの一連も持つことができる。あるまとまった（持続する経過、ないしは対象に属する）流れが経過している場合、私はそれを顧みることができ、流れは現出するがままに、想起の中である統一を形成している。つまり、意識における意識の流れもまた、統一として構成されているのではないだろうか」（HuaX, S. 378）という問題を呈示する。つまり、ここでフッサールは、意識流が統一を構成するということと、意識流の流れそのものが統一的に意識されているということは同時に可能なのか、という問いを呈示しているのである。特に、後者の意識流自体の統一という問題に対し、フッサールは、「ある唯一の意識の流れが（ないしは、ある「最終的な」意識の内部に）あって、そこにおいて、内在的で - 時間的な音の統一が構成され、そして同時に、意識の流れそれ自体の統一が構成されている」（ebd.）と答えている。だが、時間的な対象の統一はもちろん、その統一における構成の流れ自体が流れの中で統一されるというのは、一体いかにして可能なのか。ここで呈示された二つの構成（時間内容の統一の構成と流れの統一）について、フッサールは、新たに得た過去把持の特性から、過去把持の「二重の志向性（doppelte Intentionalität）」（HuaX, S. 379）という性質を見出すこととなる。

フッサールは、過去把持による時間的な構成を分析する際、「眼差しは、一方で、流れの絶え間ない進行の中で「合致されつつある」諸位相を貫いて、音についての諸々の志向性として向けられ得る。だが、〔他方で〕眼差しは、流れに沿っても向け得るし、流れのある区間へ、〔すなわち〕音の - 始まりから音の - 終わりまでといった、流れている意識の移行へも向け得る」（HuaX, S. 378f.）と述べている。眼差しを向けた前者のものは、「音の内在的な対象の構成に役立っている志向性」（HuaX, S. 379）であり、後者のものは、「流れにおけるこの原初的な想起の統一に対する構成的な志向性」（ebd.）である。まず、前者の過去把持の志向性だが、内在的な統一の時間構成は、以前に考察した二重の持続体の構造と同等のものであると言える（本書第一章第一節（4）参照）。しかしながら、過去把持という時間意識における構成の本質規則性を発見したフッサールは、その二重の持続体の考察の際に見られた交差断面の持続体の構成を過去把持の志向性であるとして、「交差志向性（Querintentionalität）」（HuaX, S. 380）と呼んでいる[70]。この交差志向性について、フッサールは、「私が（そのつどの音の——今の感覚としての原感覚に向けて、〔すなわち〕経過した音の——時点の系列という原初的な諸想起としての再生産的な諸射映に向けて生きるとき、そして諸々の原感覚の再生産的な変転と、すでに手元にある諸々の再生産の流れにおいて、統一を常に経験しつつ生きるとき）、持続する音が現存し、その音の持続において常に拡大している」（ebd.）と述べている。つまりこの交差志向性は、過去把持による意識変様の流れの中で、絶えず同じ内在的な対象に向かって持続的な同一性ないし変化を構成し、しかもその対象は過去の持続の意識を携えているため、時間的な拡がりの構成を担っているのである。

そして他方、意識の流れの統一に関する過去把持の志向性についてフッサールは、「今、我々が流れを流れ去るままにしてみると、経過における流れの持続体を持ち、その流れの持続体は、まさに記述された持続性を再生産的に変転させている。そしてその際の瞬間的で-同時的に存在している諸位相の新たな持続性のそれぞれは、以前に過ぎさった位相において同時的なものの総体的な持続性に関する再生産なのである」（HauX, S. 379）と述べており、この志向性を「延長志向性（Längsintentionalität）」（ebd.）と呼ぶ。つまり、この延長志向性は、「それ自体との絶え間ない合致統一」（ebd.）を担い、今の原感覚の意識と共在する過去把持の意識の持続全体を丸ごと保つようにして、流れの中で絶えず先行する過去把持全体を受け継ぐように構成する志向性なのである。

フッサールは、これら過去把持の二重の志向性による双方の持続的な構成について、「それは、一つの同じ事象の二側面が互いに要求している志向性をともに編み合わせるといった、二つの不可分に統一的なものなのである」（HuaX, S. 381）と述べている。つまり、「一方〔の志向性〕によって、内在的な時間、客観的な時間、真正な時間が構成され、そこにおいて、持続と持続しているものの変化が存在している。他方の志向性において、流れの諸位相という擬似的で-時間的な——配列が見られ、その流れは、流れている「今」——点、〔すなわち〕顕在性の位相を常に必然的に持ち、そして先顕在的な諸位相と後顕在的な諸位相（いまだ顕在的でない）の系列を必然的に持つ。この先現象的な、先内在的な時間性は、時間構成しつつある意識の形式として志向的に構成され、それ自身において構成される」（ebd.）のである。これらのことから我々は、意識流における内在的な時間客体の統一と、意識流自体の自己構成が成されると考えられ得るのである。このことについてフッサールは最後に、「内在的な時間を構成しつつある意識の流れは、単に存在するというだけではなく、いかに奇妙に思われようとも、だが納得のいく在り方で、その流れの中で必然的に流れの自己現出が存続し、それによって流れ自体が必然的に流れることの中で把捉可能でなければならない。流れの自己現出は、第二の流れを必要とすることなく、流れはそれ自体において、現象として構成されるのである」（ebd.）と述べている。こうしてフッサールは、時間意識の根源的な構成を、過去把持の二重の志向性によって解明することができたのである。

以上のことから、フッサールの初期時間論はその最終点に到達する。現象学的な時間意識分析は、これまで考察してきたように、現出論的な分析と原意識によって過去把持の発見を促した。それはつまり、感覚を分析の主題とすることを可能にし、感覚を対象化させる統握に先立って、先現象的な存在として構成されているという事態が明証的に開示されたことによって可能になったのである。そして、フッサールが当初考えていた「統握‐統握内容」図式における無限遡行の問題は、感覚の持続的な変様の考察によって、すなわちその構成理論が妥当しない意識の次元である絶対的意識における過去把持という能作によって、解消されたのである。もちろんこのことは、統握図式自体を否定するものではない。この図式は、後にノエシス‐ノエマの相関関係として『イデーンI』で定式化され、静態的現象学の基本的な枠組みとなる。過去把持の登場によって代表象という言葉は次第に使われなくなるが、それは準現在化として、さらに概念的に鍛え上げられていくことになる。そして、このようにして発見された過去把持や絶対的意識の領野は、発生的現象学の舞台としてその考察が深められ、むしろ統握図式を基づけるものとして理解されることになるのである。

　重要なのは、判断論的な「統握‐統握内容」図式では捉えられない意識の領野があるということである。顕在的に意識に現れないこの領野こそ、後期フッサール現象学の主題となる受動的綜合の分析の舞台である。これは過去把持という意識の根源的な能作と合わせて、その領野の発見というフッサールの発生的現象学の端緒を拓く注目すべき事態であると言えるだろう。したがってフッサールは、過去把持という現象学の要となる本質規則性を、時間意識の更なる分析はもちろん、受動的綜合という意識の根源的な構成の次元の分析にも用いていくことになる。これについて我々は、過去把持と受動的綜合の分析を巡って、次の中期時間論の段階へと進むこととする。

註

（1） 引用と参照、及び主要テキストの表記について、本文v頁の凡例を参照のこと。なお、引用における訳出の際に邦訳があれば参照しているが、本文における訳語の統一のため、筆者自身の訳出を用い、内実について大幅な変更がある場合には、変更箇所とその理由を、そのつど注に記載する。

（2） この語については、本書第一章第二節において詳述する。

（3） この節のテキスト選定に関して、フッサール全集第一〇巻の「B」補足テキストに関するベルネの研究を参考にしている。ベルネは、このマイナー社出版のB補足テキストに対する序文の中で、草稿を年代順ではなく、内容の面から四つのグループ分けをして考察している。ここでは特に、彼がグループ1と2としてまとめた内容にしたがって、最初期の草稿を確認する（vgl. Bernet, R.: Einleitung, S. XIX- XXIV, in E. Husserl: *Zur Phänomenologie des inneren Zeitbewusstseins (1893- 1917)*. Text nach Husserliana Bd.X/ Edmund Husserl. Hrsg. u. eingel. von R. Bernet. Hamburg: Meiner, 1985）。

（4） この試論は、フッサール全集第一〇巻の編者であるベーメによると、およそ一八九三年から一九〇一年までにフッサールが書き記した草稿としてまとめられている (vgl. HuaX, S. 137, Anm. 1)。

（5） フッサールがこの代表象という語を用いるとき、個別的な表象との区別は特になされていない。もちろん、イギリス経験論の伝統から、代表象には個別表象の代理者という役割を付されるが、フッサールによると、このような代表象の理論は、心理学的な機能として論じられるのみで、「一般的な表現や思考の個別的な体験に十全な特徴を付与する新しい種類の意識様式、〔すなわち〕現象学的な事実にまったく触れていない」(HuaXIX/1, II, S. 174）という。したがって、我々の考察においてもフッサールの主張を踏襲してこの語を用いる。

（6） このような一連の構成は、「志向的体験」と呼ばれ、この志向的体験は、作用性質と作用質料から成っており、両者は作用の志向的本質として理解される (vgl. HuaXIX/1, V, §20- 21）。作用の性質とは、「各作用を状況に応じて単に表象しつつあるものとして、あるいは判断しつつあるもの、直観しつつあるもの、欲求しつつあるものなどとして、作用として特徴づける作用の一般性格」(HuaXIX/1, S. 425）であり、これと対になって、「作用をこの表象されたものの表象として、この判断されたものの判断などとして、特徴づける作用の「内容」」(HuaXIX/1, S.425f.）という、作用の質料がある。両者は作用の中で区別される契機である。作用は性質と質料を具えることで作用として成り立つのであるが、ここで注意すべきは、作用の性質は質料と切り離してはまったく考えられない作用の抽象的な契機であるということである。作用には特定の性質と質料が必ず伴い、どちらか一方だけが体験されることはない。

（7）フッサールは、新鮮な想起を一九〇一年時点ではまだ作用であると考えているものの、新鮮な想起が再想起や反省という作用と区別されるのは、それらの作用の対象が同一的な対象として規定されて、種的な差異という実在性を有しているからである（vgl. HuaX, Nr. 35）。新鮮な想起の働きは、そのような実在性を構成する以前にすでに働いてしまっており、むしろその諸作用による構成の基盤になることから、作用とは区別されねばならないとフッサールは指摘している。これについては、本書第一章第三節で詳述する。

（8）これについて、山口一郎は、「音の持続の意識を統握図式で説明しようとするとき、つまり、この時間意識の現象に認識論的な根拠を与えようとするとき、フッサールは、「無限遡及」の問題にぶつかります。なぜなら、あらゆる意識内容が、この図式に即していえば、統握という意識作用によって構成され、構成されたものとして意識するとするのであれば、この統握作用そのものが意識されて、意識内容となっていることから、この意識内容を構成する意識作用がもとめられることとなり、無限遡及におちいることになるからだ、というのです」と述べている（山口一郎『存在から生成へ』知泉書館、二〇〇五年、一五七頁参照）。

（9）ブレンターノはおよそ五〇年に渡り時間について考察しているが、マリガンによれば、彼の時間論は四期に区分される（cf. Mulligan, K., Brentano on the Mind, in *The Cambridge Companion to Brentano*. Ed. D. Jaquette, Cambige Univ., 2004. pp. 78- 79. あるいは、水地宗明「ブレンターノ時間論（1）」『彦根論叢』二一五所収、滋賀大学経済学会、一九八二年七月を参照）。ブレンターノ時間論の変遷の中で、フッサールが批判するのは主に第二期（一八七〇―九四年）である。

（10）中村雅樹「ブレンターノの時間論」『哲学』第三二号所収、日本哲学会編、法政大学出版局、一九八二年。一五二―一五三頁参照。

（11）これについてブレンターノは、過去的なものと未来的なものには自立的な意味はなく（間接態 modi obliqui）、現在的なものとの関係において意味を持つ（直接態 modus rectus）とも述べている（vgl. Brentano, F., *Die Abkehr von Nichtrealen*. Hrsg, von F. Mayer- Hillebrand. Hamburg: Meiner, 1966. S. 320）。

（12）Vgl. Brentano, F., *Deskriptive Psychologie*. Hrsg, von R. M. Chisholm und W. Baumgartner. Hamburg: Meiner, 1982. S. 19.

（13）ブレンターノは、表象作用の客体を実在的なものに限定し、その様態について差（実在と非実在）を設けている (vlg. Brentano (1966), S. 61f.: Einleitung von F. Mayer- Hillebrand)。これについてはフッサールも、「変様する時間述語は、ブレンターノによれば非実在的述語であり、「今」という規定だけが実在的である」(vgl. HuaX, S. 14, Nr. 14) と述べている。また、この過去と未来の種概念の結合は、論理的な規定であって、現象学的な意味での体験の記述による規定ではないことにも注意が必要である。

（14）Vgl. HuaX. §3.

（15）Vgl. Kraus, O., Zur Phänomenogsie des Zeitbewusstseins, in *Archiv für die gesamte Psychologie.* Bd. 75. Leipzig, 1930. S. 11.

（16）A. a. O.

（17）しかしながらここで注意すべきは、統握図式による時間意識構成の理解は、後に崩壊し、過去把持（新鮮な想起）によって克服されるということである。差し当たりこの時点で言えるのは、感性的な統一の次元を統握図式で捉えると、変化する内容それぞれに統握作用が必要になり、さらに変様の推移としてその変化の序列を構成する統握作用も必要になり、多数の統握作用が要求されることになるため、感覚を表象として統握作用で捉えると無理が生じる、ということである（この点について、本書第一章第一節（4）で再度言及する）。新鮮な想起と再想起の区別にもかかわらず、『論研』において確立された統握図式の枠組み内で、分析は暫く続けられたのである。フッサールが統握図式を放棄して過去把持という特有な志向性に考察が至るまで、まだ数年を要する。

（18）この点について、ベルネは、フッサールが時間意識の考察をする際に、「現在の所与様態が今点の把握に限定されるという、多くの同時代の人にとっての自明な先入観と縁を切っている」と指摘する (vgl. Bernet (1985)：Einleitung, S. XXI)。この「同時代の人」とは、主にブレンターノとマイノングであるが、あるいはロッツェ、シューマン、シュテルンなども同様に挙げられるだろう (vgl. HuaXIX/1, §37, HuaX, §7)。またマルティーやクラウスは、基本的にブレンターノの時間論を受け継いで、擁護している (vgl. HuaX, Nr.33, Bernet (1985) :Einleitung, S. XXV, Kraus (1930))。

（19）Vgl. Lotze, H., *Metaphysik, Drei Bücher der Ontologie, Kosmologie und Psychologie mit einem Anhang. Die Prinzipien der Ethik,* einem Namen- und Sachregister herausgegeben von Georg Misch. Leipzig, Meiner, 1912. S. 294.

（20）マイノングとは、ブレンターノの弟子の一人であり、オーストリアのグラーツで活躍した哲学者である。マイノングは、グラーツ学派の祖であり、心理学主義から出発し、その克服の過程で独創的な対象論を展開し、対象の認識論的心理学研究の新しい方法を開拓した。

（21） ここでのフッサールのマイノング批判について、本書は、HuaX, Nr. 29を参照ないし引用している (vgl. Bernet (1985) : Einleitung, S. XXVff., HuaX, S. 216f. Anm. 1)。また本書は、マイノングの議論について、Meinong, A., Über Gegenstände höherer Ordnung und deren Verhältnis zur inneren Wahrnehmung. in: *Gesamtausgabe*, Band 2, 1971.（英訳：Schubert Kalsi, M- L., *Alexius Meinong. On Objects of higher Order and Husserl's Phenomenology.* Martinus Nijhoff. The Hague, Boston, London, 1978）と、榊原哲也「時間と還元」『論集Ⅶ』所収、東京大学、一九八七年、榊原哲也『フッサール現象学の生成』東京大学出版会、二〇〇九年、真達大輔「過去把持の二重の志向性について」『現象学年報』一九号所収、日本現象学会、二〇〇三年を参照し、必要に応じてそのつど引用していく。

（22） Vgl. Bernet (1985) : Einleitung, S. XXV., HuaXIX/2, §45.

（23） Vgl. Meinong (1971), S. 444 (trans. Schubert Kalsi (1978) p. 184) , HuaX, S. 216ff.

（24） Vgl. Meinong (1971), S. 449 (trans. Schubert Kalsi (1978) p. 187) .

（25） このマイノングの構成論を、ベルネは、「あるメロディーは、それが終了したときにはじめてそこから把捉され、そしてその把捉は、後続するカテゴリー的な綜合の能作であると言われる」と、端的にまとめている (vgl. Bernet (1985) : Einleitung, S. XXVII)。

（26） Vgl. Meinong (1971), S. 448. (trans. Schubert Kalsi (1978) p. 186) このことから、マイノングは、「高階秩序の配分された対象の表象は、分配されない諸内容によって所持されることができるということに過ぎない」(ebd.) と述べている。

（27） フッサールのマイノング時間論の批判の要点は、ベルネが指摘するとおり、「マイノングの最も重大な先入観は、……点的な - 今という対象、あるいは対象の契機の把捉に直観を制限することである」(vgl. Bernet (1985) : Einleitung, S. XXVI) ということにある。

（28） Vgl. Meinong (1971), S. 445- 448 (trans. Schubert Kalsi (1978) pp. 184- 186) .

（29） Vgl. Meinong (1971), S. 445f. (trans. Schubert Kalsi (1978) pp. 185- 186) .

（30） このようなマイノングが想定する点的な時間対象をフッサールが退けるのは、一九〇一年頃にはすでに、客観的な時間を想定した理念的な時間点というものを現象学的な分析から退けていることから直ちに理解し得る。つまり、フッサールが現在の知覚が持つ拡がりを「庭（Hof）」あるいは「時間野」と表現したことから分かる通り、現在が幅を持つということを彼は強調しているのである。この分析はマイノングとの議論が行われた一九〇四／〇五年にも保たれている。

（31）フッサールないし我々が問題にしているマイノングのテキスト（第一八節「表象時間と対象時間。時間的な配分」と第一九節「分配された対象と分配された内容」）において、「分配されていない」という語は、二回しか登場せず、特に議論にも関わっていない（vgl. Meinong (1971), S. 444, 448 (trans. Schubert Kalsi (1978) pp. 184, 186)）。

（32）これについてフッサールは、「私があるメロディーを知覚する（そのメロディーは全くもって知覚に属する）とき、〈私〉は、何らかの知覚の位相においてメロディーを対象的に「そのときまで」所有し、メロディーの最後の位相においてメロディー全体を所有する。その点で、あらゆる対象的な位相は（あらゆる音は対自的に）統握され、ある統握の瞬間において代わりに表している。同様に、私が相前後するものにおいて、ある人とそれから〔その人の〕手を見るとき、「人」は対自的に統握され、「〔その〕手」も同様に統握され、つまり、最後の瞬間の直観において両方が相前後するものの意識に属するのである。そのようにして含蓄したあらゆる統握が、統握の統一なのである。これらの統握は、しかしながら、瞬間の - 時間意識に対して、統合されている」(HuaX, S. 229）と述べ、統握しているメロディーの時間的な拡がりと、その瞬間に統合される諸統握の位相の持続性という二重性を述べている。

（33）フッサールは、この二つの問題を、「知覚は、二重の持続性において、二段階の持続性において、時間客体に関連する。我々は以下のことを区別する。（a）知覚の位相の持続体。（b）位相内での直観的な諸統握の持続体」(HuaX, S. 232）と、呈示している。

（34）ここでのフッサールの「交差断面の連続体」は、「交差志向性（Querintentionalität）」(HuaX, S. 380）を連想させる。これは過去把持の志向性の一面であるのだが、この時点では未だ統握として理解されている。なお、Querschnitt の quer を「交差」と訳語を当てた理由については、本書注70を参照のこと。

（35）Vgl. Bernet (1985) : Einleitung, S. XXVIIf.

（36）Vgl. Bernet (1985) : Einleitung, S. XXX.

（37）Vgl. Bernet (1985) : Einleitung, S. XXXff.『論研』以降、フッサールは、現象学を無前提の学問として呈示してきたが、それが明確な方法論として規定されるのは、『理念』においてである。

(38) 後の『イデーンI』や『時間講義』において明確になるが、フッサールは意識作用が時間的な経過と所与を持つことを、意識体験の「実的な成素」(HuaIII, S. 85) であると述べている。フッサールは『イデーンI』において、具体的な志向的体験の実的な成素が「感覚与件」と「統握」であるとし (vgl. HuaIII, §41)、また『時間講義』では、「判断することは、長くも短くも持続し得るし、主観的な時間においてその拡がりを持つ」(HuaX, S. 96) というように、まさに作用性格が時間的な持続を具えていると述べている。これについての詳細は、本書第一章第二節（2）において再考する。

(39) この超越的な知覚の対象について、フッサールは、すでに『論研』において、「歯の痛みについての知覚の中で実際の体験が知覚されているにもかかわらず、知覚はしばしば我々を欺くものである。〔すなわち、〕痛みは、健康な歯がずきずき痛むように現れることもある。このような錯覚の可能性は明らかである。知覚された対象は、体験されたような痛みではなく、歯に帰属するように超越的に解釈された痛みなのである」(HuaXIX/2, S. 770f.) と述べている。ここでは、体験されたままの「痛み」と、解釈されて対象となった「歯の痛み」が区別されている。

(40) ここでのゼーフェルト草稿における現象学的還元の萌芽について、榊原 (2009)、八七―九〇頁、一三一―一三三頁を参照（ここで榊原が指摘しているように、確かに現象学的還元の具体的な使用が認められても、公に呈示されるのは一九〇六／〇七年の『認識論講義』であり、方法論的な確立は「本質直観」との関わりも考慮せねばならないということは、注意すべきである）。フッサールによる現象学的な記述の方法論は、「客観的時間に関係する全ての想定の完全な排除」並びに「現象学的に与えられたもの」、つまり「十全的に時間直観の中で与えられたもの」(vgl. HuaX, Nr. 19) へと制限し、到達することを意味している。

(41) しかしながら、この同一性の持続について、フッサールはすでに時間意識の考察の最初期の段階で問題にしてもいる (vgl. HuaX, Nr. 1)。

(42) これについて、フッサールはさらに強調して、「我々が現出の統一を反省するとき、さらに同一性を観察するとき、それはある本来的な同一性の意識（あるカテゴリー的な同一性の意識）であり、その同一性の意識の中で茶色は、持続的に同一的に思念されたものとして、統一と自同性の中で思念されたものとしてある」(HuaX, S. 240) と述べる。またフッサールは、「スペチエスという同一的なものは、異なった個別的なものに「共通のもの」ということを付け足すといった、スペチエス化 (Spezifikation) による同一的なものである」(HuaX, S. 250) とも述べている。

(43) 超越と内在の関係、すなわち作用による超越と作用以前の関係を、フッサールはこのゼーフェルト草稿で度々言及している。例えば、「茶色という契機が与えられ—そしてそれから繰り返された想起において同一化する」(HuaX, S. 242. 傍点筆者) というフッサールの言及が、端的に以上のことを示していると言えるだろう。しかしながら、この点についてのフッサールの明確な規定は、彼の思想的な展開の中期において、能動的綜合と受動的綜合の明確な区別によって成立することになる。この区別の上で、フッサールは、「一般的なものとしてのスペチエスは、先所与された個別的な可能性ないし現実性に即した抽象化を通じて獲得される」(HuaXXXI, S. 92) と述べている。

(44) 榊原 (1987)、五二—五七頁と、榊原 (2009)、七五—一一二頁を参照。

(45) 一九〇一年頃 (vgl. HuaX, Nr. 11) から、一九〇四/〇五年の時間講義 (vgl. HuaX, Nr. 19- 34)、一九〇六/〇七年の『認識論講義』における原意識と絶対的意識の分析 (vgl. HuaXXIV, Kap. 8. §42f.)、一九〇八年の『意味論講義』(HuaXXVI, S. 224)、一九〇七年から一九一一年における『時間講義』の草稿 (vgl. HuaX, Nr.39- 54) において「位相」という語が使用されている。

(46) Vgl. Bernet (1985) : Einleitung, S. XXVII.

(47) これについて、フッサールは、「持続全体の対象という統一は、単に結合の統一であるだけでなく、以下のような統一なのである。〔すなわち、その統一とは、〕諸位相の綻びのない持続性 (融合) を貫いて延長し、あらゆる位相の内にあり、あらゆる位相から養分 (Nahrung) を引き込み、それら位相の存在の内実を豊かにするが、しかしそれ自体では位相の単なる持続的な先後関係 (Nacheinander) (そして諸位相から組上げられていく断片、あるいは分化を通して持続的な全体から際立ちつつある諸断片) なのでは〈ない〉〔、といった統一である〕」(HuaX, S. 263) と述べている。

(48) 現出論という語は、一九一〇年代以降、フッサールの現象学的な研究の初期から中期への移行の間に、その使用が見られなくなっていく。これについてシューマンは、「フッサールが暫定的に行っていたような、現出することについての教義としての「現出論」と、この現出することの中で明示して証示する現出が区分され得るということについての教義としての「現象学」、例えばノエシスとノエマの現象学」が並立していたことを指摘し、静態的現象学に吸収されていったと述べている (vgl. Schuhmann, K., *Reine Phänomenologie und phänomenologische Philosophie: Die Dialektik der Phänomenologie II.* Martinus Nijhoff, den Haag, 1973. S. 18)。しかし、現出論的な分析というフッサールの見解は、その内実を見る限り、時間意識の分析や受動的綜合の分析の遂行と密接な関係があると考えられる。これについては、本書の議論で指摘していく。

て理解するべきものである。

（49）ギリシャ語で、現出、指示という意味であるが、以下に述べるように、単なる現出ではなく、φαίνω「現出すること」として理解するべきものである。

（50）これについて、注38も参照のこと。

（51）この原意識について、山口は、「随伴意識」とも呼んでいる。これについて、山口一郎『現象学ことはじめ』日本評論社、二〇〇二年、六三—六九頁参照。または、山口（2005）、六五—七二頁を参照。

（52）これについて、榊原は、「作用体験やその諸契機についての先反省的・先対象的な「原意識」」を、フッサールの時間意識構成論の重要な点として指摘している（榊原哲也「フッサールの時間意識——初期時間論における「時間構成的意識流」の概念の生成」哲学会編『近代哲学論叢』哲学雑誌、第一〇四巻、第七七六号所収、有斐閣、一九八九年。一八二頁参照）。

（53）この「根源的なもの」とその「過ぎ去り」は、『時間講義』の付論Ⅸでフッサールが述べる、原印象と過去把持との関係に他ならない。つまり、この過去把持的な移行が、反省をもたらす契機になるということである（vgl. HuaX, Beil. IX）。これについて、ニーの論述も参照のこと（vgl. Ni, L., „Urbewußtsein und Unbewußtsein in Husserls Zeitverständnis" in *Husserl Studies*, 21. Springer, 2005. S. 19f.）。

（54）Vgl. Bernet（1985）: Einleitung, S. XXXVII.

（55）Vgl. Niel, L., *Absoluter Fluss- Urprozess- Urzeitigung*. Verlag Königshausen & Neumann GmbH, Würzburg, 2011. S. 53- 57.

（56）フッサールによるここでの絶対的意識という見解の導入は、『認識論講義』で得られた内在的な時間対象と密接な関係がある。この点について、谷徹『意識の自然　現象学の可能性を拓く』勁草書房、一九九八年、三六八—三六九頁を参照。

（57）この意識流は、内在的な時間対象の統一を構成することから絶対的意識流とも呼ばれる（vgl. HuaX, S. 284）のだが、その意識流自体は、意識の外側に更なる形式や構造を持っておらず、絶対的意識（流）は、自らの流れを自ら構成していると考えられる。全ての統一のもとに絶対的意識が横たわっているが、「統一は客観化の統一であり、そして客観化は、まさに客観になりつつあるのだが、しかしながら客観化しないこともある。客観にならなかった客観化の全ては、絶対的意識の領野の中に入れられるべきである」（HuaX, S. 286）。このように錯綜した述べ方になっているが、要するに絶対的意識は、客観化を遂行するが客観になることはないということである。この段階では、絶対的意識（流）の自己構成の内実は不明瞭であるが、この点について、後に過去把持の二重の志向性、すなわち交差志向性と延長志向性によって、その内実が明確になる（本書第一章第三節（３））

参照)。

(58) 感覚与件を問題にするということについて、フッサールはすでに『算哲』で、感覚における変化が「論理的な相当し得るということを明言した場合に、感覚与件が概念の形式化の中で一定の役割を果たすということを示唆していた(vgl. HuaXII, S. 243f.)。しかしながらフッサールは、『算哲』の中で志向性の包括的な理論を詳論しなかったので、感覚与件の変化がどのように生じるのかを明示してはいなかった。『算哲』においてフッサールは、どのようにして感覚与件が働くのかを明確に述べてはいないのだが、それらの役割は、『論研』以降たびたび考察され、意識構成の問題においても重要な位置を占めることになる。これについてソコロースキーが「あらゆる志向的な作用は、諸感覚との連合において成し遂げられる。〔例えば、〕その作用は、しかじかの感覚与件を通してその対象へと向けられている。感覚内容は、志向的な作用にとっての担体(carrier)の役目をする」(cf. Sokolowski, R., *The Formation of Husserl's Concept of Constitution.* Martinus Nijhoff. The Hugue, 1970. p.49)と述べるように、知覚または対象の構成理論には、感覚の問題を考慮することが必要なのである。

(59) この点について、フッサールは、「ヴァイオリンの音の残響は、まさに弱まった現在のヴァイオリンの音であり、そして今しがたあった強い音の想起とは、それ自体、何の関係もない。残響それ自体、より強い感覚の所与性から(物理的に言えば刺激の停止に即して)そこに留まって残っている残像一般は、想起の本質とはまったく何の関係もない」(HuaX, S. 312)と述べている。そしてまた、「同様に、原初的で直観的な想起された音は、原理的に、知覚された音とは別の何かであり、ないしは、原初的な音の想起は、音についての感覚とは別の何かである」(ebd.)とも述べている。これらのことから、持続的な感覚の原本的な意識と想起が異なっているということを、我々はフッサールとともに確認できる。

(60) この点について以下のテキストを参照のこと。「我々が音を聴く間、「音は次第に弱まり」、そして時間意識は、その音に、そのつどの諸知覚の今に沈み込んでいく位置を付与する。そのことに関して我々は、時間的なものに注意を向けつつ、経過の際立った諸位相のどれかに注意を向け、あるいは持続しながら、しかじかに変化しつつある音に注意を向けつつ、諸想起の中を生きるのである。我々はしかしながら、諸想起それ自体へも対象的に注意を向けることができるし、それを知覚することもできる。そして我々がそれらのことをすることで、諸想起が時間の規則に従っていることを見出し、時間の中に沈み込んで行くことを見出す。すなわち、諸想起の諸知覚は自ずと持続し、諸想起の諸想起に拡大していき、そして我々は、さらに根源的な諸想起の前後関係という意識を獲得し得るのである」(HuaX, S. 317)。

（61）これについて榊原は、「統握内容に変化を認めず、時間的に中立で実的に存在する同じ統握内容が時間的に様々な仕方で統握されると考えたとしても、そうした「統握・統握内容」の図式は時間客観の構成という事象を上手く説明できない」（榊原（1989）、一八五頁参照）と述べている。

（62）そもそも「同じ第一次内容が、異なるものを呈示し、異なった事物統握を通して異なった事物を現出にもたらし得る」（HuaX, S. 322）ということを核心とする「統握・統握内容」図式は、感覚の変化を構成するものではなく、それは、言語的な判断や、超越的な知覚構成の規定である。それは、マイノングが考えたような感覚与件の各時間点への対象に即した分配であり、「後から時間区間を構成することは、根本本質的に別の意味での「統握」である」（HuaX, S. 320f.）に過ぎない。こうした点からも、感覚与件の与えられ方と統握図式における構成の次元を区別して考える必要があると言える。

（63）これについてフッサールは、さらに「それは、ここで詳細には、感覚の - 赤と、赤についての再生産的な再準現在化の間の区別というような事情である。人は意識の内実を具体化する必要はなく、意識の諸変様を原理的に別の諸変様などで故意に歪ませる必要はないのである」（HuaX, S. 324）ということを注意している。

（64）Vgl. Bernet（1985）: Einleitung, S. XXIX. あるいは、vgl. HuaX, S. 227.

（65）この原感覚は、後に原印象という呼び名で概念化される（vgl. HuaX, §31）。それは、「非自立的」であると言われ、原感覚（原印象）は、現在化の構成契機に過ぎず、具体的な持続性の中で捉えない場合は抽象的なものとしか言い得ないことに注意すべきである（vgl. HuaX, S. 326）。

（66）ここでの引用にあるように、「想起」の後には、括弧をつけた過去把持（Retention）が記載されているが、これには、フッサール全集一〇巻の編者であるベームの注によれば、このテキストが書かれた時点より後に挿入されたものであるという。このテキストに直接書かれた時点で、過去把持という語句が最初に登場するのは、三三三頁である。

（67）これに関して、フッサール全集一〇巻 Nr. 50 の時間図表を参照のこと（HuaX, S. 330f.）。想起系列は、意識変様によって、図表の縦軸へ、同時的に、相互内属的に移行する。こうして過ぎ去った想起は次の想起へと含蓄されていくのである。

（68）「B」補足テキストの三三三頁二三行目において、初めて過去把持という言葉が（後からの書き加えられたのではなく）登場する（vgl. HuaX, S. 333, Anm. 2）。

（69）これについてフッサールは、「このことは大変重要な事柄であり、おそらく現象学全体の最も重要な事柄かもしれない」

（HuaX, S. 334）と述べている。

（70）　ここでわれわれは、Querintentionalität に交差志向性という訳をあてており、続けて呈示する Längsintentionalität を延長志向性と訳している。これらは通常、横の志向性と縦の志向性と呼ばれる（フッサール『内的時間意識の現象学』立松弘孝訳、みすず書房、一九六七年。一〇七―一〇八頁参照）。だが、quer の横断する、交差する（quer は英語で言えば cross に当たる（cf. Brough, J., The Emergence of an Absolute Consciousness in Husserl's Early Writings on Time-Consciousness, in *Man and World*, 1972））という意味を考慮し、そして『時間講義』や『ベルナウ草稿』の随所に現れる時間図式の縦軸が Quer を指していることから、山口は以上のように交差（Quer）（そして延長（Längs））の訳を採用しており、本論もそれに倣うこととする（山口一郎『人を生かす倫理――フッサール発生的倫理学の構築』、知泉書館、二〇〇八年。一五四頁参照）。

第二章　未来予持と受動的綜合

我々は第一章において、フッサールの初期時間論における過去把持の発見について考察した。このことは前章の最後で言及したように、フッサールが時間意識分析をさらに展開させるための重要な基盤となっている。特に、過去把持の持つ「含蓄的（implizit）」という性質を理解することは、意識の非顕現的な領野に対する考察を可能にし、すなわち「受動性（Passivität）」という意識の構成層に対する新たな現象学へと我々を導くこととなる。

フッサールによる意識の受動性の考察として代表的なのが、フッサール全集第一一巻の『受動的綜合の分析』である。意識の受動的な構成は、「連合（Assoziation）」や「触発（Affektion）」、「対化（Paarung）」（対化の分析は、特に『デカルト的省察』及び『間主観性の現象学』でも行われている）といった、受動的綜合における本質規則性によって成立している。これらの規則性は、時間意識の構成の規則性、すなわち過去把持の能作と密接に関係しており、それゆえ過去把持をはじめとする時間意識の構成の正確な理解がなければ、その受動的綜合の内実を理解することはできないと言っても過言ではないだろう。

そして、受動的な構成が時間意識と関わり、その時間意識が含蓄的であるとすれば、ここで主題となる「受動」ということの特徴は、判断や思念、再想起などといった作用のように、「顕現的なもの（das Explizite）」ではないということになる。つまり、自我の能動的な働きとは異なっているのである（この点について、我々は、すでに第一章において、過去把持の非作用的な性格、すなわち含蓄性という特殊な志向性の在り方を考察してきた）。このことはまさに過去把持の性質と一致している点である。むしろ、この過去把持の発見とその性質の理解から、フッサールはこの受動性という非顕現的な領野の分析へと向かう契機を手に入れたと考えることも可能であろう。したがって、時間意識と受動性の関係は、以下の我々の考察の展開にとって重要な観点となる。この観点から我々は、第一章での考察の成果を用いてこの受動性の領野の考察を行うこととなる。

しかしながら、ここで我々は受動性の考察へと向かう前に、まず「未来予持（Protention）」の考察から始めることとする。我々はこれまで過去把持について考察を進め、過去把持の能作が意識の拡がりある現在を成立させていることを確認した。だが一方で、未来的な契機、未来的な意識についてはほとんど考察してはいなかった。時間意識には、当然ながら未来という時間様相も生じており、現在と過去だけで時間意識の全てが成立するとは到底考えられないし、それらの様相だけが時間意識の在り方を示すわけでもない。確かにフッサールは過去把持の分析に重点を置いており、時間意識を分析する際にも過去把持を中心的な問題としているのだが、だからといって時間意識の未来の側面についての考察を疎かにしているわけではない。その考察は、フッサール現象学の中期における時間論の分析として位置づけられる『ベルナウ草稿』において主に為されている。したがって我々は、以下の第一節において、未来という時間様相を構成する志向性である未来予持の働きを『ベルナウ草稿』に即して考察し、時間意識の構成におけるその重要性を確認する。このことによって、なぜ過去把持の能作の分析に重きが置かれるのか、という理由がかえって明確になる。そして、過去把持と未来予持における諸々の特性を正しく理解することができれば、我々が受動的綜合を考察する際にもその理解は大いに役立つことになるだろう。

そして続く第二節において、我々は過去把持と未来予持の特性をもとに、フッサールの『受動的綜合』を考察することとなる。ここで我々は、未来予持という本質規則性の関わる「予期外れ」という体験を考察することで、体験が過去把持されて非顕現的になった「空虚表象（Leervorstellung）」について考察することになる。この空虚表象を巡って、フッサールは受動的綜合という領野における覚起と連合の規則性を見出し、触発という発生的な構成の契機を分析している。したがって、受動的綜合における諸々の規則性には、常に過去把持と未来予持の能作が深く関わっていることから、我々はこれらの諸規則性を、時間意識の構成とともに考察する必要があるということになる。我々は、前章で考察した時間意識の理解を橋頭堡にして、さらに意識の深層へと考察の歩みを進めることができるのである。

第二章における以上のような考察を通じて、我々はフッサールの記述における意識の受動的な発生という力動的な構成プロセスを確認し、発生的現象学の内実を理解することとなるだろう。そして同時に、この発生的現象学というフッサールの中後期の主題となる思索が、時間意識の現象学を抜きにして語ることができないということを、我々は本章で改めて理解することになる。これらの理解において我々は、意識の最も根源的な志向性である衝動や本能を主題化し得る道を、時間意識の分析から導いていくことになるだろう。

第一節　過去把持と未来予持

フッサールは『時間講義』において、根源的に構成しつつある意識流のプロセスが「到来するものそのものを空虚に構成して捕捉し、充実へともたらす未来予持によって生化される」（HuaX, S. 52）と述べている。この言及は未来予持の基本的な性質を的確に指摘したものとなっている。フッサールのこのような未来予持に関する分析について、例えばヘルトは、未来予持の充実化を「純粋な到来性としての現在的な移行性の契機」であるとし、[1]現前化を可能にするために不可欠なものとしている[2]。またローマーは、ヒュレー的な与件に対する意識の未来予持的な待ち受け方について、『経験と判断』に依拠しながら、純粋な受動性における法則性としての「固定した未来予持」と、能動性における受動性、すなわち受容性において経験に依存するものとしての「変化する未来予持」に分け、異なる性格を持つ未来予持の働きについて述べている[3]。

このように未来予持の諸性質について様々な分析がすでに為されているが、しかしそれらの分析は、意識流の移行綜合それ自体を構成するプロセスの中で未来予持がどのようにして生じ、なぜ意識流の構成プロセスに関わらねばならないのかを明確にしているわけではない。確かにフッサールも『時間講義』では、意識流の構成プロセスについて主に原印象と過去把持による分析を呈示するに留まっており、両契機の本質規則性が詳細に分析される一方で、未来予持の分析はそれらの構成の中でいつも派生的にしか扱われていないと言える[4]。では、意識流が原印象と過去把持の二つの契機だけで説明できるのならば、意識流における未来予持の積極的な役割や必然性は、一体どのように確証し得るのであろうか。

この問いを巡って、我々は『ベルナウ草稿』におけるフッサールの未来予持の記述をもとに（1）未来予持の基本的な諸性質を確認し、そしてその際に（2）未来予持が生じてくるプロセスと、そのような構成プロセスの内に未来予持の「不充実性（Unerfülltheit）」という特性が本質的に含まれていることを指摘する。そして、そのつどの意識の構成のプロセスが（3）未来予持が充実する際に生じる「意識の傾向（Tendenz）」を包含しており、そのことによって意識の流れが方向づけられているということをフッサールは呈示している。これらの未来予持の諸特性は、（4）過去把持の諸特性とともに時間の恒常的で力動的な構成プロセスを形成することになる。我々はこれらの論点から、未来予持という志向が意識流において必然的な役割を担うことを明確にしてみたい。そしてその上で、（5）未来予持の能作が、意識の感性的な領野において、衝動から成る動機づけの発生を意味すること、すなわち触発（Affektion）という現象の分析へと導くことを呈示する。以上の考察を通じて我々は、意識流の構成における未来予持の必然性、ならびに未来予持と触発の関係を明らかにする。

（1）未来予持の含蓄性——特有な志向性としての過去把持と未来予持

未来予持についての考察に先立って、まずは以下のことを確認しておきたい。それは、フッサールが過去把持と未来予持を内的意識における特有な志向的能作であると看做している点である。これらの志向的な能作がどのような意味において特有であるのかを確認することで、意識流における構成プロセスの諸次元を区別し、考察の領野を規定することになる。ここで我々は一旦、前章の過去把持の考察を振り返ってその諸特徴を整理し、それから未来予持の性質を考察する。

我々はこれまで、内的意識における諸契機の実的な存続体（reeller Bestand）、すなわち感覚与件それ自体が今点における原感覚の意識であるということを確認してきた（本書第一章第三節（2）参照）。そして、この今点に直属する想起の系列は、どの今においてもそれぞれ異なっており、またそれ自体で絶えず変転しているというものであった。自ずと過去のものへと変転した原感覚の諸位相は、「今」の位相と「想起の系列」という意識において、持続する意識内容として意識されている。この「持続する意識内容として意識される」ということを、フッサールは、すでに過ぎ去った想起のさらにその内側に「想起」を含蓄するということである、と性格づけた。(5)ここで言われる諸想起の含蓄こそが、まさに過去把持の働きを示しているのであり、意識の位相から意識の位相への志向的な関係（統握という意味での志向とは根本的に異なった志向的な関係）を特徴づけるものであった。つまり過去把持は、感覚の射映系列の形式において、先行した発展の全てを遺産として自らの内に担うことにより、過去の位相を相互内属的に、積み重なるように、そのつどの現在において自ずと含蓄していく意識の働きなのである。

そして以上の特徴の中でも特に重要なことは、含蓄的な持続を構成する過去把持がすでに過ぎ去った構成済みの意識位相を再想起するような統握作用とはまったく異なる性格を持っている、ということである。もし、過去把持が過去の位相を「今」の意識において再生産的に想起する統握作用と同じであるならば、すなわち「あらゆる内容がその内容へと向けられた統握作用を通してのみ意識へと至ると言うならば、それ自体で一つの内容であるこの統握作用において、意識される意識の問題が即座に立てられ、無限遡行は避けられない」（HuaX, S. 119）ことになるからである。しかしフッサールは、「あらゆる「内容」がそれそのものにおいてあり、必然的に「原意識されている」ならば、それ以降に能与する意識の問題は無意味となる」（ebd.）と述べ、原意識されることが無限遡行を回避すると言うのである。この原意識は、未だ対象的になってはいない与件を先現象的な存在として所持し、そして明証的に所持している。つまり、原意識における与件とは、志向性によって統握されて対象化する以前の与件である。これはすなわち感覚与件に他ならない。そして上述のように、感覚与件の変転に関わる志向的な能作が過去把持であることからすれば、過去把持と原意識は、感覚与件を対象化することのない意識ということになる。この両者の関係についてフッサールは、「過去把持的な位相が、先行した位相を対象にすることなく意識して所持するように、原所与もまたすでに意識されている」（ebd.）と述べ、「まさにこの原意識は、過去把持的な変様へと移行するのであり、――その時、この変様が原意識の過去把持と原意識において原本的に意識された与件の過去把持であるというのは、原意識と与件が不可分離に一つのことだからである」（ebd.）と指摘するのである。

以上のことから、感覚与件の相互内属的で含蓄的な移行の能作である過去把持は、原意識とともに働く能作として、すなわち「特有な志向性（Intentionalität eigener Art）」（HuaX, S. 118）として、統握‐統握内容図式による無限遡行の問題に陥ることはない。したがって過去把持は、準現在化的な再想起の作用以前に生じている現在化の能作として、明証的な記述において確証し得るのである。

では他方で、未来予持の場合はどうであろうか。フッサールは、未来予持の特質を解明するにあたり、『ベルナウ草稿』において「前もって方向づけられた志向性が必然的に存在し、……絶えず「予期」（もちろん、注意する自我関与なしの〔予期〕）、〔すなわち、〕未来予持が、到来しつつあるものへと常に向けられる」（HuaXXXIII, S. 7）と述べる。この自我の関与を含まない未来予持の持続は、過去把持における系列の持続とともに考察する中で、「先行している未来予持がより後の未来予持の全てを、志向的に、それ自体の内に包含する（それらを含蓄する）」（HuaXXXIII, S. 10）という性質が見出される。つまり、未来予持を通じて先行描出される諸位相は、過去把持の場合と同様で、含蓄的に構成されており、自我の関与を含む意識作用（統握作用）としての予期によって成立しているわけではないということである。このことについて、フッサールが『ベルナウ草稿』のNr. 1のテキストで、『時間講義』で展開されている過去把持の二重の志向性について言及しながら、「両者〔過去把持と未来予持〕において我々は間接的な志向性を持ち、どの間接的な志向性にも、その志向性の二重の「方向」が属しており、……このことが両者ともにいかなる無限遡行にも陥らないようにしている」（ebd.）と述べている点に注目すべきであろう(6)。

しかしながら、『ベルナウ草稿』では、含蓄的な志向性である過去把持との共通性を指摘する記述と並んで、未来予持を「作用（Akt）」と看做して論述する箇所が散見されることも見落とすべきではないだろう[7]。確かに、未来予持が意識作用としての再想起の分析という枠組みにおいて考察される場合には、「その充実を現在へと導く予期の諸志向」（HuaX, S. 52）として特徴づけられることもある。だがニールも述べるように、「「第一次的な（空虚な）予期」（未来予持）は、「第二次的な（直観的な）予期」（再生産的な予期）と混同されてはならない」[8]のであって、特に『ベルナウ草稿』において中心的な役割を果たしているのは、「（原現在的なものの意識に直属している根源的な未来の意識としての）「未来予持」」（HuaXXXIII, S. 148）である。このことからして、フッサールが『ベルナウ草稿』において、過去把持の場合と同様に、特有な志向性としての未来予持の解明に向かっていることは明らかと言えよう。したがって我々は、未来予持が含蓄的な性格を有する時間意識の構成能作であるということにおいて、未来予持を考察することになる。

（2）未来予持の特性——空虚性と不充実性

意識流における構成のプロセスとその規則性[9]が考察される場合、未来予持は単に過去把持の裏返しと述べられることが多い[10]。このことについてヘルトは、過去把持と未来予持が原印象に対し、ともに脱現在化的な志向である一方で、過去把持が充実から空虚へ向かい、未来予持が空虚から充実へと向かうことから、逆向きの運動をしているということを端的に指摘している[11]。我々はこのことを、両能作における性質の類似と差異として看做すこともできる。だが、単にそれだけの指摘では、意識流の構成にあたって、未来予持がいかなる必然性を持つのかを明らかにすることはできない。このことを明らかにするために、まず我々は、過去把持と異なる未来予持の特質である、未来予持の「成長（erwachsen）」という点を考察する。

どのような意識も志向が充実することで現前するのだが、その現前した意識は、過去把持されてその充実を失いつつ空虚になり、過去地平に沈下していく。これが過去把持の脱充実化（Entfüllung）の性質である（vgl. HuaXXXIII, Nr. 1, §3）。過去把持されて空虚になった意識内容は、現前した際の意識内容と「同じ出来事の内容が不完全に規定されている」（HuaXXXIII, S. 16）という様態を示すことになる。このような過去把持的な変様の一方で、フッサールは、この不完全ながらに規定的な内容を持つ空虚な意識が「その過去把持が作動しつつある諸射映の中で、未来予持なのである」（HuaXXXIII, S. 13）とも述べている。ここで注目すべきことは、過去把持された意識内容が空虚になるということと、未来予持の志向が生じることとの関係である。フッサールによれば、未来予持は「その時間出来事（Zeitereignisse）へ向かっている先想起（再生産）という、そのような充実ではない」（HuaXXXIII, S. 13）のであって、そのつど「根源的に成長する」（ebd.）ものであるという。[12] では、過去把持されて空虚になっていく意識内容が未来予持として成長するというのは、一体いかなることなのか。

このことについてフッサールは、「先行しているあらゆる未来予持と、未来予持的な持続体において連続していくあらゆる未来予持との関係は、後続していくあらゆる過去把持と、同じ系列の先行する過去把持との関係と同様である」（HuaXXXIII, S. 10）と述べる。これは、後続する過去把持が以前の過去把持の全てを含蓄するように、先行する未来予持も後続する未来予持をすでに含蓄しているということである。つまり、過去把持が脱充実化を経て以前の過去把持を含蓄化して堆積していくにつれ、そのつどの未来予持は、含蓄化されてきた過去把持の時間内容と同じ時間内容に即して、到来するであろうものを志向するようになるということである（vgl. HuaXXXIII, Nr. 1, §3）。これこそが過去把持による未来予持の成長という事態を示している。したがって、そのつどの未来予持の充実は、それ以前の含蓄化された過去把持すべての充実を意味しており、まさにこのことによって、そのつどの与件による志向の充実は、過去把持された時間内容に基づく未来予持の充実となるのである。

　このことから、意識内容は単に過去地平へ沈下するだけでなく、同時に過去から次の未来を間接的に志向する働きを生じることになる(13)。つまり、過去把持によって脱充実化された空虚な内容が充実を待ち受けるとき、その志向性は、未来予持として作動していると言われ、そして充実が成るとき、現前すると言われるのである。したがって過去把持は、「未来予持に内容を規定しつつ働きかけ、その〈内容の〉意味とともに先行描出する」(HuaXXXIII, S. 38)という作動の契機を担うことになり、過去把持に由来する時間内容の規定という意味での既知性を生じることになるのである。

　そして未来予持は、空虚な志向として充実を待ち受けているのだが、しかしその空虚な志向は常に充実されるわけではない。これについてフッサールは、「プロセスのあらゆる位相は、過去把持の区間と、充実した未来予持としての原現前化という点と、そして充実されなかった未来予持(unerfüllter Protention)の区間である」(HuaXXXIII, S. 14)と述べている。つまり、未来予持が与件と合致せず、充実されなかった場合の未来予持も構成プロセスに関与しているというのである。この充実されなかった場合の未来予持が意識流の構成プロセスに関与するというのは、一体いかなることなのか。

　フッサールは、「未来予持的な作用の持続体があらゆる位相においてそれ自体で持続体であり、しかもその位相の中の一点は充実された未来予持であり、残余のものに応じて空虚な未来予持がある」(HuaXXXIII, S. 9)と述べ、充実される未来予持と、残余の未来予持、すなわち充実されずに空虚に留まる未来予持を区別している。ここでフッサールは、それらを区別するだけではなく、「残余の空虚はそれに先行した空虚と合致する」(ebd.)

とも述べている。つまりフッサールは、到来する与件とそれに相応する空虚な未来予持が合致し、充実にもたらされる一方で、その際に充実されることなく空虚に留まった未来予持も空虚のまま合致する、と言うのである。

フッサールはここで、未来予持が空虚であるということに関連して、「あらゆる過去把持は、プロセスのただ中で、以前の充実された未来予持とその空虚地平の過去把持でなければならないだろう」（HuaXXXIII, S. 14）と述べている。この地平と過去把持および未来予持との関係は、『時間講義』において「この「規定された」過去把持と未来予持は、暗い地平を所持している」（HuaX, S. 84）と言われているように、過去把持による過去地平と、未来予持による未来地平が、構成のプロセスの背景にあるとされている。このような地平概念は、『イデーンI』において「非顕在的な体験の庭」（HuaIII, S. 73）、「潜在的な知覚の野」（HuaIII, S. 189）であるとフッサールは述べており[14]、それはここで言われている「時間的な背景」（HuaX, S. 55）の既知性と未知性の地平構造に相当するものであると言えるだろう。このような地平構造において、「充実されなかったものに関して合致が存立し、この充実されなかったものは一貫して進行し、その不充実性に一定の区間留まり続ける。それはちょうど、充実されたものそのものが過去把持の区間を通じて一貫して進行することに類似している」（HuaXXXIII, S. 14）と、フッサールは述べている。

ここで述べられている合致とは、本来、現前の充実が過去把持を通して変様され、新たに過去把持された時間内容との合致を通して一貫して進行することであり、『時間講義』において、「現象学的な時間構成に属する一貫した垂直方向の合致」（HuaX, S. 93）としてフッサールが論じているものである。しかし、この過去把持の合致に対して、充実されなかった志向内容と、それに先行する空虚な志向内容との合致は、充実の脱充実化をその能作とする過去把持によって成立することは不可能である。なぜなら、充実されない志向内容が充実されないまま、先行した不充実の志向内容と合致するということは、充実に向かう空虚な未来予持を通して、はじめて可能になると言えるからである。つまり、充実した志向の過去把持の合致における進行と、充実しなかった志向の未来予持の合致における進行は、一貫性を持つことにおいて類似していても、両者の進行方向は明らかに異なっているのである。

　このようにして開かれた未来予持の空虚地平において、充実されなかった空虚な志向のそれぞれは、単に直前に現前した時間内容の過去把持に即して確定された未来予持だけでなく、その他の現前を未来予持する可能性をも示していると考えられる。つまり未来予持は、その志向する内容を過去把持に依存してはいるものの、過去把持した内容の増大に伴って、そのつどの過去把持によって確定された未来を待ち受けるだけではなく、過去地平の全体に対応し得る未来地平の全体に開かれた、多様な未来の到来を待ち受けることを可能にしているのである。この点を考慮すれば、同じ感覚与件に対する持続的な意識の構成だけでなく、直前の過去把持に由来する未来予持が充実されない場合にも、未来予持の空虚な地平に属する他の未来予持が充実することで、感覚与件の変化が変化として構成されることが可能になる。したがって、未来予持の空虚地平に潜む潜在的な諸志向の一部が充実することと、残余のその他全ての潜在的な諸志向が空虚な志向のまま合致を重ねつつ所与を待ち受けることが同時に進展していると考えることができる。これらのことから我々は、未来予持の空虚地平が時間構成のプロセスの進展に関与していると言い得るのである。

　以上のことから、未来予持は過去把持とともに、根源的な時間を構成するプロセスの際の可能的な条件であるということになる。その条件とはすなわち、未来予持の空虚性、そして未来予持の不充実性の合致である。それらは時間意識の構成プロセスにおいて、過去把持の脱充実化の程度に応じて成長しながら充実に向かう未来予持の空虚性であり、また未来予持における不充実なもの同士の合致が多様な充実の可能性という空虚な未来地平を開いている、ということなのである。このような充実に向かう空虚性と不充実性における合致の時間的な持続と変化の構成の内実は、充実した現前をその脱充実化のプロセスとして記述される過去把持によっては開示され得ず、未来予持によってはじめて明らかにされるのだと言える。ここに、時間意識の構成における未来予持独自の必然性が見出され、意識流の成立に必要な契機であることが我々に理解されるのである。

（3）未来予持の傾向

過去把持と未来予持との関係についてフッサールは、「過去把持とはそもそも、すでに未来予持が今を創出し、それとともに、同時に様々な所与性の様態の違いにおいても同一化できるものを創出するということを通してはじめて、時間点の対象と同一的な点という実際の過去把持であるのではないのか」（Hua.XXXIII, S.14）と問う。このことは、現在的な意識の構成における、今と過去把持の成立のための未来予持という必然性を論述し得ることに繋がっていると言えるだろう。未来予持が今を創出し、その創出された今が過去把持の変様を持つという論点に関して、『ベルナウ草稿』の編者であるベルネとローマーは、時間構成における原現前と過去把持的な変様、そして未来予持的な変様との関係について、「原現前は最早、時間意識の根源的な核ではなく、単なる限界点と看做されるのであり、その限界点において過去把持的な変様と未来予持的な変様とが交差し合っている」（HuaXXXIII, S. XLI）と述べている。原現前は時間意識の根源ではなく、過去把持的な変様と未来予持的な変様の交錯によって生じるものに過ぎないと言うのである。このような未来予持と過去把持の関係について、我々は未来予持の傾向という性格を考察することで、その詳細を明らかにしたい。

未来予持が過去把持に由来する既知性を持つことはすでに述べたが、逆に過去把持も未来予持によって規定されている。これについてフッサールは、未来予持が過去把持の「絶えず沈み込んでいくことにも向けられている」（HuaXXXIII, S. 22）という点を指摘している。ローマーはこのことを「過去把持の未来予持」と述べ、[15]この未来予持を「単に、過去把持的に存続しつつあるものがさらに射映されるようになるということ、すなわちこれまで過去把持的に沈み込んでいたということが、さらに過去把持的に沈み込むようになるということのみを、期待する」ことであると説明する。[16]しかし、過去把持が沈み込むということ自体は、過去把持の性質である持続（含蓄化）と脱充実化によって生じるものと考えられる。[17]だが、ここでローマーがその沈み込むということに未来予持が関与する、と指摘するのは、一体いかなることなのか。

沈み込みに関わる未来予持について注目すべきことは、充実した志向の過去把持的な変様が先行する未来予持の志向充実の変様であるということである。このことについてフッサールは、新たな過去把持が生じれば、その過去把持が「より以前の過去把持をその過去把持の未来予持的な傾向とともに再生産して、この後者〔以前の過去把持〕を同時に充実する」（HuaXXXIII, S. 25）と述べている。[18]つまり、新たな過去把持が未来予持的な傾向を含蓄することで、それが以前の過去把持と合致し、過去把持的な持続体が構成されるということである。[19]したがって、ローマーが指摘する「沈み込みの期待」という過去把持の未来予持とは、沈み込んで来る過去把持を期待する（未来予持する）というよりも、むしろ新たな過去把持による「充実を通して、未来予持が後続する位相に向けて一貫して進展する」（ebd.）ということの別様の表現なのである。そしてこのことは、未来予持に含まれていた過去把持の志向がその充実とともに過去把持の持続体を構成することとして理解することができるだろう。これについてフッサールは、過去把持の持続体が構成されるにつれて、「同様に形成された、他の方向に向けられた間接的な志向性が未来予持として、言わば連続という将来的な持続性に向けられている「傾向意識（Tendenzbewusstsein）」として、過去把持の諸点に付け加わることになる」（ebd.）と記述している。先に引用された「未来予持的な傾向」とは、ここで明確に「傾向意識」として規定され、到来しつつある持続性に向けられた、傾向という未来予持の性格が認められるのである。

ここで興味深いのは、フッサールが意識の傾向をプラス（positive）の傾向とマイナス（negative）の傾向に分け、それぞれを「ある何らかのものへと向かう志向、そしてある何らかのものから離れる志向」（HuaXXXIII, S. 38）と表現していることである。(20) このプラスとマイナスの傾向は、端的に言って前者が未来予持的な変様の傾向であり、後者が過去把持的な変様の傾向を示している（vgl. HuaXXXIII, Nr. 2, §4, §6）。つまり、現前の充実へと向かう未来予持のプラスの傾向と、現前の充実から離脱する過去把持のマイナスの傾向が全ての意識の位相に具わっているということであり、「意識のあらゆる瞬時の位相は、両者〔プラスとマイナスの傾向〕が一つであるという限りで、傾向を両者の内に持つ」（HuaXXXIII, S. 39）のである（この点については、以下の（4）において再度考察する）。

以上のことから、過去把持の沈み込みは、現前の充実が過去把持的に脱充実化するだけでなく、未来予持的な意識の進展においてある一定の傾向を持つことが明らかになった。未来予持は「傾向意識」という意識流の連続的な構成が成される上で重要な働きを担っており、それゆえフッサールは、意識流の構成が過去把持と未来予持の編み合わせによって成り立つと言われる際に、過去把持における未来予持の傾向こそが、意識流の持続的な展開に本質的に寄与していると考えるのである（vgl. HuaXXXIII, S. 26f.）。(21)

（4） 過去把持と未来予持による意識の展開――充実の段階的な移行

上で述べられたように、未来予持は傾向という性質を有しているが、ここでフッサールは、未来予持の充実に関して以下のように述べている。「原プロセスとは、無限に「未来予持的な」プロセスであり、すなわち記述されたUx〔原プロセス（Urprozess）〕の-諸持続体から常に新たなUへと移行するプロセスであり、そしてあらゆるUxの位相において、移行という意識の傾向は新たな位相になり、そしてまた、生じつつある位相のそれぞれは、自らの内で先行した傾向に従っている。そしてそれはまさに持続的である。充実というのはここで、「傾向という意味で到来する」ということを言うのである」（HuaXXXIII, S. 30f.）。この言及において、未来予持の性質である傾向は意識の時間的な変化、すなわち「移行」と「充実」に関わることが指摘されている。またこれについてフッサールは、「現にあらゆる位相は、無限の志向と充実である」（HuaXXXIII, S. 31）とも述べている。この未来予持における傾向という志向充実の移行について、我々はフッサールがその充実の方向にプラスの方向とマイナスの方向の区別を設けて、その移行を記述していることをすでに見た。我々はこのことをもとに、この傾向という志向充実のプロセスを分析し、それによって成立する意識流の構造を考察する。

未来予持的な傾向という志向性の充実方向の分析において、フッサールは幾何学的な図式を用いて記述している（vgl. HuaXXXIII, S. 48）[22]。例えば、原プロセスを「この今」という現在点を境にして、その点へと未来予持的に充実していく方を「上部」と看做し、そして過去把持的に空虚になっていく方を「下部」と看做してみる。その上でフッサールは、「意識に相関するものは、上半分の未来予持に即した、諸々の頂点、最大の充実点であり、下半分の過去把持に即した諸々の頂点、最小の「空虚化」の点でもある」（HuaXXXIII, S. 30）と述べている。ここで、未来予持を表している上部の充実化プロセスは、「あらゆる新たな位相とともに、「充溢（Fülle）」の最大点へと導き、あるいは「充実」の最大位相を自らにもたらす」（ebd.）といった仕方で、現前という頂点を目指して移行していく。そして、過去把持を表している下部の空虚化プロセスは、「あらゆる位相の下部の経過において、（その原プロセスに上部の経過の最大充実を通じて与えられる）最大充溢の点から出発する。そしてあらゆるUxの位相の下部の経過は、この最大充溢を空虚にすることにおいて存続し、そしてあらゆる新たな位相において新たな最大位相の新たな脱充実化が始まり、先行した最大位相の継続した脱充実化、またはその位相の脱充実化の脱充実化という継続した脱充実化に絶え間なく結びついている」（ebd.）というものである。つまりこれらのことから、上部の経過において空虚なものから出発したプロセスが充実の最大点で現在として原現前し、その原現前がすぐさまここから空虚なものへと減じて消えていくという、原プロセスにおける充実の移行経過が理解されるのである。

そしてフッサールはさらに、この移行の特性について「あらゆるU〔原プロセス〕が次々と新たになるUへの向きに従って移行し、不可逆的な仕方で移行する」（HuaXXXIII, S. 31）と述べている。上で見たように、未来予持によって原現前へと充実し、過去把持によって原現前から空虚になる一連の経過を考慮するならば、この経過は互いの原プロセスに対し「本質的に、あらゆるUxがあらゆるUyに対して、より以前の、あるいはより以後の、というように性格づけられている」（ebd.）ということになる。つまりこれらの経過は、時間意識の構成の本質規則であるがゆえに、不可逆的な時間系列の秩序づけをもたらすことになるのである。そしてそれらのことは、また他にも時間意識の構成の特徴を浮き彫りにすることになる。その特徴とは、「我々が、ある水平面を産出する並行区間の移行という恒常的な秩序を通じて、象徴化するUx系列の確固たる秩序を与える」（ebd.）ということである。この「象徴化するUx系列の確固たる秩序」は、客観的な時間系列の根源を示すものである

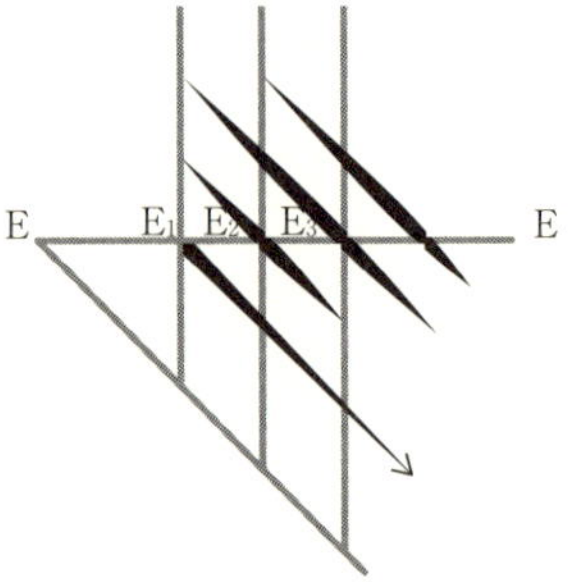

図1『ベルナウ草稿』テキスト Nr.2,§10
における時間図式（vgl.HuaXXXIII,S.48）

のだが、これはいかなることであるのか。

すでに上で図式を用いて呈示したように、斜めに表現された未来予持、現在点、過去把持からなる原プロセスの位相を垂直に描き、一本の軸として看做して考えてみる。その場合、各原プロセスの系列とは、併存する縦軸の連続として表現できるだろう（vgl. HuaXXXIII, S. 31）。ここでフッサールは、「Uxの意識位相は、変転する相対的な充溢、あるいは核性（Kernhaftigkeit）を持ち、そしてあらゆるUxは、充溢と核性の最大値を含む唯一の位相を持つ。核は任意で、〔かつ〕多彩な核であり得る」（HuaXXXIII, S. 32）と述べる。それぞれの原プロセスの充実の最大点をそのプロセスにおける移行充実の「核」と看做せば、その核は意識の現在的で顕現的な位相の現在点、言わば原印象ということになるだろう。つまり、不可逆的な移行の一義性という本質規則性を有した原プロセスが連続して並び、そのそれぞれが顕現的な現在点としての核を持っているならば、そのつどの原プロセスの核を水平に繋ぐことで、時間系列を持った現在点の直線ができ上がるのである。これをフッサールは、「志向性それ自体に含まれているこれらの漸増化と、常に新たな最大値における頂点化（Terminierung）という規則は、平行的な多光線系から点の系としての原核直線（Urkerngerade）を描き出し、そしてその原核直線に属する「水平の方向」が平行線に対して描き出される」（HuaXXXIII, S. 34）としている。つまり、原プロセスの縦軸の直線に対する諸々の原核を繋げてできる水平軸（横軸）は、上で原プロセスを上部と下部に分けた際の境界線、すなわち未来と過去の境ということになるのである。この境界線において、原プロセスの漸増する方向と沈降する方向を考えれば、この境界線は原プロセスの原核を頂点とした山の稜線と看做すことができるだろうし、また漸増と沈降における充実の移行は、現前という山の頂点を目指して繰り返される登り下りに喩えることができるだろう。これについてフッサールは、「プロセスは、プラスの面、漸増の面において、流れること全体が稜線へと通じていて、そしてそこでは絶えず最大点に到達するということへと進行する。同様に、空間的に言えば高い所にある点、象徴化されたこの点が達成されるや否や、即座にマイナスの側へ、空虚化の側へ沈み込むことが始まる」（HuaXXXIII, S. 35）と述べている。このような原プロセスの移行について、ドッドはフッサールの言及に従って、図2のような図式を作図している[23]。この図2において、まずO - EEnが基本線として引かれ、これが後に原核を連ねた山の稜線、すなわち現在点の時間系列となる。そしてこの基本線のO、E1、E2などの各点に逆V字型の線が付いており、逆V字の頂点を境にし、この図形を立体的に見て、手前の線が未来予持の漸増（プラスの側）を表すものとし、奥の線が過去把持の減衰（マイナスの側）を表すものとする。そして、この図式をそれぞれの能作の特徴にしたがって移行過程をなぞれば、この図式はまさに山の登り下りのように描かれており、漸増、最大点、減衰といった原プロセスの様子を、適切に示していると言えるだろう。したがって原プロセスの移行充実の経過は、以上のような描写に即した意識の流れであり、この意識の流れは、原プロセスのそれぞれの流れと、それら原プロセスの原核の系列の流れという二重の流れ（二重の持続体）によって成立しているということが理解されるのである（vgl. HuaXXXIII, Nr. 2, §5）。こうして我々は、未来予持の考察から

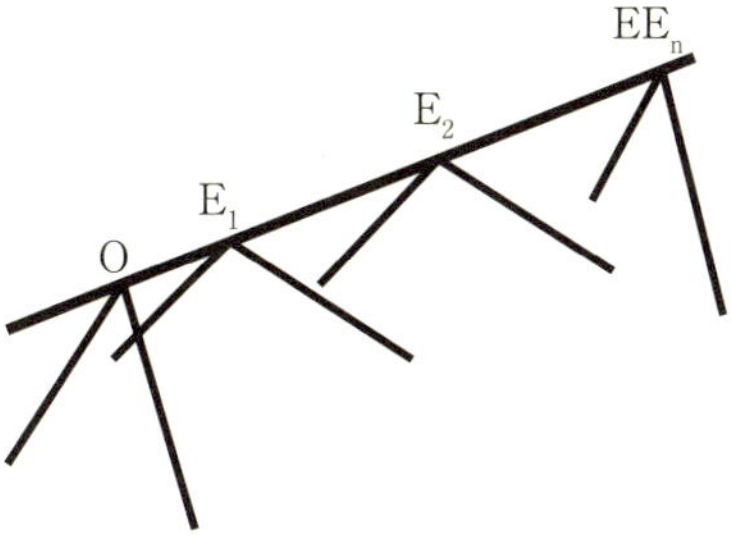

図2　ドッド J.「1917/18年のフッサール時間図表を読む」（133頁）における時間図式

出発して、その考察の中で二重の流れによる意識流を見出し、それがまさに過去把持における二重の志向性の構造と同様のものであったと（本書第一章第三節（3））参照）指摘することができるのである。

ここで注意せねばならないのは、水平面の横軸として現れる原核の系列の流れは上の言及にもあるように、「象徴化」されたものである、ということである。フッサールは過去把持の二重の志向性を分析した際に、「一方において、内在的な時間、客観的な時間、真正な時間が構成され、その中に持続と持続しているものの変化が存在している。他方において、流れの諸位相という擬似的で――時間的な――配列が［見られ］、その流れは、流れている「今」-点、［すなわち］顕在性の位相を常に必然的に持ち、そして先顕在的で後顕在的な諸位相（未だ顕在的でない）諸位相の系列を持つ」と述べていた（本書第一章第三節（3）参照）。ここでフッサールは、交差志向性が真正な時間を構成し、延長志向性が疑似的な時間配列を構成していると述べているように、未来予持の考察において見出された二重の持続体も、縦軸の原プロセスが真の時間を呈示し、横軸の原核系列が疑似的な時間を呈示していると理解できる。したがって原核系列は、象徴化、疑似的な時間として、現象学的に原本的な与件として見出されるのではなく、もちろん内在ではあるが、統一的な時間客体の構成層において見出される時間的な系列なのである。(24)

以上のようにして、フッサールは過去把持と未来予持の充実における移行の規則性を通じて、意識流における傾向という動的な構造を呈示している。ここでのフッサールの意識流の説明は、「動的」とは言っても確かに形式的であり、幾何学的な、図式的な呈示になっている。しかし、実際の有体的な（leibhaftig）過去把持と未来予持という両契機の編み合わせは当然ながら実的な体験であり、形式的であるというのは説明のための手段に過ぎないと言うことを忘れるべきではない。フッサールはこの傾向という力動的な性質を重要視し、この点を巡って内的意識における新たな考察の領野を拓くことになる。

（5）　未来予持と触発

以上のような過去把持と未来予持の相互的な交錯の解明において指摘された未来予持の傾向意識は、『ベルナウ草稿』での「発生という問題」へと遡及する考察[25]の展開を通じて、意識における構成の根源へと我々の解明の目を向けていく重要なキーワードとなる（vgl. HuaXXXIII, Nr. 14）。この考察の中でフッサールは現象学的還元を行使し、「根源的な感覚性（Sensualität）」（HuaXXXIII, S. 275）を見出す。そこで開示されているのは、「完全に自我を欠く」感性的な傾向、すなわち連合と再生産の感性的な傾向、それを通じて規定される地平形成」（HuaXXXIII, S. 276）であるとされる。そしてフッサールは、この感性的な傾向が「感性的な衝動」（ebd.）であるとし、それは「自我への触発である」（ebd.）と述べている。その触発についてフッサールは、「自我が受動的に引き込まれること〔であり〕、またそれと同様に、「感性的な」実現化や「衝動的な行為」というのは受動的な反応である[26]」（ebd.）とも述べ、「受動的志向性（Passive Intentionalität）」（ebd.）という概念を呈示している。つまり、ここでフッサールは、未来予持の傾向意識を契機とした発生的な問いを通して感性的な衝動の領域を開示し、自我の関与を含まない受動的志向性を指摘するに至ったのである。

受動的志向性が働く感性的な領野において、フッサールはこの完全に自我を欠いた感性的な衝動の段階に、触発の段階が付け加わってくると記述している。フッサールによるこの異なる諸段階についての記述から、現象学的還元によって開示された感性的な衝動によって規定される地平形成の領野と、それに対する反応の極としての自我が関与する領野、すなわち触発される領野の区別が示される。この区別においてフッサールが受動的な志向性と呼ぶこの感性的な傾向ないし衝動は、自我の注意を促すように働いており、メンシュが考察するように、顕在的な意識の注意と対向を基づける触発の基盤となっている。[27] 感性的な傾向を担う感覚与件が時間秩序、すなわち意識流の構成プロセスに直接関わることは、これまで述べられたように明らかである。だがそこで重要なのは、それら感性的なものが自我の関与を持たずに生じているという点と、到来する持続体の構成に関わっているという点である。つまり、感性的な衝動は、傾向という点で、志向的な充実（自我の顕現化）の方向、すなわち未来予持の特質を持っていると考えられ、原プロセスの構成を方向づけるという性質を持っていると言い得るのである。このことは、感性的な衝動による触発と時間意識の構成との関係にとって重要な意味を持つことになると考えられる。

根源的な時間意識の構成は、過去把持と未来予持による変様の相互交錯によって成立する限界点としての今を含みつつ成立しているが（本書第二章第一節（3）、（4）参照）、この限界点としての「今」は、通常、顕現的な意識の位相、すなわち自我が顕現する位相である。つまり、未来予持が充実を促すことと、触発が自我の対向を促すことは、同時に生じていると考えられるのである。そしてこのような未来予持と触発の働き方の一致の中で、未来予持の不充実な志向同士の合致という観点は、感性的な衝動による触発にも関係していると言い得る。例えば、空腹や睡眠、怒りや悲しみなどの欲求や情動は、時と場合によっては表出を抑制され、あるいは抑制しなくてはならない場合がある。つまり、感性的な衝動の志向は、充実に向かうプラスの傾向を担っていても、それが常に充実にもたらされ、現前化されるわけではないのである。その場合、充実されなかった受動的な志向性としての感性的な衝動は、充実されないまま次の位相においてそれと同等の感性的な衝動の不充実な志向と合致する。それはちょうど、過去把持の過去把持がマイナスの傾向がさらにマイナスの程度を深めるように合致していくこ

持のプラスの傾向は、合致を通して増大していく方向を持つという点に注意しなくてはならない。このようにして不充実を通して感性的な衝動の度合いは強まり、触発する力を高めることになる。つまりこのことは、不充実を通じた感性的な衝動の傾向としての「動機づけの力」（HuaXXXIII, S. 377）の増大と言い得るだろう。(28)

この動機づけの力に関して、例えばフッサールは、再想起が生じる際の再生産的な経過を引き合いに出して以下のように述べている。再想起とは、時間意識に属する「空虚に表象的である地平」（HuaXXXIII, S. 376）としての過去地平を通過しつつ、以前の過去の想起を覚起する（wecken）ことによって生じるのだが、この覚起ということは、志向的な内実に即して、再想起に向かう根源的な未来予持の形式において、再想起という統握を動機づけるものである（vgl. HuaXXXIII, Beil. XVII）。このことからフッサールは、「〔意識の〕プロセスは、ただ単にプロセスであるというのではなく、プロセスについての意識でもあり、そしてそれに属するのが必然的で未来予持的な動機なのである。それは、プロセスの様式を意識の必然的な原形式として先行描出している」（HuaXXXIII, S. 368f.）ということを指摘する。つまり、ここで述べられている未来予持的な動機と、その動機づけによる触発という現象は、動機づけの力という共通の特性を有しているということになる。この動機づけの力を通じて、感性的な衝動が未来予持的な傾向（傾向意識）という性格を持ち、それらがともに原プロセスの次元でその構成を方向づけていると考えることができるのである。したがって我々は、以上の発生的な考察、すなわち受動的な志向の分析を通じて、触発と未来予持との関連性を指摘し得るのである。

以上の通り我々は『ベルナウ草稿』において、未来予持における充実へと向かう空虚性と不充実な志向の合致という性質が意識流の構成における必然的な役割を担うことを明らかにした。そしてまた、意識流の構成が未来予持の傾向によって規定され、しかもこの傾向意識は、意識の感性的な領野における感性的な衝動の傾向や地平形成に関連することで、自我の触発という現象が生じてくる際の動機づけの力という契機となっていることも明らかにした。

周知の通り、フッサールは『受動的綜合』において未来予持と触発の関係性を詳述しているが、本節において我々はそれに先立つ『ベルナウ草稿』にその萌芽が見られることを明らかにしたのである。このことは、フッサール現象学の中後期における受動性の領野の分析を、未来予持の本質的な諸性質、すなわち根源的な時間意識の本質規則性から考察せねばならないということを呈示するものである。したがって、我々が言及した未来予持と触発の関係の問いは、フッサール現象学の結節点の一つと言えるだろう。

第二節　時間意識の構成と受動的綜合

フッサールは、『ベルナウ草稿』における未来予持と触発の考察を通じて、受動的な領野と、そこで働く受動的な志向性を見出した。その後フッサールは、一九二〇年代に入り、その受動的な領野における発生的な構成の分析へと向かっていく。そこでフッサールは、その領野における様々な規則性を呈示することになる。これについてフッサールは、この受動的志向性による構成の問題について、個々の構成契機における充実と空虚の関係を手がかりにしている（vgl. HuaXI, §§1-2）。例えば前節において、我々は時間流の構成プロセスが未来予持と過去把持による充実化と空虚化の絶えざる変転であるとし、意識が過去と未来の時間的な地平の中で顕現化してくるということを確認した。このことをもとにして、フッサールは「空虚なものであるにもかかわらず、新たに顕在化してくる諸現出への移行に規則を指定する先行描出の形式において、意識の地平という意味を持つ」（HuaXI, S. 6）と述べ、空虚で未規定ながらも呈示される地平の在り方を改めて浮き彫りにしている。この空虚で未規定な地平においてなされている様々な非顕現的な構成、すなわち含蓄的な構成は、原意識の考察の際に見出された「先現象的な存在」という与件の問題に関わり（本書第一章第二節（3）参照）、また、時間意識の構成における傾向意識と触発の問題にも関わっている[29]（本書第二章第一節（3）参照）。我々はフッサールがそうしたように、これらの諸問題を考察することで、受動的綜合の分析によって見出される発生という現象について一層の解明をもたらすことになるだろう。

以上のようなフッサールの分析について、我々は（1）彼の呈示する空虚で未規定的な志向と、その直観ないし充実の構造を考察する。ここでは「予期外れ」という現象を通じて、空虚表象という非顕現的な「意味の枠組み」（vgl. HuaXI, §§5- 6）が生じるプロセスを、直観に伴う過去と未来の地平の役割から考察する。この考察を通じて、新たに（2）過去把持的な空虚表象の「覚起」と、未来予持的な空虚表象の「連合」という、受動的綜合における本質規則性が明らかになる。これらの覚起と連合の規則性は過去把持と未来予持の移行形式に関わるだけでなく、意味内容の繋がり方にも関わっている。そしてフッサールは、これらの本質規則性による諸々の綜合を明らかにする過程で、静態的な意識の構成（ノエシス - ノエマの相関関係）に関わる、触発という発生的な構成を深く分析することになる。この触発は、前節で呈示された顕現的な自我の対向を促す現象のことであるが（本書第二章第一節（5）参照）、フッサールは、（3）その触発が覚起と連合という受動的な構成の規則性によって生じているということを明らかにしている。このことについて我々は、フッサールによる触発の解明の過程を考察する中で、さらに触発の「伝播（Fortpflanzung）」という性質も理解することになるだろう。

我々は、以上のような受動的綜合の諸規則性を考察する中で、それらが時間意識の構成の諸能作と密接に関わり、それと軌を一にして、ともに受動的綜合をなしているということを見出すこととなる。したがって我々は、これらのことを巡って、時間意識の構成の能作とともに作動する受動的綜合の諸規則性が、意識の根本的な駆動の契機を構成しているということを本節において垣間見ることになるであろう。

（1）未来地平と過去地平における空虚表象

未来に関する意識の構成について、我々は前節において到来するであろう与件を待ち受ける未来予持の働きを考察した（本書第二章第一節（2）参照）。その際の議論において、我々は未来予持の空虚性と不充実性という性質に言及し、未来予持的な志向が充実されなかった場合もその志向が空虚なまま保たれ、空虚な地平を形成するという点を指摘した。ここでの「充実されなかった」という未来予持的な志向の状態が、まさに我々が経験する「予期外れ」という事態に深く関わっている。つまり未来予持は、そのような意識における見間違いや幻滅、あるいは違和感など、知覚の変化に伴う様相の変化、すなわちそうした間違いが間違いとして、志向が充実しないという体験が構成されるための要件となっていると考えられるのである。我々はフッサールが分析したこの予期外れという現象を手がかりに、未来予持とそれに伴う過去把持の働きについて更なる考察を行うこととする。

この「予期外れ」という現象について、フッサールは、例えば前面は赤くて丸い形をしているが、後面を見ると緑色で凹んでいる、といった物体についての知覚の体験を引き合いに出し、以下のように述べている。「裏側の知覚が現れる前に、知覚はその生き生きとした経過において、志向的な先行描出を、〔すなわち〕赤や球形といった、規定的に向けられた諸々の指示を持っていた。そして、〔実際に裏側を見た際に、〕この先行描出の意味において充実し、それについて確証することなく、先行描出が裏切られることになる」(HuaXI, S. 26)。この記述は差し当たり、知覚のレベルの記述であり、根源的な時間意識の構成能作である未来予持について直接言及しているわけではない。しかしながら、この記述において重要なことは、予期外れという意識が生じるための条件として、「予期的に先行描出する志向」を必要としている、という点である。まさにこの点において、先行描出する志向が未来予持に関わっていると考えられる。

「先行描出が裏切られる」ためには、まず知覚自体の変化を我々が体験していなければならない。変化が変化として意識に生じる際の志向的な構成の条件は、前節で確認した通り、未来予持の空虚性と不充実性、そして傾向という性質によるものであった（本書第二章第一節（2）、（3）参照）。つまり予期外れの現象を考察するためには、知覚構成の契機である感覚に焦点を絞り、その感覚に対する時間意識の含蓄的な構成能作から分析することがまずもって必要である。その点を踏まえて上の事例を考えてみよう。

志向の先行描出というのは、物体の表側の現れに対して、その現れが過去把持された際に、まさにその過去把持の内容を次に現在化される位相への未来予持として投影していること、と理解できる。このような過去把持と未来予持の移行形式において先行描出の志向が生じることになるのだが、問題はここで投影される先行描出の志向の内容である。これついてフッサールは、「将来的なものの生起とは、〔それ以前に〕生起して過ぎ去ったものとの類似性を通して予期される」(HuaXI, S. 187) と述べている。ここで言及された類似性というのは、過去把持や未来予持の内容についての「類似性の連合 (Ähnlichkeitsassoziation)」(HuaXI, S. 10) という、内的意識における含蓄的な合致の構成に関わる規則性である。[30] つまり、内容的な類似性を導く連合という規則性に基づいて、未来予持の先行描出は、対象の表側についての感覚与件の過去把持から、既知性とともに到来するものへと投げかけられるのである。そして次に到来する裏側が実際に所与されたときに、志向の充実や不充実が生じ、特に不充実の場合に、その先行描出は「予期外れ」として現在化し、顕現的に意識されることになる。したがって、このような類似性の連合を伴う過去把持と未来予持が働く根源的な次元において、予期外れや知覚の変化の契機となる先行描出が構成されているのである。

　ここでさらに、予期外れの現象について考察を展開してみよう。先行描出が裏切られ、充実されない場合（すなわち変化の場合）には、その他の現前を構成する可能性もともに展開されていなければならない。なぜなら、もし唯一つの内容の未来予持しか志向し得ないとすれば、その未来予持の志向に相応しない与件が現れた場合には、その与件を充実にもたらすことはできないからである。それでは外れを外れとして、裏切りを裏切りとしてすぐさま意識することができないだろう。つまり予期外れの現象が成立するには、複数の未来予持が生じていなければならないということである。前提として、顕現的な現在化が含蓄的な未来予持の志向の充実によって成立するという規則性に即せば、いかなる現出にも未来予持的で空虚な志向が伴わねばならない、ということになる。またさらに、これについてフッサールは、「地平も一切なく、空虚な諸志向も一切ないところには、充実もまた一切ない」（HuaXI, S. 67）ということも述べている。つまり、これらの前提条件が矛盾なく成立するには、すなわち予期外れや変化の意識が生じるためには、単に直前に過去把持された内容の未来予持的な投影だけでなく、それ以外の体験、ないしそれ以前の体験の過去把持に基づくその他の未来予持的な志向も同時に、可能的に生じていなくてはならないと考えねばならないのである。そもそも、複数の未来予持の志向が可能でないとすれば、諸志向間の類似や対照といった内的意識の含蓄的な連合が生じず、相違や変化という意識自体が生じなくなってしまう。これについてフッサールは、「我々が過去把持的な存続体の地平全てを携えて、かつて根源的に動機づけられていた古い予期や充実の構造における、古い先行描出を想起的な仕方で見出すだけでなく、今に一貫して「緑」と「凹んだ」を指示するといった、相応しながら変転した先行描出を見出すことは本質的なことである」（HuaXI, S. 31）と述べている。[31] 我々はこのフッサールの言及に、未来予持の不充実性という性質による、充実されなかったものの志向同士の合致によって開かれる未来予持の空虚地平の重要性も示唆されていることを読み取ることができる。つまり、この空虚地平が他の未来予持の可能性も同時に携行しているのであれば、実際の与件が先行描出されたものと異なっていても、即座に合致することができるということである。このような予期外れという事態において複数の未来予持の広がる空虚地平が関与しているということを、フッサールは「常に我々は、新たに開かれた空虚地平の諸現出を待ち受けている」（HuaXI, S. 67）と述べ、意識構成において常に空虚地平が帯同される必要性を指摘するのである。

以上のような予期外れの現象の構成において、我々は先行描出する志向とそれに伴う空虚地平という、未来予持的な能作の根源的な構成が必要とされていることを確認した。特にフッサールは、この「空虚」ということを「相応する諸直観と露呈の諸綜合において顕在化されるものの潜在性である」（HuaXI, S. 94）と指摘する。ここで指摘される潜在性は、「知覚において過去と未来が地平に即してともに意識されているのだが、直観的に、事後的に露わになるにもかかわらず、しかし今、空虚に意識されている」（HuaXI, S. 70）といった在り方で把捉されている。ここで把捉されている空虚な意識、すなわち予期外れの現象を可能にする先行描出の空虚な意識と、充実し現在化された後に脱充実化していく空虚な意識を、フッサールは空虚地平における「空虚表象」（HuaXI, S. 68）と呼んでいる。この空虚表象は直観された顕現的な通常の表象ではないが、しかし「内的な所与性の主観的な様態全てにおける可能的な全対象について存在する」（HuaXI, S. 71）ものであるとフッサールは指摘している。つまり我々は、空虚表象が直観の成立に関わる可能的な契機であることから、全ての直観的かつ顕現的な表象に「空虚表象のある可能な在り方が相応している」(ebd.)と言い得るのである。特に、我々の意識に生じる表象が先行描出する志向の下で充実し、顕現化するということは、「相応するものがある綜合の中で対象的な合致に至るということを意味している」(ebd.)ということであるとフッサールは述べている。ここでの対象的な合致へと至るという綜合について、我々は後述において改めて考察することになる。

以上のように、我々はそのような空虚表象について言及し、それが通常の意味での表象の現出に関係するということを指摘しているが、しかしながらその空虚表象は空虚であり、対象的でないにもかかわらず、我々がそれを考察し得る根拠は一体何であるのか。これについてフッサールは、「直観されていたものは非直観的な仕方で「なおも」意識されている。だが、もちろん最後には一般的な区別を欠く空虚なものへと消滅していく。そのような空虚表象のそれぞれは過去把持であり、そしてその空虚表象が先行する諸直観へと必然的に自ずと繋がっていくことは、受動的な発生の根本規則を表している」(HuaXI, S. 72)と述べている。この記述において呈示されている過去把持と空虚表象の関係について、我々がこれまで考察してきたように、過去把持の明証性と原意識による先現象的な存在の把捉の在り方を鑑みれば、空虚表象の存在を把捉する正当性は過去把持についての現象学的な記述から十分に肯定され、主張され得る事柄である。また、空虚表象が先行する直観と繋がるということは、過去把持が未来予持的に投影されて、次の現出を導くという過去把持と未来予持の相互交錯的な構成の本質規則性からも理解し得るのである。

そして、空虚表象の諸内実について重要なことは、未来へと投影される空虚表象がその志向的な意味内容の「未規定性の枠組み」[32](HuaXI, S. 40)を担っているという点である。未来予持における先行描出的な「意味の枠組み」について、フッサールは『経験と判断』で、「予料はしかしながら、予料として未規定的で一般的なものであり、類型的な仕方において規定されたものを、類型的に親しまれたものとして予料しつつある」(EU, S. 32) と述べている。そしてこの類型は、「その根拠を受動的な、連合的な同等性 (Gleichheit) や類似性の関連の中に持っており、類似するものの「不明瞭な」想起の中に持っている」(EU, S. 172)。つまり類型とは、過去把持された諸体験が連合によってまとめ上げられることで、空虚性と一般性を有することであり、これが空虚表象の意味の枠組みとなっていると考えられるのである。[33]

以上のことから、前節において考察された未来予持的に先行描出される空虚な志向とは、ここで言われる空虚表象に相応していると理解され得るのである。[34] したがって空虚表象の考察は、原意識と過去把持、未来予持の明証性によって、十分に考察を展開し得る対象なのである。特にここでは、未来予持の先行描出する志向の必然性が明らかになり、そしてその先行描出する志向が現前した意識内容の過去把持によって生じる未規定的な空虚表象であるということが明らかになった。この空虚表象がまさに未来予持の内容であると理解され、次の構成プロセスへ投げかけられていくものの内実として指摘し得るのである。このことから我々は、前節での過去把持と未来予持による時間意識の構成プロセス自体の力動性だけでなく、それらの地平における空虚表象という内容的な面からもその力動性を考察の対象とすることができるようになる。したがって次なる課題は、空虚表象と直観的な現出における過去把持や未来予持の根本規則との関わりを明確にすることへと向けられる。これらの問題についてフッサールは、「[空虚表象に] 相応している諸直観は、覚起の諸々の動機づけを通じて初めて成長する」(HuaXI, S. 75) と述べている。この覚起の動機づけとはいかなることなのか。我々はここでさらに、この現在的な直観が空虚表象とともに構成されている際の覚起と言われる規則性について、考察を進めることとする。

（2） 空虚表象の覚起と連合

これまでの考察から、空虚表象が過去と未来の地平に潜在性として含蓄されていることが見出されたが、フッサールはこの空虚表象について、「〔過去と未来の〕両者の側の空虚表象が空虚表象として本質的に同種のものであるのかどうか」（HuaXI, S. 73）という問いを呈示する。この問いは我々がすでに考察したように、未来予持と過去把持におけるそれぞれの移行方向の相違という点からすれば（本書第二章第一節（3）、（4）参照）、それぞれの働きに伴う空虚表象にも相違が生じるであろうことが、容易に想定できる。この過去地平と未来地平に属するそれぞれの空虚表象の相違について、フッサールは、「根源的な時間構成の未来予持的なラインにおいてのみ、連合が支配しており、つまりその際には、我々が知るように、持続的な過去把持のラインは覚起しつつあるものとして作動している」（HuaXI, S. 77）と述べている。ここでは、空虚表象に対して作動している未来予持の連合と過去把持の覚起ということが区別され、時間意識の構成に伴う志向的な能作が指摘されている。では、これらの連合と覚起という受動的綜合の能作における時間意識の役割とは、一体いかなるものなのか。

まず我々は、覚起について考察することにしよう。フッサールは、「空虚表象という全領野には、何らかの諸直観の具体的な連関において覚起に至った諸々の地平‐志向の全てが属している」（HuaXI, S. 75）と述べている。ここでフッサールは、空虚表象が過去と未来の地平であり、直観にはそれが常に関連していることを指摘している。つまり直観は、空虚表象とともに構成されており、両者は意識の前景と後景として、「共現在化（Mitgegenwärtigunng）」しているのである。このことをフッサールは覚起と呼ぶ。このことは、上述において指摘された、空虚表象が先行する諸直観へと必然的に自ずと繋がっていく、という受動的な発生の根本規則に相応する。これについてフッサールは、「空虚表象とこの知覚の表象の結びつきは、「綜合的な」結びつきであり、それは、ある意識の統一を作り上げ、ある新たに構成的な能作を遂行しており、そのことを通じて〔空虚表象と知覚表象という〕両側面の対象性がノエマ的に特別な統一の性格を獲得すると言えるのである」（ebd.）と述べている。つまり空虚表象は、「本来的に何ものも生じさせることはなく、何の対象的な意味も構成されていない」（HuaXI, S. 72）とフッサールが述べる通り、それ自体で対象性を持つことも顕現化することもない。しかし空虚表象は、感覚や知覚、あるいは表象に覚起されることで、その空虚表象が対象化や顕現化の可能性を得て、意味内容を担い得るノエマ的な契機となるのである(35)。このことから、こうした知覚と空虚表象の覚起が、まさに顕現的な知覚の構成を成すノエシス - ノエマの相関関係という構造におけるノエマ側の契機を受動的な発生として形成している、とフッサールは分析するのである（vgl. HuaXI, §18）。したがって我々は、空虚表象を受動的な発生の領野に生じる覚起の働きにおいて、能動的な綜合の素材的な契機として把捉し、理解し得るのである。

以上のように、能動的綜合の契機（ノエマ的なもの）の発生という受動的綜合における覚起の働きが確認されたが、そのことに関連して次に問題となるのが、知覚と空虚表象の覚起による綜合の規則性である。覚起によって生じる綜合について、フッサールは、「知覚の表象、知覚に即して然々に現出しつつあるものは、それらを携えて、それらに属している空虚に表象したものを指示する。方向づける光線は、知覚に由来し、空虚表象を貫いて、その表象されたものへと向かう」（HuaXI, S. 75）と述べている。つまり、上で述べたように、覚起という働きは、直観とその周縁における過去と未来の地平の空虚表象を共現在化するのだが、その際の両者における志向の向きというのは、直観の方から空虚表象の方へ、という方向を持つのである（このことは、逆に空虚表象の側から見れば、空虚表象は知覚へと「方向づけられている」と言えるだろう）。このような覚起における知覚と空虚表象の志向的な方向づけは、時間意識の構成契機で言えば、原印象と過去把持との関係における、現在から過去へ向かう方向づけとして理解することもできる。この点についてフッサールは、「知覚しつつある意識、つまり原本的に構成しつつある意識は、ノエマ的な在り方に従って、〔すなわち〕覚起しつつある意識として、ある再生産的な意識を覚起しつつあるものとして性格づけられ得るし、そしてこの再生産的な意識は、まさにそのような仕方で、覚起しつつあるものとして、ある意識の過去として、言わば〔過去を〕取り寄せるようにして再び作動する」（HuaXI, S. 118）と述べている。このフッサールの言及にあるように、知覚と空虚表象の関係とは、まさに過去を現在へと呼び覚ます働きであり、この点で両者の志向的な関係は、時間的な規則性を具えていると理解され得るのである。

そして他方、フッサールは、知覚から空虚表象への方向づけを持つ覚起とは別に、「ある表象的なものが、ある別の表象的なものへとさらに超えて指示される」（HuaXI, S. 76）といった、表象的なもの同士の志向的な方向づけを指摘している。ここでの「表象的なもの」とは、「受動的に成長しつつある諸綜合の素材」（ebd.）であるとフッサールは述べており、またそれを、「「志向しつつあるもの」として明確に限定される空虚表象の部類」（ebd.）に属するものとして、覚起の際の空虚表象から区別している。つまり、ここで指摘されている空虚表象とは、覚起の綜合の場合における空虚表象が「方向づけられる」ものであったのとは異なって、空虚表象自体が何らかのものへと「方向づける」という性質を持っているのである。これらの方向づける空虚表象の間の綜合を、フッサールは「連合的な綜合」（ebd.）と呼ぶ。したがってこの連合的な綜合において、空虚表象は、「方向づける」という「新しい内的な性格」（ebd.）を獲得するのである。

ここで空虚表象が獲得するという「方向づけ」の内実は、フッサールによれば、「特別な「志向」、すなわち方向づけの目的であるもの」（ebd.）という性格であるという。このように連合的な綜合によって空虚表象の志向が何か「目的」を持つということを、フッサールは、「初めから傾向として、努力することとして、特別な種類の直観化する綜合において、表象的で対象的なものを自己所与性へともたらす綜合において可能となる充足を「目的とする」」(HuaXI, S. 83)[36]と述べている。ここで述べられている何らかの志向的な傾向、すなわち方向づけを持った空虚表象について、我々が思い当たるのは、まさに未来予持の傾向という性質である（本書第二章第一節（3）参照）。そもそも傾向とは、将来的な持続性へと向けられた未来予持であり、過去把持された位相、すなわち空虚表象においても一貫している未来予持の性質であった。つまり、空虚表象の連合的な綜合における傾向という性質は、まさに未来予持の傾向という働きに相応していると理解できるのである。そして、目的へと向かう傾向という意味での方向づけについて、その時間性を考慮すれば、現在から未来へ、といった時間的な方向を持つ綜合であるということも同時に理解されるのである。

そして、このような連合的な綜合における時間的な方向づけとともに重要なのが、内容的な類似性の綜合である。これについて我々は、例えば予期外れの際に生じる志向の否定や抗争を、上で言及した類似性の連合によってさらにその理解を深めることができる。フッサールは、「注意を向けられた諸対象の最も一般的で内容的に規定された諸結合とは、明らかに類似性ないしは同等性と非類似性であり、あるいはより簡潔に言って、同質性（Homogenität）の諸結合と異質性（Heterogenität）の諸結合である」(HuaXI, S. 129) と述べ、志向の内容的な面について、その意味内実のまとめられ方の規則性を指摘する。[37]もちろん、ここで指摘される現象学的な観点におけるこの類似性の結合は、実在的な結合ではない。この類似性は、「内在的な与件、例えば流れつつある現在の統一における具体的な色の与件、つまり内在的な共在において、何らかの延長的に構成しつつある持続の下で意識される与件」(ebd.) に対する類似性であって、すなわち時間意識の構成契機である感覚与件における類似性の綜合であるということに注意せねばならない。このような感覚与件の類似性は、例えば「視覚野の中で多数に分離された色の与件はグループ分けされ、それぞれの与件の類似性によって与件は別個にまとめられている……この類縁性（Verwandtschaft）は程度差を持ち、そしてその程度差に従って、与件は時には強く、時には弱くまとめられている」（ebd.）[38]。つまり連合とは、色や音などの感覚を、感覚の強度や性質に即してまとめ上げている働きなのである。このように、知覚として顕現的な意識へと構成される以前に、そのノエマ的な素材として受動的な諸契機をまとめ上げるということについて、フッサールは、「根源的な連合は、我々のヒュレー的な感性の領野において専ら各感覚野それ自体の内部で遂行される」（HuaXI, S. 151）ということを指摘し、それを「原連合（Urassoziationen）」（ebd.）と呼んでいる。

このような連合的な綜合において、我々が与件同士の結合の緊密性という点を考慮しつつ、与件から与件への移行を分析する場合、それらが連合を通じて同質のものとしてまとめ上げられるのならば、「そのような移行において、同じものの「繰り返し」として生じている」（HuaXI, S. 130）ことが顕現的な意識において現出する。そしてまた他方で、与件同士が異質のものとしてまとめ上げられる場合には、「ある意識から別の意識へのある種のズレが生じる」（ebd.）こととして現出する。例えば、ある赤い正方形と青い正方形が感覚において所与されている場合、赤い正方形は、青い正方形と形の上で同等な与件としてまとめ上げられるのであるが、色においては異なっている与件としてまとめ上げられる。以上のようにして、連合的な綜合は、一方の与件の直観から他方の与件の直観へと移行する際に、「〔根源的な連合による〕類似するものの比較において、我々は共通なもの、つまり同じものにおける綜合的な合致という重なり合いにおけるその共通なものと、自ずと相互に排除し合う特殊化との綜合的な抗争という二通りに際立ってくるものを見出すのである」（ebd.）。つまり、過去把持や未来予持が、単に以前の位相と以後の位相との合致に関する規則性を持つだけでなく、連合という規則性において、それぞれ内容に応じて似ているものと似ていないものをまとめ上げ、同質性における綜合的な統一と異質性における綜合的な抗争を生じる契機となるのである。しかも先の例にあるように、形が類似して色が類似していないという与件においては、同質性と異質性の両方が同時に把捉されている。これら両性質は、合致と差異という意味内容の根源になっていると考えられ得るし、それだけでなく、合致と差異の同時的かつ相互的な構成として指摘し得るのである。

したがって、連合の働きが先行した過去把持をもとにして、「等しい」や「異なる」という、相互に際立ってくる二つの様態を受動的綜合として内的意識にもたらすのである。こうして我々は、空虚表象に関わる受動的な覚起と連合の綜合を、それぞれの志向的な方向から、過去把持と未来予持の移行形式に結びつけることができるのである。そしてまた、連合という働きによって、同質性や異質性へとまとめ上げられる綜合は、過去把持や未来予持におけるそれぞれの位相間の合致にも同時に関わっていると考えることができるのである。

ここで時間意識の構成能作とともに指摘された覚起と連合は、それぞれの特性に従って明確に区別されるのであるが、しかしながら、時間意識の構成における現在化が過去把持と未来予持の不可分の関わり合いから成立しているように、空虚表象における覚起と連合も「方向づけられるもの」と「方向づけるもの」という志向的な関係を結びながら、受動的な綜合を成立させている。[39] フッサールはこのことを、「連合的な覚起（assoziative Weckung）」（HuaXI, S. 77）と呼ぶ。この連合的な覚起は、特に発生的な構成の場面で非常に重要な役割を担っている。上で述べたように、現在的な直観が生じるには、未来予持における成長という契機が必要であるが、まさにこの連合的な覚起はそれを示している。これらのことを併せて考えるのならば、意識の構成プロセスは、一方で連合という類似性の規則を具え、傾向の方向づけを持つ空虚表象が現在的な直観の顕現化に至り、そうして実際に充実した直観が、空虚地平に広がる諸々の空虚表象へ向けて覚起する、というものであると考えられる。そしてまた他方で、直観によって覚起された空虚表象が連合的な規則性によってまとめ上げられ、新たに類型化された空虚表象として、次の現在化へと向かう契機となる。こうして意識の構成プロセスは、絶え間無い力動的な変転を継続していくことになるのである。

以上のことから我々は、空虚表象の覚起と連合による受動的な発生の構成を、時間意識の構成の諸性質とともに理解し得るのである。(40) このような時間意識の構成と受動的綜合における覚起や連合の関係について、ホーレンシュタインは端的に、「フッサールはこれらの〔連合的な覚起の〕分析によって、未来予持と過去把持の時間形式と内容を分離することは最早ない」と指摘している。(41) このことについて、我々は前節で過去把持と未来予持の編み合わせによって構成される時間意識をもとに、未来予持と触発の関係性を考察した。だがさらにこの連合的な覚起という問題から、まさに未来予持的な傾向が触発という自我的な意識の発生を基づけていたことに関連していることが明らかになり、またその現象を根本的に先導している動機づけの問題にも関わっているということが明らかになった。我々はこの問題をさらに考察するべく、以下において再度、受動的綜合における触発の問題を取り扱うことにする。

(3) 受動的綜合における触発

フッサールは、予期外れの考察において諸志向の抗争という事態を問題にしていた（本書第二章第二節（1）参照）。それについてフッサールは、「疑念が続く間、両方の〔統握の〕うちのどれかが一つとして打ち消されることなく、両方ともここでは相互の抗争の状態にあり、それぞれがある意味で力を持ち、それまでの知覚の状態とその志向的な内実を通じて動機づけられ、同様に要求されている」（HuaXI, S. 34）と記述しており、抗争の中で互いの志向が発揮し合う動機づけの力を指摘している。諸志向が持っている動機づけの力について、我々はすでに未来予持の傾向という性格から考察しているが（本書第二章第一節（5）参照）、だが再び、ここでフッサールが指摘するような「抗争」という記述を手がかりに、傾向と動機づけの力という、意識の力動的な変転の契機と規則性を考察する。

予期外れの際に生じる先行描出の諸志向の動機づけとそれらの抗争ということについて、フッサールは以下のような状況を記述し、分析している。「自我がその抗争に向かい、そしてさらに準現在化しつつある直観を遂行する。自我は動的な相反運動へ移行し、疑いの動揺へと移行する。それはそれぞれの側に信憑の傾きを生じる」（HuaXI, S. 42）。ここで指摘されている動機づけからの自我の顕現化について、フッサールは、「自我は、誘引の力、傾きを、確実性へと対向することを経験する」（ebd.）と述べている。ここで自我が経験する誘引や傾きは、受動的綜合における連合的な働きによって、内容的に充実しようとする方向づけ（傾向）に他ならず、自我の関心を引いて顕現化しようとする力を示している。このことは、まさに自我の発生を促す触発という現象なのである。したがって、「触発的な力とは、自我へと向かいつつある傾向を意味し、それに対応する働きが、応答する自我の活動性である。つまり、自我は、触発に従いつつ、別言すれば、「動機づけつつ」、ある同意する態度を遂行する」（HuaXI, S. 50）のである。

このような触発の働きについてフッサールは、「我々が自我を、つまり単に受容的に確認されつつあるものとしてのみ、ともに考慮に入れるのならば、発生的な分析において受容的な作用化に先行する触発に注意を払うべきである。ある背景表象、方向づけられたものは、自我を触発する——ある傾向が自我へと向かうことの中に横たわっている——。この自我は対向とともに反応し、表象は自我の視線が対象的なものへと向けられることの中で把捉しつつある表象の形態を受け取る」(HuaXI, S. 84)[42] と述べている。つまり、自我の対向は先行する触発に基づけられているのである。これら両者における基づけ関係は、自我への触発とその自我の対向という発生的な構成構造を端的に示しているが、この言及において重要な点は、自我の背景表象として働く触発の方向づけとしての傾向の内実である。

我々は、背景表象として存在する空虚表象とそれに関わる覚起と連合の綜合を考察し、これらのことが能動的な自我による綜合以前の受動的な綜合の諸契機であることを確認した。上のフッサールの言及にあるように、触発がこの背景表象、すなわち空虚表象に関わるというのであれば、当然、覚起や連合の綜合は、触発の働きにも関与していると考えられる。特に、上述したような諸志向の相反する傾向の抗争は、それらの対照性による際立ちの連合的な綜合を基盤にしているということにおいて顕著に現れている(本書第二章第二節(1)、(2)参照)。この連合による対照性の際立ちについて、フッサールは、「多様な対象は、それぞれの対象が癒合しつつある融合と対照化の特別な親和性から、統一の本質条件を満たす限りで、それ自体で対照を通じて際立つのである」(HuaXI, S. 150)と述べている。つまり、「触発は、今やある意味で対照という機能である——〔もちろん、〕対照の機能だけではないが。最も根源的な触発として、印象的な現在が産出しつつあると看做されねばならないという点で、対照とは触発の最も根源的な条件として性格づけられねばならない」(HuaXI, S. 149)のである。また、このような触発の対照の機能は、その力において程度差を有している。このような触発の働きの例として、「個々の色の形象は、際立ちながら我々を触発し、同時に車の騒音、歌の音響、際立った匂いなどが触発する。それらのことは全て同時だが、我々はその歌だけに耳を傾けて対向するとき、その限りにおいて歌が勝ってくる。しかしその他のものも〔我々を〕刺激している」（HuaXI, S. 149f.）ということが挙げられる。これについてフッサールは、「対照の程度差とともに、触発の程度差が関連するのだが、しかし〔それは〕触発への傾向にも関連している。つまりある同等の対照が自我へと実際に刺激することができる一方で、自我に触発的な傾向が到達しないこともあり得るのである」（HuaXI, S. 149）と述べている。つまり、自我に気づかれていることが気づかれなくなったり、逆に気づかれていなかったことが気づかれるようになったりという意識の顕現と非顕現の変化は、まさに触発の程度差という相対的な変化を基盤にしているのである（vgl. HuaXI, S. 162f.）。このことから、触発における対照性の際立ち、すなわち連合の綜合は、触発力の傾向の程度差にも関係していると理解できる。したがって、これらの分析において呈示される触発という現象は、対照性の際立ちという連合的な綜合と動機づけの力という傾向によって成立しており、それらの規則性がいずれも未来予持の諸性質に関わっていることから、我々が『ベルナウ草稿』の考察の際に指摘した未来予持と触発の関係（本書第二章第一節（5）参照）は、連合という受動的綜合の規則性を介して、改めてその関連を明確に指摘できるのである。

以上のことから、触発は未来予持や連合の働きと深い関連を持っていると理解される。しかしながら他方で、フッサールは、「対象に対して我々は、触発をその対象へ向けられた志向の覚起とも呼ぶことができる」（HuaXI, S. 151）と述べている。つまり、触発は、単に連合的な綜合において自我へと向かう傾向を持つだけでなく、対象の側から触発が覚起されることもあるとフッサールは考えるのであるが、これはいかなることなのか。

この触発における覚起を、フッサールは、「志向的な覚起の伝播という規則」（ebd.）であると指摘する。この伝播の規則とは、「触発が注意、把捉、認識、顕現化に対して影響をもたらすこと」（ebd.）という、触発の伝わり方における規則性である。触発の伝播という移行の仕方は、「あらゆる根源的な覚起が伝播において、つまり新たな諸与件への覚起という連合的な転用（Übertragung）において、同質性を通じて結合している」（ebd.）というものである。これについてフッサールは、「ロレットの丘の上を夕方に散歩する際に、地平に突然、光の列がラインの谷に灯った場合、光の列は触発的で統一的に即座に際立つ」（HuaXI, S. 154）という例を挙げている。この例は、夕闇の中から自我の注意を引くような刺激によって対象が意識されるという、典型的な触発の現象を示している。だがさらに、「光の一つは、突然白い色から赤い色に十分な強度で変化する」（HuaXI, S. 155）ということが起こった場合について、フッサールは、「今やその〔変化した〕光は、それ自体で特別に触発するのだが、しかし同時に、残っている触発的に分節を欠いたままの〔光の〕列全体がこの変化する際立ちを助ける」（ebd.）とも述べている。つまり、一様に並んだ光の列の中から他とは異なった光が生じる際に、触発はその異なった光から新たに覚起されるのである。そして、このような触発の覚起による伝播という現象において重要なことは、特別に触発してくる光以外の光がその触発を助けているという点である。これについてフッサールは、「ある新たな触発が生じて、その触発からある覚起しつつある光線（Strahl）が生じ〔あるいは中間にある光の両方に並んでいる区間に覚起の二重の光線が生じ〕、その覚起している光線は、すでに触発的に働いている光の系列の覚起しつつある力とともに、より強い覚起の統一へと統合するようになる」（ebd.）と述べている。つまり、光の列の中にあって変化するある一つの光は、先に触発している光の列を基盤にして、その基盤からさらに新たな際立ちを連合の対照性の規則から生じることとなり、その新たな触発とともに全体の触発力を強めるという結果を生むのである。したがってここには、「ある種の触発の伝播が、直接全体として触発されるような、あらゆる分節化された全体によって生じており、つまり諸項への伝播が生じている」（ebd.）と言えるのである。

このような触発の伝播は、あるメロディーが気づかれずに流れているとき、よく知っているフレーズ、あるいは感動的な音が響いてそのメロディーが急に意識される、といった触発の例にも相応する。ここでは単に感動的な音の触発が生じるだけでなく、その瞬間の音から、これまで触発して来なかったメロディーの全体の触発が一挙に生じている。まさにある一つの音の触発がその他の音の全体であるメロディーへと触発を伝播したのである。このことについてフッサールは、「触発は過去把持的なものへと反射し、まずもって統一的に際立つように働きかけて、そして同時に、個々に際立ったもの、〔すなわち〕個別の音に個々の触発を促すように働きかけるのである」（ebd.）と述べている。[43] 光の例にしても音の例にしても、触発の伝播は、変化における以前と以後の対照的な連合の綜合を前提としている限りで、時間意識における構成の移行形式に常に関わっていると指摘できるのである。

以上のことについてフッサールは、「生き生きとした現在の領野のあらゆる具体的な与件は、我々が知るように、現象的な過去へと沈み込み、過去把持的な変転を基礎にして、その際には必然的に触発のゼロ領野へと導かれ、そこに吸収されるが、その中で無になってしまうのではない。そのようにして我々は、そもそも生き生きとした現在にそれ自体で自ずと恒常的に変転する触発的なゼロの地平がともに属していると見なければならない」（HuaXI, S. 167）と指摘する。つまりフッサールは、過去地平に沈んでいる空虚表象が、たとえ触発力を失ってしまっても、その地平において存続し、触発的な覚起の伝播を契機にして、その覚起によって生じ得る新たな触発の可能性を、発生的な、現在化的な構成プロセスの中に含み込んでいると理解するのである。[44] まさにこのことは、全過去把持の含蓄としての遺産であり（本書第一章第三節（2）参照）、時間意識の構成と受動的綜合における広がりと奥行を示しているのである。

こうして我々は、「あらゆる生き生きとした現在の内部、差し当たり、統一されつつある諸々の感覚与件に限定したとき、諸触発が恒常的に自らを超えて働きかけているというのならば、我々は絶えず触発的な諸々の覚起、つまり諸々の連合を見出す」(HuaXI, S. 157f.) ことになるのである。触発は発生的に自我の対向を促すだけでなく、類似や対照の連合的な綜合とともに、感覚的な領野の触発的な伝播という覚起によって、発生の本質条件を構成する綜合を担っている。フッサールはこの点について、「ヒュレー的な諸対象性の構成の諸原理、つまり結合されている諸々の共在と継起として、個体化しつつある持続的な位置体系とそれらの充溢化の諸原理、それらの対照と融合(癒合)に従って生じる諸原理は、恒常的に機能している。それらは恒常的に、触発や覚起としての触発の転移の本質条件を形成する」(HuaXI, S. 158) と述べており、触発現象の受動的綜合を対象構成の根源的な原理として指摘するのである。

以上のようにしてフッサールは、根源的な時間意識の諸能作である過去把持と未来予持とともに受動的綜合の規則性である覚起と連合の機能を分析し、触発という発生の現象を明確に呈示するのである。このことについてフッサールは、「意識されている客観性の全てと、それ自体で存在しているものとしての主観性の構成という基本(ABC)において、ここには最初のもの(A)が横たわっている。そのことは、我々が語り得るように、ある普遍的で形式的な枠組み、ある綜合的に構成された形式において存立し……諸綜合は、述べたように、諸対象すべての時間形式が構成されつつある綜合と一つになって経過し、それゆえ時間内容、〔すなわち〕時間的に形式化された対象性の内実と関係していなければならなのである」(HuaXI, S.125) と述べている。まさにフッサールは、受動的綜合の諸規則性とともに、時間意識の構成を発生的現象学の基礎とし、解明の要となっていることを見出すのである。

しかしながら我々は、このような発生的現象学の分析を、根源的な時間意識の構成において重要な位置を占めている感覚の問題としてさらに深層へと進めることができる。フッサールは、時間意識の構成と触発との関係から以下のように述べている。「一方で、成立している触発は、対照の相対的な大きさに機能的に依存しており、他方で、際立ちを通じたその統一の中で作動している快楽のような、優先された感覚的な諸々の情動にも依存している。根源的で本能的に、衝動的に優先されることを、我々は許容して然るべきである」（HuaXI, S. 150. 傍点筆者）。フッサールはここでさらに、本能や衝動という受動的綜合の契機を指摘している。我々はこの点について、さらに意識の奥深くで蠢いている契機を次章において考察することとする。

註

（1）フッサールは『ベルナウ草稿』において、これまでの『時間講義』で現在的なもの（das Gegenwärtige）と呼んだものを現前（Präsenz）と呼び、さらにその現在の時点における原感覚ないしヒュレー的な与件を「原現前（Urpräsenz）」（HuaXXXIII, S. 3）と呼んでいる（vgl. Niel (2011), S. 129- 131）。

（2）Vgl. Held, K., "Die Problem der Intersubjektivität und die Idee einer phänomeno- logischen Transzendentalphilosophie", in *Perspektiven transzendentalphänomeno- logischer Forschung*, Den Haag, Martinus Nijhoff, 1972. S. 58f.

（3）Cf. Lohmar, D., "What does protention "protend"? Remarks on Husserl's Analyses of Protention in Bernau Manuscripts on Time-Consciousness", MLAin *Philosophy Today*, 2002. p.162.

（4）Vgl. HuaX, §24, §26, §40, §43.

（5）「含蓄する」ということについて、フッサールは「構成要素から構成要素への連鎖が繋ぎ合わさるだけではなく、あらゆる新たなものが、古いものへの遡及効果を持つ（zurückwirken）」（HuaX, S. 303f.）と述べている。

（6）『ベルナウ草稿』における無限遡行の問題の解明にあたり、コルトゥームスは、未来予持の二重の志向性によるこの問題の解消を強調する（cf. Kortooms, T., *Phenomenology of Time.* Kluwer Academic Publishers, Printed in the Netherlands, 2002. pp. 162-164）。これに対しザハヴィは、「非対象／対象」の対立と「志向の充実」という見地から、コルトゥームスを批判している。しかしザハヴィの批判は、過去把持と未来予持が含蓄的な志向性の特質を持つことに言及しておらず、根源的な時間意識の重要な見解を欠いた批判となっている（cf. Zahavi, D., "Time and Consiousness in the Bernau Manuscripts", MLAin *Proceeding of the third international Meeting for Husserl Studies in Japan,* 2003. pp. 86- 87）。

（7）例えば、『ベルナウ草稿』におけるNr. 1のテキストでは、Aktという語が多用され（vgl. HuaXXXIII, S. 9f.）、Nr. 6やNr. 9のテキストでは、作用と作用相関（ないし統握と統握内容）の観点から、原プロセスとの関係が問われ続けている。

（8）Vgl. Niel (2011), S. 40.

（9）フッサールは、過去把持と未来予持の持続体を伴うそのつどの現在化を「プロセス」として捉え、特に『ベルナウ草稿』では、「原プロセス（Urprozess）」と呼んでいる。これは『時間講義』における「絶対的意識」、または、「絶対的な流れ」と同義であると考えられる（vgl. HuaXXXIII, Einleitung, S. XXXV）。

（10）Vgl. HuaIII, §77, §81, HuaX, §26.

（11）Vgl. Held, K., *Lbendige Gegenwart.* Martinus Nijhoff, 1966. S. 40.

（12）これについてフッサールは、「発生的に言えば、再三、絶えず、新たな諸々の核与件が出現するときに、古い核与件が、単に過去把持的に沈み込んで来るだけではなく、新たな諸々の原与件を出迎えて、それらの与件とともに頂点に至りつつ充実されるといった、未来予持的な意識が「成長する」」（HuaXXXIII, S. 20）とも述べる。

（13）意識内容が空虚になっていくということについて、フッサールは、「プロセスの志向性の本質に基づいた出来事であり、プロセスそれ自体において、そしてあらゆるUx〔原プロセス（Urprozess）〕の位相において、存続的で本質的な役割を果たす相関的な段階性である」（HuaXXXIII, S. 35）とも述べている。つまり、意識内容の充実の度合いが段階的に変化することが、時間意識の移行と連続を理解する鍵になる。これについては、本節（3）、（4）にて再度考察する。

（14）浜渦辰二『フッサール間主観性の現象学』創文社、一九九五年、八六頁参照。

（15）Cf. Lohmar (2002), p.159.

（16）Cf. Lohmar (2002), pp. 160-161. ここでローマーの言う「期待する」とは、未来予持のことであり、換言すれば「未来予持する」という意味になるだろう。そして、沈み込みを未来予持された過去把持的な移行は、時間図式で言えば次の新たな現前の下へと滑り込むように、言わば斜めに下るような軌道を描く（vgl. HuaXXXIII, Nr. 2, §1）。

（17）脱充実化、すなわち「空虚化は、プロセスの志向性の本質に基づいた出来事であり、プロセスそれ自体において、そしてあらゆるUxの位相において、存続的に本質的な役割を果たす相関的な段階性である」（HuaXXXIII, S. 35）とフッサールは指摘している。

（18）ニールは、「原プロセスは、そもそも充実することを真なる目標とし、したがって充実への傾向（Tendenz）をもつのである……それは、諸過去把持の中でも維持されている未来予持的な方向である」（cf. Niel (2011), S. 136.）と指摘している。

（19）この傾向に関連して興味深いのは、フッサールが、「過去把持的に背負い込んだ経過の微分（Differenzial）が、未来予持を変様し、変様された未来予持は今や常に同行していて、未来予持の更なる進展の中で、それ自体を予料しながら含まれていなければならない」（HuaXXXIII, S. 13）と述べていることである。微分とは、数学において関数f(x)の導関数f'(x)を求めることであるが、その導関数は特に「傾き」ないし「勾配」と言われ、特に物理学では物理量の変化率と言われる。『ベルナウ草稿』において、このDifferenzialという語は、テキストNr. 1, §4とBeilage Iに頻出する（HuaXXXIII, S. 13-18, 38）。我々が例えば数学ないし物理学的な比喩として、意識流を軌道とあえて看做した場合、その軌道を微分することは、ある一時点の位相の勾配、次の位相へと連続的に進行して行く際の傾きないし変化率として、意識の変化していく傾向を示すことになるとも言い得るだろう。

（20）もちろんこのような表現は、「プラスやマイナスといった話は、単に我々が相反する対立の際にそのことについて語るといった意味でのみ扱われねばならない」（HuaXXXIII, S. 35）ということを念頭に置かなければならい。

（21）このような両構成契機の協働を、和田は「流れの現在において生起する出来事が、流れ去った過去と現在に至る未来との相互連関のもとで、共鳴しあいながら、生成する」と述べている（和田渡「分水嶺としての『ベルナウ時間意識草稿』——意識流の自己構成と意識の受動性及び無意識に関する問題」『フッサール研究　第三号』二〇〇五年、一〇八頁参照）。またコルトゥームスは、未来予持と過去把持が相互に影響を及ぼし合うことを、「意識の力動性」と表現している（cf. Kortooms (2002), p.163）。

（22）本書一〇〇頁、図1参照。『ベルナウ草稿』のテキストNr. 2には様々な図式があるが（vgl. HuaXXXIII, S. 21f., 31ff., 43f.,

48f.)、この図は最後に記載されているものである。斜めの線が充実と空虚の移行プロセスを示しており、縦軸と横軸の交点である現在点へ向かって、充実化を線を太く描いて示しており、交点から遠ざかるにしたがって、線を細くして空虚化を表している。

(23) Cf. Dodd, J., ,,Reading Husserl's Time- Diagrams from 1917/ 18", in Husserl Studies 21: 111- 137., Springer, 2005. p. 133, Figure 10. 本書一〇一頁、図2参照。

(24) 山口(2008)、一五四―一五九頁参照。

(25) 『ベルナウ草稿』の編者は、ベルナウ草稿の決定的な進展を「静態的現象学」による考察から「発生的現象学」による考察への移行に見ている(vgl. HuaXXXIII, S. XLVI)。

(26) フッサールは、「受動的であるということは、自我から来るもの、すなわち、作用としてそれ自体で湧出しつつある自我から来るものは一切ないということである」(HuaXXXIII, S. 276)と述べている。

(27) Cf. Mensch, J.R., "Husserl's Concept of the Future", in *Husserl Studies 16*. 1999. pp. 48- 49. またこの点について、和田(2005)、一〇九頁参照。

(28) 「動機づけ」とは、超越的な実在の次元における因果性(自然主義的な因果性や心理 - 物理的な因果性)とは異なり、志向的な連関における意味の連鎖を示すために用いられる現象学の重要な概念である。

(29) Cf. Kortooms (2002), pp. 181- 188.

(30) この連合についてフッサールは、「連合という表題は、意識一般に恒常的に属している内在的な発生の形式と規則性を我々に示しており、心理学者のように客観的で心理物理的な因果性の形式を示すのではなく、人間や動物の精神生活における諸々の再生産、諸々の再想起が登場することを因果的に規定するというような、法則的な性質を示すのではない」(HuaXI, S. 117)とし、現象学的還元において見出される連合の本質規則性の直観において分析されるのは、「先取する諸現象の発生、つまり予料しつつある特殊な諸志向に関わる問題である」(HuaXI, S. 119)と述べている。

(31) このような予期外れの際には、否定や疑念の様相変化が生じる。このことについてフッサールは、「第一に、否定とはここで、根源性において我々が通常の知覚として以前に記述した通常の根源的な対象の構成を本質的に前提している。……第二に、ある知覚の対象の根源的な構成は諸志向において(外的な知覚の際には統覚的な諸統握において)遂行されており、その志向は、その根源的な対象構成の本質に即して、未来予持的な予期という信憑の予期外れを通じて、常に様相化を受け取ることができる。その様相化は、根源的な対象構成の本質において、相反する方向に向けられた諸志向の、本質的な仕方で生じている重層化とともに、同時に起こっている」(HuaXI, S. 32) と述べている。つまり、予期外れという現象は、実際の所与に対する顕在的な意識内容が現れるだけでなく、それと同時に、先行描出した志向と、それが外れて実際に充実した志向の間の抗争により否定や疑念といった様々な様相を伴う複雑な意識も生じ得るということなのである。ここで指摘されている志向の抗争や信憑とは、前節で考察された未来予持の傾向や動機づけの力といった触発の現象にも関わっている（本書第二章第一節（5）参照）。この触発についいて、我々は考察を一旦保留して、本節の（3）において取り上げることとする。

(32) このことについてフッサールは、空虚になった「意味の枠組み」という表現でも述べている。この点について、フッサールは『経験と判断』で、「[例えば、] この色の現実的な存在に対して開かれている規定的な「可能性」の形式における、この類型的な一般性の解釈において、諸可能性の遊動空間 (Spielraum) は、予料の未規定的な一般性という明示的な「範囲」として生じてくる」(EU, S. 32) として、予料が類型の範囲の中で動いていると指摘している。

(33) この一般性は、本質直観にもかかわる重要な点である。このことは、『経験と判断』の内容から推察できることではあるが、ここでの未来予持と空虚表象の議論は、さらに本質直観に関係するとまで考えることも可能である。この点について、拙論「本質直観と時間意識」『現象学のパースペクティブ』河本英夫、稲垣諭編著、晃洋書房、二〇一七年、一八―三二頁を参照のこと。

(34) これについてフッサールは、『受動的綜合』の第一八節で、『ベルナウ草稿』での未来予持の考察 (vgl. HuaXXXIII, Nr. 2) と同様の考察をしており (vgl. HuaXI, §18)、その箇所も参照のこと。この点について、例えばフッサールは、「我々は諸過去把持の役割に対して、未来予持の本質的に新たな役割に注目してきたし、そして幾つかの特性において記述してきた。未来予持という標題は、強固な仕方で、意識生を時間として構成しつつある統一の流れを支配する、発生的な原規則性の第二の側面を表している」(HuaXI, S. 73) と述べている。

(35) 山口は、『受動的綜合』における「ノエマ的」というフッサールの表現について、「「ノエマ的」と表現されているのは、再想起がそもそも能動的志向性による構成作用であるからですが、その能動性が受動性を前提にすることが、基本的原則として妥当していることが見失われてはなりません」(山口 (2005)、八〇頁参照) と述べており、考察の次元の相違を考慮しなければならないことを注意している。

(36) ここでフッサールは傾向と努力することを同時に述べているが、これは『ベルナウ草稿』において「傾向は努力することではない」（HuaXXXIII, S. 39）とも述べられており、つまり、構成の次元の違いから、能動的な努力と受動的な傾向とを、区別すべきであると考えねばならない。フッサールが『受動的綜合』で二つを並べて扱っていることについて、コルトゥームスは、『ベルナウ草稿』のように根源的な時間意識流が問題になる場合は、確かに根源的で受動的な傾向が自我的で能動的な努力から区別されるが、この文章が属する『受動的綜合』第二〇節では、根源的な意識流の問題を一旦考慮の外に置いて、あえてその点を抽象しているため、「目的を持って方向づけること」に対し両者がともに相応するものとして示されているのだ、と考察している（cf. Kortooms (2002), pp. 185- 186)。

(37) Vgl. Holenstein, E., *Phänomenologie der Assoziation.* Martinus Nijhoff, The Hague, Netherlands, 1972. S. 268- 271. この連合によるまとめ上げの仕方について、ホーレンシュタインは、「連合が働くということは、今の体験の内実と以前の体験の内実の同一化ではなく、専ら再生産された内実の選択である」（Holenstein (1972), S. 269f.）と述べている。本文で詳述するが、連合は単に類似的な綜合だけでなく、対照的な綜合もともになしており、しかもそれらの内実の似ている、似ていないという程度差によっても綜合の内実を変化させる。この変化の中で、最終的に程度の強い先行描出が第一の未来予持となるということで、連合の内実は、言わば「自ずと選択される」と言い得るのである。

(38) この類似性や類縁性が、完璧である場合、それは同等性と呼ばれ、「それは同質性の最も強い結合をなす」（HuaXI, S. 129f.）。

(39) Cf. Kortooms (2002), pp. 181- 188. 過去把持と未来予持が、互いに固有の方向づけを持っていたように、それらの能作とともに生じている空虚表象も、それらの能作に即した方向づけを、覚起と連合としてそれぞれ有しているのである。

(40) Vgl. Holenstein (1972), S. 62- 68.

(41) Vgl. Holenstein (1972), S. 63.

(42) ここで述べられている受容（性）とは、「我々は、受容するということをこの認識の生ということの第一段階に数えることができ、つまり能動的な自我の原機能として数え入れることができる。その原機能は、受動性においてそれ自体で構成されものを、その固有な志向性の形成物として有効にし、注視することや注目しながら把捉することの中でのみ存続する」（HuaXI, S. 64）ものである。つまり、能動的綜合と受動的綜合の境目に当たり、自我の関与や視線が届く最低次の段階を示しているのである。

（43）　このような触発における伝播の規則性について、山口は「感覚の領野には……、はじめから、無数の感覚素材から発する触発の力が（力がゼロの場合も含めて）まわり全体にわたって、磁場のように伝播している」と述べている。山口一郎『現象学ことはじめ　改訂版』日本評論社、二〇一二年、一三九頁参照。

（44）　この「無ではない触発力ゼロの地平」について、フッサールは「仮に、何らかの触発的な力が、手元に何か同等なものを何一つ持っていないところで獲得されるということ、自我にとってそもそも現に存在しなかったもの、純粋に触発的でないものが、新たに何らかの能動的なものになるということは、およそ理解できない。我々が触発の本質に具わっている程度差に従うならば、理解と本質の洞察の中に留まって、本質の領野を踏み越えてしまうような原因、〔すなわち〕誤った下部構造を作り出すことはない」（HuaXI, S. 163）と述べている。このことは、過去把持の含蓄性という性質に支えられているということも注意しておく必要があるだろう。

第三章　意識の駆動力としての衝動志向性

これまで我々は、第一章と第二章の考察を通じて、過去把持と未来予持という時間意識を構成する含蓄的な志向性について考察してきた。そしてこの含蓄的な志向性は、フッサールの探求の深まりとともに非顕現的に働く覚起、連合、そして触発という受動的綜合の諸規則性のもとで働いている、ということが明らかになった。特に、それらの受動的綜合における諸規則に即した触発という発生的な構成の契機は、顕現的な自我の活動を促すといった能動的な綜合の基盤となっている。したがって意識は、それらの綜合間の基づけ関係の中で、顕現化への発生という力動的な構成のプロセスを成立させていると理解し得るのである。

以上のような時間意識の構成とそれに伴う受動的綜合の分析において、フッサールは触発という現象の奥底に、衝動ないし本能という最も根源的な志向性の働きをさらに指摘している。そこで我々は本章において、フッサールが言及する衝動志向性の能作を考察し、意識における発生のプロセスの根源、すなわち意識活動全体にわたる最も根源的な駆動の契機を明らかにしたい。

意識の駆動の契機について考察する際に、我々は前章の最後で課題として呈示した感覚や情動による触発という現象を以下においてさらに分析する。ここでの触発の構成は、受動的綜合の最も根源的な層において空虚表象（ないし空虚形態）とヒュレー的な感覚与件との「相互覚起（wechselseitige Weckung）」という規則性によって生じているとフッサールは述べている。ここで生じている相互覚起は、意識の構成プロセスの中で重要な役割を果たしていると考えられる。先んじて言えば、この相互覚起は「対化（Paarung）」という受動的な連合の綜合にも関係し、連合的な綜合の本質規則としても理解され得るものなのである。(1)

そして我々は、このような対化についての考察を進める中で、発生的な構成を根本から方向づけている「衝動志向性（Triebintentionalität）」を見出すこととなる。衝動とは、一般的に言って、何らかの行為の際に生じている内的な欲求という意味であるが、しかしフッサールは、この衝動的な欲求を志向性として見ることで、現象学的な考察対象として分析する。そしてまた彼は、それが志向性として持っている充実と空虚の性質から、構成的な役割を考察している。この衝動志向性は、最も根源的かつ原初的な「原触発（Uraffektion）」と呼ばれる触発の契機となっている。しかもその衝動志向性は原触発だけでなく、時間意識の構成の諸能作にも関係しており、特に未来予持的な諸性質と密接な関わりを指摘することができる。このことを巡って我々は、第I部の最終章において衝動志向性の諸性質の解明を試みる。この考察を通じて我々は、意識の力動性が受動的綜合における衝動という原初的な志向性に端を発しているということを理解し得るだろう。そしてさらに、意識の活動ないし作動という在り方自体が力動的な時間意識の構成とともにあり、またそれだけでなく、その構成によって形成されているということをも理解し得るだろう。

第一節　相互覚起と衝動

フッサールは『受動的綜合』において、連合的な綜合を考察する際、二つの与件の間の同質性や異質性を基にした結合ないし統合を、「対（Paar）」として記述している（vgl. HuaXI, §28）。与件の間の「対」の構成に関して、フッサールは連合的な綜合における根本形式としての「対化」という構成の規則性を見出し、さらにその対化が起こる際の感性的な領野における与件と空虚表象との相互覚起という綜合について考察している。[2] この対化は、前節で考察された類似性の連合という議論に関係しているが（本書第二章第二節（1）、（2）参照）、これについて我々はさらに詳細な考察を行うことで、受動的綜合における構成の基盤となっていることを示し得る。特にフッサールは、この対化という綜合について『デカルト的省察』の第五省察で他者論を展開する際に言及しており（vgl. HuaI, §51）、受動的綜合における根本形式の一つとして、重要な役割を占めていると主張している。そしてまたフッサールは、その対化が生じる際、両項の継起における時間的な関連において、与件（現在）と空虚表象（過去）が互いに呼び覚まし合っていることを相互覚起という綜合であると指摘している。我々はこの対化という連合的な綜合を、これまでに考察された過去把持と未来予持の能作と関係づけることで、この相互覚起の呼び覚まし合いという規則性を理解することとなる。

そして、この対化の働きが顕現的な意識に新たな際立ちを出現させる契機となる（すなわち、触発と対向という受容性（Rezeptivität）の次元の出現）のだが、その際に生じる触発力が問題になる。自我を触発する感覚の際立ちは、まず受動的な意識の層で生じているのだが、そこでフッサールはそれらの際立ちの志向的な方向づけと内実について、衝動志向性という意識活動を根源的に動機づける志向性を見出している。以上のことから我々は、フッサールが根源的と述べるこの衝動志向性の内実を確認し、その志向性によって意識が駆動するということを考察する。この考察を経ることで、我々は最終的に意識の力動性に関する本質規則とその根源的な契機を見出すことになるだろう。

（1） 感覚与件と空虚表象との相互覚起による対化

これまでの考察において、我々は触発に関わる連合的な覚起の綜合が、顕現的な意識の発生の基礎になっているということを確認し、そのことが過去把持と未来予持とともに理解することができるということを明らかにした。また以上のような覚起と連合からなる触発の根本的な条件について、フッサールは感覚与件という契機を受動的に綜合することがその条件であると看做していた（本書第二章第三節（3）参照）。我々は、このフッサールの感覚の綜合に対する見解について考察を進め、受動的綜合の根本的な構成プロセスを明らかにしたい。

触発の根本的な条件が構成される際、与件をまとめ上げる連合の働きは、自我への発生的な方向を規定する重要な役割を担っている。ここでの連合によるまとめ上げの仕方について、我々は諸与件の同質性と異質性に即した類似と対照の綜合によって、諸表象の際立ちが生じるということを確認した（本書第二章第二節（2）参照）。そしてフッサールはさらに、それらの際立ちについて「ある意識において出現する（共在しつつある、あるいは継続しつつある）ヒュレー的な与件の総体は、共通の類似性を通じて、そしてその類似性が十分である限りにおいて、ヒュレー的な与件を統合しつつある感性的なまとまりを持つ」（HuaXI, S. 398）と述べ、ヒュレー的な与件の統一自体も、すなわち感覚与件の統一自体も類似性の連合的な綜合によって成されていると指摘する。このことは、例えば単純に言って、色は色の類似性に即してまとまり、音は音の類似性に即してまとまるということである。そしてこの綜合によって、「感覚野のそれぞれは、それ自体で固有の完結した触発的な傾向の領野を形成し、連合を通じて組織化しながら統一する能力がある」（HuaXI, S. 151）ということを我々は認め得るのである。(3)

しかしここで問題となるのは、諸感覚野の統一に関わる連合の能力、すなわちこの類似性によるまとめ上げの「仕方」が一体どのようなものであるのか、ということである。

連合によるまとめ上げは類似性に即して成されるが、この働きについてフッサールは、「類似性とは、そもそもまず「関連」を生み出すことである」（HuaXI, S. 399）と述べている。フッサールは、連合の規則性にしたがって諸与件を類似しているもの同士でまとめ上げることがそれらの与件をグループとして形成し、それらの間に「関連」を生成するということになると考えている。その類似性による関連の生成は、以下のようにして生じるとフッサールは述べている。「今に存在しているものが立ち現れることを通じて、継起的な綜合は以前の今という、たった今立ち現れたものと本質的に合致する……〔だが、〕ある現在において、類似する二つのものが立ち現れる場合、それらははじめに存在して、次にその綜合が成り立つのではない。〔そうではなく、〕似ているというのは、そのような〔継起的な〕綜合の中で共在して立ち現れることを言うのである」（HuaXI, S. 398）。この言及には注意せねばならない点が二つある。一つは、ここでフッサールが指摘する通り、対となる類似した二つのものは最初から存在者として実在するのではなく、受動的綜合における単なる契機に過ぎないという点である（そもそも能動的に実在措定される前の段階の構成である）。このことについて山口は、この受動的綜合の次元での構成について、「すでに実在する二つのものが前提にされて、その二つのものの間の属性として成立している何らかの類似性が、いわば抽象されて成立するのではない」[4]と指摘し、「原創出的な原初的なものが、つねに生き生きと働く過程のなかで与えられている」[5]と述べている。つまり二つの与件は、意識的に後から関係づけるのではなく、そのような能動的な意識が働く以前に、言わば無意識的に感性的な「似ている」と「似ていない」という差異に即して原初的に際立ってくるものなのである。したがって、類似性の連合的な綜合は、根源的な受動性の次元で働いていることを常に考慮して分析せねばならないのである。

そしてもう一つの重要な点とは、これらの類似するものが二つの項として際立つということに、時間意識による継起的な構成が関係しているということである。[6] これについて山口は、「共在的感性野のなかで、端的な知覚のなかに現出する類似的なものどうしが、過去把持的把捉と「なお把捉されてあること」における諸位相内容の融合と際立ちとを通じて、一つの対、対化する対象性が現出することを意味する」[7] と指摘している。つまり単に二つの契機が予め存在するのではなく（それは上で述べたように、そのような実在物の想定はエポケーせねばならない）、時間的な綜合により契機同士の間に時間的な移行による「前後」というズレが生じ、この時間的なズレをもとに「類似した二つ」という位相内容の契機が生じるということなのである。こうして二つの与件は、類似性と継続性の綜合によって「一つの対」というまとまりを成すことになる。つまり、これらの綜合が同時に生じることがまさにフッサールの言う対化なのである。[8] したがって、対という関係が形成されるためには、時間性と類似性に関する二種の綜合が欠かせないということが理解されるだろう。[9] こうして対化という関係の生成は、受動的綜合の原形式ないし本質規則性の一つであると認められ得るのである（vgl. HuaXIV, Nr. 35）。

以上のような対化の働きを山口は、「相互に覚起しあう対化」[10] であると指摘している。この相互に覚起し合うということについてフッサールは、「今や、我々は現象的な統一を相互覚起において持っており、「似たものが似たものを指示し」、その「繰り返し」として指示するという仕方で持っている」（HuaXIV, S. 531）と述べ、類似のものが指し示すという連合的な性質に注目する。そしてまた、フッサールは他方でこの連合の性質だけでなく、「〔類似性の綜合における〕覚起とは相互のものであり、相互に移行する傾向である。そして事況の全ては、ある同等のもの、すなわちそのような移行の前後における対化、隔たりの合致がそれ自体で構成されるということなのである」（ebd.）と述べ、覚起の移行傾向にも言及している。これと同様のことをフッサールは『デカルト的省察』の中で、「それは対象的な意味が生き生きと呼び覚まし合うこと、交互に押し被せながら覆い合うことである」(Hual, S. 142) とも述べている。つまり、これらのことから考えられるのは、対化が働く際に見られる与件間の「指し示す」ということは、単に一方の与件から他方の与件へと一方的に指し示すのではなく、相互に指し示し合っているのである。このことは、過去把持と未来予持の能作による時間的な位相の合致を思い出せば(本書第二章第一節(3)参照)、容易に理解し得る。例えば、現在的な直観が過去把持によって過去へと沈み込む際にそれは空虚表象となるが、この空虚表象として過去把持される直観であったものの内実には、それが充実する際に持っていた未来予持的な傾向もともに含まれており、過去地平に沈んでもなお、その傾向を触発力として持っている(本書第二章第二節(3)参照)。そしてそのような空虚表象は、何らかの所与があった際、過去把持した傾向を触発力としてその与件に対して向けるのだが、ここで空虚表象に触発を促すのは、まさに与件からの覚起である。ここで、与件と空虚表象の両契機が類似の内容として連合的に綜合されれば、それらは合致することになる(類似していなければ内容上の合致は成立せず、それは差異として際立ち、時間的に言ってみれば、変化という連合的な内容として綜合される)。このような時間意識の構成と連合的な覚起による綜合を、我々は過去と現在が互いに呼び覚まし合っていると看做すことができる。つまり我々は、対化における相互覚起という類似したもの同士の呼び覚まし合いが、同時に時間意識の構成における現在と過去の呼び覚まし合いでもあると指摘することができるのである。このことについてフッサールは、相互覚起における対化の綜合を、「沈殿した意味の目覚めがあってはじめて、意味が再び触発的になる」(HuaXI, S. 178) と述べている。したがって我々は、対化における相互覚起を、または時間意識の構成と受動的綜合の働きがともに作動しているという内実を、理解し得るのである。

以上のことから我々は、感性的な領野においてノエマ的なものを根源的に構成するという相互覚起による対化の働きを指摘し得るのである。しかしながらここで問題なのは、対化の連合的な綜合という原形式において触発が生じる際の最も根源的な契機が何であるのか、ということである。触発は自我へ向かって方向づけられているのだが、その触発を動機づける力ないし契機とは一体何であるのか。この問いについてフッサールは、相互覚起の際に「それらの動機は生き生きとした現在にあるのでなければならない。その際に最も有効な動機とは、これまで我々が配慮できなかった広義の意味での、また通常の意味での「関心」であり、つまり特定の情緒が持つ根源的な価値づけや、本能的な衝動、あるいはそれより上層に属する衝動であろう」(ebd.) と述べている。したがって我々は、触発の内容的な側面、すなわちその触発の力（動機づけの力）の内実を明確にするために、ここでフッサールが指摘している本能的な衝動（あるいは上層に属する衝動）を考察する必要がある。

（2） 原触発と衝動志向性 —— 意識の根源的な駆動

上述した触発という現象（本書第二章第二節（3）参照）について、フッサールは、「問題となるのは、……触発同士がどのように関係し合っているのか、ということである。その際に触発は相互に助け合うこともあるが、妨げ合うこともあり得る」(HuaXI, S. 415) と述べている。このような諸触発の関係において、特に諸触発が妨げ合う際には一方の触発が他方の触発を抑圧することがある。だが勝っている方の触発は、他方の触発を根絶するということはなく、それは押し退けられ覆い隠されはするが、触発力「ゼロ」として残っている (vgl. HuaXI, S. 416)。これについて我々は、すでに触発の抗争という事態を考察したが、フッサールはさらにこの触発の抗争が、「感情と衝動の領野」(HuaXI, S. 416)[11] において生じるとして、衝動の問題に向かっていく。

では、フッサールは衝動が生じている領野をどのように捉えていたのか。これについてフッサールは、その領野を際立たせるため、「純粋な印象からなるものに基づく触発性の機能」(HuaXI, S. 150) を考察する。この触発の機能を考察する中で、フッサールは、「視覚の感覚野における色の与件のような感覚的な与件は原感性である。視覚の感覚野は、全ての「統覚」に先立って統一を成しており、統覚された後も統覚の契機として、つまり視覚的な外観の契機としても見出され得る。同様に感覚的な諸々の感情も、これらの感覚与件に基づいているし、それに感覚的な諸々の衝動の与件もそうである。諸々の衝動は、意識を超越した、仮定されたものとしてではなく、原体験として絶えず心的な基礎の成素に属している」(HuaIV, S. 334) ということを見出している。ここで明確に指摘されている通り、衝動は感性的な原体験として最も基礎的な位置にある。そしてさらに、このような原体験としての衝動についてフッサールは、「諸々の空虚表象の充実と、空虚で本能的な予感の露呈との大きな違いがある」(HuaXIV, S. 333. 傍点筆者) ことを注意している。ここで言われる空虚表象と空虚で本能的な予感との間の違いとは、一体何であるのか。

ここで、衝動の内実において区別される空虚表象と空虚で本能的な予感について、それぞれを考察してみよう。まず空虚表象の方であるが、我々が空虚表象を先行描出する志向として見れば、その働きはこれまでの考察から明らかである(本書第二章第二節 (1) 参照)。つまり空虚表象は、先行する類似した諸直観が空虚な過去地平へと沈み込んで既知性を持つ(ないしは、それが反復されれば習慣性となる)ということであって、しかもその内容に衝動という動機づけを見出すことができるというものであった (vgl. HuaXIV, S. 334)。だが他方で、本能的な予感の方は、フッサールによると「空虚意識は、露呈されていない本能的なものとして、いまだ空虚に表象するものではない」(HuaXIV, S. 334. 傍点筆者) ことから、それを空虚表象と同一視することはできないとしている。ここでの本能的な予感について、山口も「原ヒュレーと相互の覚起において働く空虚表象そのものが、いまだ形成されていません」（傍点筆者）[12]と述べている。つまり本能的な予感は、空虚表象が生じる以前の構成ということになる。したがって空虚表象と本能的な予感には、発生的な順序があるということが考えられるのである。では、空虚表象に先行する本能的な予感としての衝動とは、一体何であるのか。

フッサールは本能的な予感について、「今や私は遡及的な問題において、最終的に原構造が原ヒュレーなどの変転の中で諸々の原キネステーゼ、原感情、原本能とともに生じていると考える。それによれば、事実において本質をなすのは、原質料がまさにそのようにして、世界性以前の本質形式である統一形式の中を経過することにある。そのこととともに、私にとっての世界全体の構成はすでに「本能的に」先行描出されており、その際には〔それを〕可能にしつつある諸機能自体がその本質の――基礎（ABC）、本質文法を、予め所持している」（HuaXV, S. 385）と述べている。つまり、空虚表象以前の本能の予感とは、ここで言われる「本能的な先行描出」に他ならない。空虚表象が以前の直観の体験をもとにした後天的な習慣性を持つのに対し、本能的な予感は言わば先天的な本質形式であり、まさに原初的な世界性を根本的に構成する構造の中で働いている志向性なのである。[13]そして、ここで指摘されている本能的な志向性は、予感、空虚意識、先行描出と述べられているように、充実‐空虚という志向性の基本性質から言えば、未だ充実していない志向であり、すなわち空虚から充実へという方向づけを持った志向性である、ということになる。

だが、このような方向づける志向が空虚表象でないとすれば、ここでの構成における志向の内実は一体何であるのか。これについてフッサールは、「発生的に見て、直観という意識の在り方の全てに、すなわち全ての現出の様相における対象性の知覚的な構成の全てに、空虚形態（Leergestalt）が先行している」（HuaXI, S. 326）と述べている。このことは通常の表象の構成と類比的に考えてみれば理解し易い。つまり、表象の統握が生じるためには、感覚与件という契機が必要であるということを思い出せば（本書第一章第一節（1）参照）、それと同様に、空虚表象もその成立の前身に感覚に準ずる空虚な契機があると考えられるだろう。また、このような空虚形態が主張され得ることについて、山口は未来予持の予期外れとも類比的に考えることができるとして、「直観にもたらされない」という体験から、「感覚素材の欠損を通じて直観され……非直観的であった空虚な形態が直観化され、空虚表象が生成します」[14]と述べており、その契機の必当然的な明証性を欠損の体験から遡及的に指摘している。つまり空虚形態とは、本能的な構成が行われる根源的な次元の感覚与件に対応する「空虚な感覚の枠組み」とも言えるものなのである[15]。意識の発生の原初的な段階において、例えば、産まれたばかりの乳幼児が未発達の感覚野を刺激とともに徐々に統一していくように、我々は、意識の根源的なところに空虚ながらもそのような感覚の枠組み、すなわち世界性の成立以前の原構造ないし原質料である本能の本質的な基礎を持つことによって、感覚与件との相互覚起を生じさせているのである。こうして際立ってくる感覚内容は、空腹や眠気、排泄など、原初的な快、不快といった、まさに本能的な衝動と言えるものである。したがって空虚形態は、その次元での対化の綜合における相互覚起の契機となっていると、看做し得るのである。

　以上のように、空虚形態と感覚与件における対化綜合の相互覚起が生じることが、本能的な衝動の根源であると考えられる。そしてそのような綜合が生じているのであれば、それが触発という発生的な構成の契機となるであろうことも同時に考えられる。この本能的な次元での対化綜合の相互覚起によって構成される本能的な衝動について、フッサールは、「統一的な「本能」があって、それが触発的に、ある種の触発が本能と互いに共属しあって、ある特別な綜合の統一を持つということを意味しているのではないか」（HMatVIII, S. 196, Anm. 1）と述べている。これについてエルマー・ホーレンシュタインが、「自我が根源的な諸本能の一つの極へと生成され、世界の構成とは、本能的に行われるということになる。そして今や、「触発の「連合」の原理としての本能の問題」が取り上げられるのも、自明のこととなる」[16]と述べている。したがって、本能的な衝動による根源的な構成を分析することは、触発の連合的な綜合の根本的な解明に繋がっていくと考えられるのである。

本能的な衝動による触発を、フッサールは「最も根源的な触発」（HMatVIII, S. 337）と呼んでいる。この原触発は、上のホーレンシュタインの言及にあるように、「自我極の生成」ないしはそれと対になる世界、すなわち「対象極」の根源的な先構成の契機であって、すでに覚醒し、成立している自我への触発とは区別される。つまり原触発とは、感覚が感覚としてまさに生じるところでの、本能的な衝動からの触発であり、また、その相互覚起の継起性（作動における構成の時間性）の面から言えば、まさに意識の時間化が生じる際の触発なのである。このような本能的な衝動による原触発の生成について、フッサールは、「我々はある普遍的な衝動志向性を前提にすることが許され、またそうすべきではないだろうか。衝動志向性は、あらゆる原初的な現在を立ち留まる時間化として統一的に形成し、そして全ての内容が衝動充実の内容であり、目的へと志向されていることによって、具体的に現在から現在へと駆り立てる」（HuaXV, S. 595）と述べている。つまり、発生の根源である原触発も、時間化の根源である絶対的意識流も、この本能的な衝動志向性の充実へと向かう方向づけに端を発していると、フッサールは考えるのである。特に、この衝動志向性は空虚であり、触発的であるということから、動機づける傾向意識として未来予持的であるとも言い得るだろう。したがって、衝動志向性が時間化の契機である限り、衝動志向性の作動以前に時間はないということになる。そして、衝動志向性が時間化と自我の発生の根源であるとすれば、それは意識を作動させ、意識の展開を方向づける、すなわち未来を志向する性質を持っていると考えられるのである。

このような衝動志向性の性質を考察するにあたって、ディディエ・フランクは、さらに踏み込んだ見解として、「志向性は衝動性として理解されねばならない」[17]と述べている。フランクは、フッサールが『時間意識』において、絶対的意識流における感覚の移行形式に言及していること、また、『論研』において「強度の全ての相違は、原初的、そして本来的に、基づける諸感覚に帰属する」（HuaXIX/1, S. 410）と述べていることをもとにして、根源的な感覚性が生じる原触発の構成を以下のように述べている。「志向性の発端にある志向は、それゆえ、その起源としての衝動へと連れ戻される……もし、全ての衝動が、〈……へ向かうこと〉であるならば、衝動がそこへと推進されるもの、つまりその目的は、衝動に対してアプリオリに開かれて、我がものとされていなければならない。さもないと、衝動は、まさにそこに向かうことができなくなろう。〈……へ向かうこと〔……への緊張〕〉は、その活動 exercice そのものにおける衝動以外の何ものでもない[18]」。つまりフランクは、志向性の特徴である方位性が根源的には衝動から生じていると考えるのである。フランクは、特に身体を考慮した場合、その構成に感覚的な強度とそれに伴う衝動を身体的な運動に必要な契機であると述べており、このことから、志向性を衝動性として理解し得る可能性を主張するのである。衝動性を志向性一般にまで敷衍し得るかどうかは、考慮の余地があるが、しかし、これまで展開してきた感覚の時間性と衝動性についての我々の考察から、フランクのその主張に対して、我々は未来予持という接点を呈示し得る。衝動志向性を根源的な傾向意識として考えれば、その時間的な側面は未来予持的な能作と相応し得ると考えられるだろう。そうであれば、志向性の基本性格である方位性は、未来予持と衝動に基づけられて発現する性質であるとも理解し得るのである。

いずれにしてもこれらの考察から我々は、少なくともこの衝動志向性を感覚変様の移行という面で、生き生きとした現在の流れと留まりを構成する過去把持と未来予持の能作に即して理解し得るのであり、また発生的な構成の面で、自我の覚醒と対向を促す原触発の連合的な覚起（相互覚起）として理解し得るのである。[19] したがって我々は、衝動志向性を発生の原触発的な力として、時間意識の構成における駆動（作動）の契機として、意識の生動的な展開と統一への根源的な力動性であると、指摘し得るのである。

しかしここで注意すべきなのは、「衝動は、未規定的な飢えの段階にあることもあり得、この段階は、その衝動の対象をその衝動が向かうものとして、それ自体の中にはまだ持っていない」（HuaXV, S. 593）という点である。本能的な衝動志向性は予感に過ぎず、すなわちその内実が空虚表象ではなく空虚形態であることから、表象的なもの、ないし対象的なものとして規定できるような、明確な目標という方向づけを持ってはいないのである。衝動志向性の方向づけは含蓄的なものであって、それは発生の構成的な段階を登っていく中で（例えば、感覚、情動、直観、判断といった発生の順序の中で）、徐々にその方向づけの内実がはっきりと形作られていくのである。そして最終的に、自我の活動する段階において作用の目的として顕現的に意識されるのである。もちろん、この発生過程の辿り直しは、構成の本質的な展開の構造を指摘し得るのみであり、具体的な意識内容の展開を決定論的に規定するものではない。意識の発生のプロセスは、特定の衝動が特定の自我作用に到達するというような因果的な連鎖なのではなく、その時々の動機づけ、関心、状況によって触発の内容は様々に変化するため、蓋然的であり、可能性に開かれている。したがって、それは一定の結果を生むとは限らないのである。意識は発生的な構成の本質規則性を持ちつつも、様々な事況、環境に対応し得る非常に柔軟な作動システムであり、可能性に溢れた力動性を呈示するのである。そして、この力動性こそが、まさに時間意識に他ならないと、我々は主張し得るのである。

　こうして我々は、このような時間化の根源的な契機、発生の根源的な契機である衝動志向性を「超越論的に還元された意識生」(HuaXV, S. 5) の駆動の契機として指摘し得るのである。本書の第Ⅰ部における諸考察は、まさにこうした構成プロセスの順序という段階的な発展を遡ってきたということになる。時間意識の構成における諸能作である過去把持と未来予持は、現象学的な探求のための現象学的還元と原意識における内的意識の直接的な把捉によって、原感覚とその移行に関する含蓄的な志向性であるということが明らかにされた。また、過去把持と未来予持は、その含蓄性から、受動性の領野における覚起、連合、そして触発という綜合と密接に、必然的に関わっていることも示された。そして我々は最終的に、その時間意識を構成する二つの能作が作動するための契機が本能的な衝動であるという最も根源的な次元まで到達し得たのである。これらの考察は、まさに我々の意識の作動そのものの記述であり、その本質的な諸規則性の呈示なのである。この作動の規則性、すなわち時間意識の構成は、単に意識の力動性の解明だけでなく、現象学的な探求の要となって我々を導く重要なものである。したがって我々は、この第Ⅰ部のフッサール現象学における時間意識論の考察をもとにして、様々な現象の本質規則性の解明の具体的な探求事例を呈示する第Ⅱ部へと向かうこととする。

註

(1) フッサールは、対化という連合的な綜合の働きに注目して、根源的な自と他の区別が生じる現場を記述している。その記述の分析は、特に彼の晩年の仕事である『デカルト的省察』及び『間主観性の現象学』(HuaXIV, HuaXV) で行われている。

(2) この点について、山口 (2005)、八〇―八一頁参照。あるいは、山口一郎『感覚の記憶』知泉書館、二〇一一年、一〇三―一〇五頁も参照のこと。山口は多くの著作の中で、受動的綜合における空虚表象ないし空虚形態と感覚与件の相互覚起について詳細な研究を展開している。特に『感覚の記憶』で山口は、無意識的な(非顕現的な)過去把持と未来予持の働きから、記憶による予測という意識の働きを脳科学と現象学を対照させつつ考察している。

（3）この感覚野の生成は、身体性との関連（実在的に言えば、身体における諸感覚受容器官との関連）の中ではじめて明らかになる。このことについて、山口（2011）、第Ⅱ部第二章参照。山口はこの感覚野の生成を、諸科学の成果を用いつつ、現象学的な、精緻な議論を展開している。

（4）山口（2005）、八一頁参照。

（5）山口（1985）、一七六頁参照。

（6）このような対の形成に関する時間意識の構成とその綜合について、フッサールは「類似性と合一〔合致〕については、例えば、空間的な延長と同様に、持続も考慮されるのであるが、しかしそれは、絶対的な時間位置ではない。同等性や類似性、または比較に際して、絶対的な位置は、たとえ時間についてはそうでないとしても、少なくとも空間については、その役割を演じているのではないだろうか。いや、おそらく演じないだろう。対比されながら重ね合うことが起こりはするが、それは位置や時間そのものの同一化ではない」（HuaXI, S. 401）と述べている。空間的な位置や時間的な位置の同一化は高次的な判断によるものであり、能動的綜合でそれが遂行されることがあっても、受動的綜合では自我が介在しないため、そのような同一化綜合は生じない。

（7）山口（1985）、一七四頁参照。

（8）これについてフッサールは、「対になることとは、〔対になった〕一つの項を新たに出現させることである」（HuaXI, S. 398）と述べている。そして工藤和男は、この対化を「「連合」という受動的綜合の一種であり、二つ以上の与件が対を成すもの（die sich Paarenden）」として他から異なって際立つこと」（工藤和男『フッサール現象学の理路――『デカルト的省察』研究』晃洋書房、二〇〇一年。一六五頁参照）であると、端的にまとめ、明確に指摘している。

（9）この点についてデプラズは、「対化という現象学的な構造は、その基本的な意味において、（1）感覚領野ないし感覚与件（視覚、触覚、聴覚）間の、（2）体験的で循環的な時間‐力動性（dynamics）による性格づけられた関係を示しており、そして（3）それらの関係が物体と身体の二重のキアスム的な交差を意味し、そのことが（4）受動的で連合的な綜合という意味によって成し遂げられている。端的に言って対化とは、連合的綜合――全ての客観化しつつある、同一化以前の綜合を始める二つの要素の相関的な構造の鍵となっている。対化は、間主観性の解明に、その解明の重要な身体的な拠り所を示す限りで寄与するが、しかしその解明は、感覚与件をキネステーゼ的な枠組みにおいて、ないしは印象的な現在と過去把持の時間的な力動性において連結するプロセス〔の解明〕でもある。この連合的な連結は、あらゆる自我が本質的に構成されるということを通じて、原本的な相関性を意味する」（cf. Depraz, N., “The rainbow of emotion: At the crossroads of neurobiology and phenomenology”, in Continental Philosophy Review 41: 237-259, Springer, 2008. pp. 239）と述べている。

(10) 山口（2005）、八〇頁参照。

(11) この感情と衝動の領野について、稲垣諭は、「感性的感情が関係をもつのはただ、その自己展開と一体になった感性的ヒュレーである。自我はこの感情の自己展開のうちでのみヒュレー的体験を感触し、それに、触発されることが可能になる。受動的綜合である感性的な「触発野（Affektionsfeld）」は、感覚が感情と一体になることによって形成されている」（稲垣諭『衝動の現象学』知泉書館、二〇〇七年、一五四頁参照）と述べている。稲垣は、フッサールの晩年のテキスト（E草稿）に即して、感覚と感情が一体となってヒュレー的な体験に成るという重要な指摘をしている（この点は、第二部の神経現象学の考察においても重要な見解となる）が、ここでは差し当たり、感情よりも感覚与件に焦点を絞って考察する。

(12) 山口（2005）、二八六頁参照。

(13) ここでフッサールが言及している本能ということについて、ホーレンシュタインと山口は、それは心理学的なものではなく、超越論的な本能として超越論的目的論の根本概念という超越論的発生の問題に関わるものであり、心理学的に指摘される本能は、超越論的に構成された形成体であるとして、区別せねばならないということをフッサールの未刊草稿（E草稿）を用いて、注意を促している（vgl. Holenstein (1972), S. 323. 山口（1985）、一〇八頁参照）。

(14) 山口（2005）、二五四頁参照。ここで言及される「欠損の現象」については、同書二九二頁を参照のこと。

(15) 山口（2005）、一八二―一八五頁参照。

(16) Vgl. Holenstein (1972), S. 323. ここでのホーレンシュタインの「触発の「連合」の原理としての本能の問題」という言及は、フッサールの後期テキストである『C草稿』における、衝動と本能についての草稿群に、同様の文言が見られる（vgl. HMatVIII, S. 196, Anm. 1）。

(17) Cf. Franck, D., *Dramatique des phénomènes*. Press. Universitaires de France, 2001. p. 68（ディディエ・フランク『現象学を超えて』本郷均・米虫正巳・河合孝昭・久保田淳訳、萌書房、二〇〇三年。七一頁参照）。

（18） Cf. Franck (2001), p. 120（邦訳一三〇頁参照）。

（19） このことについて山口は、「ある特定の、すでに差異化を経ている衝動志向性の充実は、衝動志向性の空虚表象とヒュレー的な位相内実との間の原触発的 - 連合的覚起を意味します。生き生きとした現在における原印象と原過去把持との間に同時に生じる内容に関する融合は、ある特定の衝動志向性の特定の内容の充実であり、同時にそれは、生き生きとした現在の流れが「留まる」ことを意味するのです。そして、内容上、同一の内容が継起することが、ある特定の時間内容の「持続」を意味し、融合による内容の変化が、時間の流れの内容の変化、変転であり、まさに、時間内容の「流れ」を形成します」（山口（2005）、三〇六頁参照）と述べており、明確に衝動志向性の役割を指摘している。

第Ⅱ部　ヴァレラによる時間意識の神経現象学

第四章　認知科学とヴァレラの神経現象学

第Ⅱ部において我々は、第Ⅰ部におけるフッサール現象学の時間意識論の諸考察を基礎として、科学的な諸研究における意識の諸問題を考察する。ここで主要な課題となるのは、ヴァレラの「神経現象学（Neuro-phenomenology）」を研究することである(1)。ヴァレラは認知科学や脳神経科学の研究者であるが、意識における具体的な経験の質を研究する際、フッサール現象学における方法論の重要性を指摘し、実際にそれを用いて研究を行っている。特にヴァレラは、「時間性へのアプローチは、私がかつて神経現象学と呼んだ一般的な研究方針の事例研究である(2)」と述べており、時間意識の問題を取り上げているのである。我々がすでに第Ⅰ部で考察したように、意識の構成プロセスは、本質的に時間性を伴っていると理解されるのだが、そこで彼は同様に、「時間性は全ての経験と不可分である(3)」と述べており、意識経験を科学的に分析する際にこの点を重要視する。したがって第Ⅱ部では、認知科学とフッサール現象学の時間意識論の関係を考察することで、意識の力動性をさらに深く研究することとなる。また、認知科学や脳神経科学とフッサール現象学とを突き合わせたヴァレラの神経現象学的な研究は、実際の科学的な研究とその成果に対する哲学的な理解を深め、学際的な研究を推し進めるための重要なモデルケースになると考えられる。このことは領域を超えた研究分野のコラボレーションに関する方法論の問題も含意しており、この点も並行して考察をすることとする。

以上のことについて我々は、まず第四章において、ヴァレラの「神経現象学」の内実を理解するために、その下地としての認知科学の概要を確認し、彼が認知科学的な研究に対して現象学を求めた経緯を確認する。ヴァレラが現象学を求めた理由を端的に言えば、デイビット・J・チャーマーズの「意識のハード・プロブレム（hard problem of consciousness）」の克服にある。このような認知科学的な諸研究の中で生じる様々な難問は、科学における技術的な問題だけでなく、認識論的な問題や存在論的な問題を含んでいる。したがって、その哲学的な内実を理解することなく、ヴァレラが現象学を求めた理由を理解することはできないだろう。

ヴァレラの神経現象学の内実を確認した上で、第五章では、認知科学と現象学がいかにして協働的な研究を遂行することができるのか、という点について吟味する。ヴァレラは、認知科学の側から現象学を用いることの利点を強調し、それがそれぞれの領域における相互発展に寄与すると述べるが、現象学の側から認知科学を用いることの利点と正当性は、未だ明確ではない。特に、実在措定をエポケーした上で考察が展開される現象学にとって、自然主義的な、科学的な領域や、それが呈示する成果を素朴に取り扱うことはできないのである。したがって我々は、現象学における自然主義ないし自然科学への態度を考察し、自然主義的態度において捉えられているものの領域存在を確定し、それをどのように現象学的に扱うべきかを考察する。これにより、ヴァレラが晩年に意図した「現象学の自然化（naturalizing Phenomenology）」(4)の内実を理解することになるだろう。

以上のように第四章と第五章の議論を基盤にして、我々は、第Ⅱ部の最終章である第六章で、時間意識の問題を神経現象学的なアプローチから考察することとなる。ヴァレラはフッサールの時間意識論において重要な概念である過去把持と未来予持という特有な志向性について、具体的な認知の経験と脳神経系のダイナミクスの関連を考察している。その試みは、時間意識の作動と非線形的な力学とが相応するものとして理解し得る可能性を呈示していると言える。このようなヴァレラの考察から、時間意識の問題は、認知科学と現象学における協同研究における一つの契機となっており、ヴァレラの研究の成果は、両者の更なる発展と展開を導くものとして見出されることになる。

以上のような第Ⅱ部における考察の中で、この第四章第一節は、認知科学とはいかなるものか、ということについて理解するための導入となる。ここでの考察は、認知科学に関連する様々な方法論の幾つかを考察し、最後にヴァレラの拠って立つ認知観を確認する。そして続く第二節では、ヴァレラが認知科学的な研究の中で分化させた思想的な立場を確認し、彼によるそれぞれの思想的な立場への批判を考察する。このことによって、ヴァレラが現象学という方法の重要性を見出していることに対する理由を、我々は理解することができるだろう。そして本章の最終節において、ヴァレラが認知科学の諸問題に「救済策」を要した理由、すなわち神経現象学という新たな立場を必要とした理由を考察する。これらの考察から、我々は現象学が認知科学に対していかなる寄与をもたらすのかを明確にすることになるだろう。

第一節　認知科学の方法論

ヴァレラは、意識に対する科学的な研究を行う際に、神経現象学という「方法」を用いるべきであると考えている。ヴァレラの言う神経現象学とは、意識に対する科学的な外面的説明（認知科学）と人間的な経験の一人称的説明（現象学）の相互補足関係によって認識の問題の解明に至ろうとする「方法論」である。それはまた、現代の認知科学を人間的な経験へと結びつける探究姿勢の表現でもある。この方法論をヴァレラは、チャーマーズの「意識のハード・プロブレム」という課題[5]に対する「救済策」となるべく提唱したものである、と述べている[6]。このことについて我々は、ヴァレラの神経現象学的な研究の柱となる幾つかの重要なアプローチを理解するために、まず本節において認知科学の基本的な研究方針を確認する。まずは、（1）計算主義（computationalism）と結合主義（connectionism）という脳神経科学の基本的な考え方と理解について確認する。これらは、脳生理学的な研究とともに、脳神経系の活動をモデル化するという方法を用いて、意識現象の解明を試みる、というものである。次に、（2）「アフォーダンス（affordance）」という、生態心理学からのアプローチを考察する。このアプローチは、生物と環境の関わり合いの中で、特に環境の側から生物の行動がいかに導かれるのか、という問題を中心課題とした研究である。そして、（3）それら二つの研究の、言わば中道を行くような新たな認知科学の研究方針として、「イナクション（enaction）」というアプローチを考察する。このアプローチは、まさにヴァレラが提唱したアプローチであり、脳神経系と環境の双方を繋ぐ媒体としての「身体」に重きを置いて、それら全体で作動する大きなシステムであると理解し、研究するものである。その要点は、このようなイナクションの観点から理解される神経系、環境、身体運動というそれぞれのシステムの連動が、「カップリング（coupling）」という力学的な原理から理解される、というものである。そのようなシステム間のカップリングは、その接合が生じた際に、新たなシステムを創発すると言われるのだが、（4）このことが認知という意識を新たなシステムの生成として見出し得る可能性を呈示する。我々は、以上のような認知科学の基本的な方法論や認知観を確認し、神経現象学が着想された経緯を考察する。

（1）　計算主義と結合主義

意識のハード・プロブレムという問いは、物質（神経細胞）の電気的・化学的反応の集合体である脳神経系から、どのようにして「意識」が生じるのか、というものである。この問いにおける主な課題は、「物理的な刺激である電気信号と感覚質の関係」、そして「特定の感覚質から様々な表象が生じる仕組み」の解明にある。特に後者の課題は、茂木健一郎によれば、「ノーベル賞一〇〇個分位の難しさ」[7]があり、一般にクオリア（感覚質）問題とも呼ばれている。その問題は、被験者の内観的な経験に立ち戻り、それに外面的な説明を加えるという作業において生じるものである。例えば、我々が赤を感覚した際、その時に我々の意識に何らかの表象が現れる。それは、ポストやリンゴであったり、あるいは全く関係ないように思える「ド」という音の表象であったりする。[8]ここで観測された感覚と表象との関係が、いかにして（因果的に）連続するのか、ということを明らかにすることが、認知科学の目標とされている。しかしながら、このような感覚刺激 - 表象という図式の持つ解明の困難さは、伝統的に、哲学や心理学においてもある。[9]つまり認知科学は、意識ないし心的な現象、すなわち、知覚や想像などの意識を分析する際に、すでに大きな困難を孕んでいるのである。

とは言え、それでも感覚刺激と表象の関係がどのような仕組みによって生じるのかという問題は、自然主義において脳の問題へと還元される。この考え方において、伝統的な、認識論的な問題は、一九五〇年代以降から急速に進歩する人工知能研究と相俟って、自然科学における研究対象となり、新たな活路として受け入れられることになる。[10]こうした方向へと進路を取った認知科学による感覚 - 表象関係の解明への取り組みにおいて、指針となる代表的な方法は、（古典的）計算主義と結合主義（コネクショニズム）という考え方と理解である。[11]ここで我々は、認知科学的な研究を支える二つの考え方と理解について、確認しよう。

上で挙げた例のように、何らかのセンス・データ（例えば赤色という視覚）について、脳のある部位が反応すると、それに対応するように何らかの認知（赤色という意味やそれに関する何らかの表象、知覚、思考）が生じる。その際、その部位における神経細胞群の反応は、刺激と反応に関する一つのまとまりとして、一個の単位として規定することができる。この単位化されたものは、その刺激‐反応の中である一定の機能を持っていて、「モジュール」と呼ばれる。認知科学ないし神経科学は、特定の感覚刺激が特定のモジュールに反応した際に、特定の認知が生じるという観測結果を根拠にして、それらの関係を帰結する。つまり、認知的な経験と脳神経のモジュールを結びつけ、等価なものとすることで、意識の経験が脳神経的な反応によるものと説明するのである。これが認知科学研究の前提であるが、ここで帰結された前提に対して、認知科学は計算主義と結合主義という二つの考え方を生み出すことになる。

計算主義と結合主義は、両者ともに心的な表象から出発する（表象主義[12]）が、その表象がいかにして形成されるか、という点で見解が異なっている[13]。計算主義は、コンピューターをモデルとした考え方であり、それによると心的な表象は、全て構文論的な構造（ある一定の要素がある一定の構成規則によって結合された構造、例えば主語と述語の関係）を持つと考える。例えば、「トマトは赤い」という文を考えると、その文は「トマト」と「赤い」という主語と述語に分解される。また他方では、「リンゴは赤い」という文も同様に分解される。その際、分解されたものを主語と述語のカテゴリーに分け、それらをカテゴリーに沿って組み合わせれば、「トマトとリンゴは赤い」という文を造り上げることができる。非常に単純な例であるが、しかしながら結局のところ、計算主義は心的な表象の構文論的な構造における構成について、実際に心に生じる表象を脳神経系が論理的な構文構造と同様な操作を行って構成すると看做しているのである[14]。

それに対して結合主義は、脳におけるニューロン群（神経ネットワーク）の働き方をモデルとした考え方である。その働き方は、例えばあるニューロン群の興奮パターンがシナプスを介して別のニューロン群に伝えられる、というものがその典型である。そうしたニューロン群を観測すると、ニューロン群は、単に固定的かつ分化的な、各部分のニューロン群の形式的なパターン（構文論的な構造）を持つのではなく、諸ニューロン群の非形式的で全体的な変形過程を次々に遂行しているということが見て取れる。結合主義は、こうしたニューロン群の働き方から心的な表象が生み出されると看做すのである[15]。つまり、あるニューロン群を一つのユニットと考え、そのユニットに何らかの表象が対応し、またユニット間の興奮の度合いと繋がり方、伝播の仕方によって出力としての表象が変化すると看做すのである。

ここでのユニット間の結合によって生じる表象は、それぞれのユニット全体の重ね合わせとして観測される。結合主義は、各ニューロン群のユニット全体による大域的な働きの中で表象が生じると考えるのだが、その表象の出現は、信原幸弘によると、「対象や性質が表象全体に分散して表され、それらの重ね合わせにより、複合的な内容が表象される[16]」という。このことは、計算主義のように「トマト」や「赤い」というそれぞれに部分的で独立なユニットがあり、それらの構文論的な分離・結合という構造として生じているような考え方とは相応しない。なぜなら、そのような部分的なユニットが個別に局在する場所は確認できず、その論理的な規則を中央集権的に処理する装置を担うニューロン群は、あまりにも広域的な範囲に分布しているからである。したがって、脳神経系における興奮パターンの伝播が、固定的な、構造的な仕組みを持っていないことから、表象の出現は、計算主義的な仕組みとは別のものであると考えられるのである。

こうした複合的な表象が生じる際に重要なことは、感覚 - 反応（表象）間に学習過程が加わって発展していく点と、複数のニューロン群による並列分散処理という点である。例えば我々は、人の顔を識別する際、見間違うということが多々ある。それは、結合主義的に言えば、視覚的な情報（感覚刺激）の入力に対して、表象される顔が「誤る」からであると言える。そしてこの誤りは誤りのまま留まるわけではなく、視覚情報の増強や、誤認に対する反省などといった学習を通じて微調整される。またそうした経験に関わるニューロン群は、脳の様々な部位において同時的に反応し、処理される。つまり、結合主義における感覚と表象の関係は、単なる因果関係や論理的な規則ではなく、経験的な学習や分散的な多並行処理によって変化する「結合の重み」[17]、すなわちユニット間の興奮を伝達する際の頻度や強さ、そして複雑さに依存していると理解されるのである。ここで理解される脳神経系の挙動は、計算主義的な記号操作のアプローチとは全く異なり、単なる局在的なニューロン群のユニット間の結合といった、部分‐全体関係によって表象が構成されるのではないということを示している。脳神経系において実際に見出されるのは、大量のニューロンが相互に連結し、しかもそのニューロン群の連結が経験の結果にも相応して、結合に変化をもたらしながら重みをもって複雑に絡まり合うという事態である。このことが、様々な表象の構成における「創発する（emergent）特性[18]」である。

　この創発特性とは、例えば化学振動（ベロウソフ・ジャボチンスキー反応）や、渦巻き運動[19]、集団遺伝学、免疫ネットワークなど様々な領域で見出されるが、これらの現象に共通するのは、ある一定の集団を形成する個々の要素がネットワークを形成し、そのことから新たな特性が生じる、という点である。例えば、先に挙げたニューロン群における学習は、各ニューロンがシナプスによって複雑に結合することによって、単に情報処理速度が上がるだけでなく、その結合の中で処理された情報が再入力（フィードバック）されるという新たな能力が生じることで、個々のニューロンだけでは生じえないネットワークシステム自体による学習や修正という現象をもたらしている。[20] このことはつまり、上でも述べたように、単純な諸要素が稠密で、かつ互いに動的に連結することで自ずと組織化し、システムとして全体的なパターンをシステム内へ新たに配置するというネットワーク形成の創発であると考えられる。しかしながら、動的に連結して自己組織化する創発とはいかなることなのか。差し当たって単純に言えば、この自己組織化におけるパターンの創発の仕組みを捉えるには、個々の要素が相互作用し合っている様子を記述すれば、その時間発展と規則性を捉えることができるだろう。そこで、そうした相互作用を記述する上で有効な方法の一つとして挙げられるのは、力学系理論の「アトラクター（attractor）」[21] という考え方である。我々はこの考え方から、創発特性を示すモデルを確認する。

例えば、「セルオートマトン（cellular automaton）」という離散的な計算モデルがある。[22] それは、有限種類の状態を持つセル（細胞のような単位）によって構成され、離散的な時間で個々のセルの状態が変化するというものである。セルは両隣のセルから互いに状態をインプットし合い、事前に設定された「規則」（一般に何らかの数学的関数）に従って、初期状態でのそのセルおよび近傍のセルの状態から互いに影響を及ぼし合い、自らの状態を連続的に決定する（このセルオートマトンモデルにおいて、セルの状態を更新する規則は一般にどのセルでも同一であり、途中で変更されない。そしてその規則は並んでいる全セルに同時に適用される）。その変化は以下のものである。まず、ある時刻 t におけるセルの状態、および近傍のセルの内部状態によって、次の時刻 $t+1$ での各セルの状態が決定される。すると、それらのセルは世代を重ねるごとに何らかのパターンを持って現れるようになる（このパターンは一定の模様であったり、断続的な運動であったり様々である）。[23] このパターン形成は、最初の規則、すなわち初期条件において展開が全て決定される。だが、その規則の内容や初期条件が少しでも異なると、まったく別のパターンが出現するか、あるいはパターン自体が出現しない、ということがあり得る（このことは、この系がカオス性を有することを意味している[24]。こうした複数個の単純な規則を持つセルが協同して形成したパターンを時間変遷の中で維持している状態がアトラクターという現象なのである。そしてこの現象こそが、それらのセル自身において一定のシステムを組織するということに相応するのである（この現象を記述する計算モデルは、結合主義における脳神経系の場合に特別に現れるというのではなく、数学、物理学において、微小構造のモデリングの際に利用され、そうしたセルの動きは、生命現象、結晶の成長、乱流といった複雑な自然現象を模した結果を与えており、一般的なものと考えられている）。

このように、アトラクトされて生じるパターン、すなわちシステムの自己組織化という創発特性は、認知現象における様々な説明レベルと関連する。あるシステマティックなニューロン群の連結は、先に挙げた見間違いを修正する学習の例のように、経験に依存して神経システムのネットワークの変化が生じ、そのネットワークの応答性とその正解ないし不正解の結果の差異を小さくするようにシステムを調整している。ここには連合的な記憶やカテゴリー的な一般化を、アトラクターのような作業モデルで理解できる可能性があると思われる。つまり、既存のシステムに経験に応じた新しい状態が合成されることで、システムの変化、予料的な選択や模倣的な学習の仕組みを理解する可能性が生じると考えられ得るのである[25]。このことから、単なる表象の出力の仕組みのみを示す計算主義より、このようなニューロン群におけるシステムの作動によって新たなパターンを創発するという結合主義的な考え方は、人間の認知の事実により相応したものと考え得るのである。

では、心的な表象は計算主義的な処理なのか、それとも結合主義的な処理なのか、という問題において、信原は、「脳はもっぱらコネクショニストシステムと見るのが自然ではなかろうか。そうだとすれば、脳によって実現されるのは構文論的構造をもたない心的状態のみであり、そのような構造をもつ心的状態は脳とはべつのところ、すなわち身体や環境において実現されるということになろう」[26]と述べる。つまり信原によると、計算主義的な表象は心において確かに生じるが、しかしそれを出現させるのは、脳の他に、環境と身体という別のシステムの関与が必要になるということである。この環境を考慮した認知科学のアプローチに、ジェームズ・J・ギブソンによる「アフォーダンス」理論という生態学的なアプローチがあり[27]、それは「環境主義」と呼ばれる。また、身体を考慮したアプローチは、ヴァレラに代表される「イナクション」[28]、すなわち身体的な行為の中で認知が生じると考える立場がある。我々は、続けてこの二つの認知科学的な研究のアプローチを確認する。

(2) アフォーダンス

以上のように、認知科学の中心理論である計算主義と結合主義は、感覚刺激から表象へと至る認知の過程について脳においていかなる構成的な処理が行われているのか、という問題を扱うものであった。脳は周囲の状況ないし環境における情報を感覚的に受容した際、その情報を処理し、加工した結果を、ある意味を持った表象として出力するシステムであると看做し得る。このように環境から脳に提供される刺激ないし情報を、脳の加工によってはじめて意味を持つものになるという考え方がある一方で、この環境における情報それ自体が意味を持っているという考え方がある。それがギブソンの『生態学的視覚論』における「アフォーダンス」という概念である。

アフォーダンスとは、ギブソンによる造語で、「afford（～を提供する、与える）」という動詞を名詞化したものであり、それは、「動物にとっての環境の性質」[29]であると言われる。ギブソンの『生態学的視覚論』におけるアフォーダンスの定義は、「環境のアフォーダンスとは、環境が動物に提供する（offers）、良いものであれ悪いものであれ、用意したり備えたりする（provide or furnish）ものである」[30]。つまり、動物が行動する上で、その行動が生じる環境側の要因となる「環境の中に実在する、知覚者にとって価値のある情報」[31]がアフォーダンスなのである。

ギブソンはアフォーダンスについて、例えば「もしも陸地の表面がほぼ水平（傾斜しておらず）で、平坦（凹凸がなく）で、十分な広がり（動物の大きさに対して）をもっていて、その材質が堅い（動物の体重に比して）ならば、その表面は支える（support）ことをアフォードする」[32]と述べている。このことは、環境の側が行為を遂行するための必要な条件を備えているということである。つまり行為者を支える表面は、その上に立つことを可能にし、四足動物や二足動物に直立の姿勢を取ることを可能にする。そしてさらには、歩くことや走ることの可能性も提供しているのである。このような平面という環境が様々な条件をアフォードするが、その表面に「硬さ」という条件がない場合、例えば湖や沼などの水面であれば、立つことや歩くことの可能性は生じない。つまり、支えるというアフォーダンスがあってはじめて、「歩く」や「走る」という行為が生じるのであって、このことからすれば、行為は環境に依存していると言い得るだろう。したがって、行為を支える条件は環境の側が常に提供しているというのが、アフォーダンス理論の要点となる。

アフォーダンス理論では、刺激 - 反応図式のように特定の刺激が特定の行為を引き起こすと考えるのではなく、環境が提供する情報を知覚者ないし行為者が探索し、発見することによってその行為と特徴が生じると考える[33]。しかしながらギブソンによると、アフォーダンスという環境における情報は、行為者と環境の関係の取り方、すなわち「見つけた」、「見つけない」にかかわらず、そのつど出現したり、消失したりするものではないという。彼は、「無限の可能性をもつ全体としての環境が、動物に先んじて存在する……地球の面の物理的、化学的、気象学的、地質学的条件ならびに植物の生存が、動物の生活を可能にしているのである」[34]と主張する。そのことから、ギブソンはアフォーダンスが行為者の主観的な価値判断によって変化するものではないとし、アフォードする諸契機が常に環境の中に予め実在することを強調するのである。この観点において、アフォーダンスは「エコロジカル・リアリズム（生態学的実在論）」[35]と呼ばれることもある。したがってアフォーダンスは、環境の実在と客観性を重視した観点であり、素朴な唯物論とも言い得るだろう。だが他方でギブソンは、「アフォーダンスは、主観的‐客観的の二分法の範囲を超えており、二分法の不適切さをわれわれに理解させる助けになる」[36]とも述べている。この言及は、アフォーダンスという観点が客観的な実在のみを示すのではなく、主観的な契機も包含しているということを示唆している。では、アフォーダンス理論は、一体いかなる意味で主観を考慮し、かつ主観と客観の二分法を超え得るのか。

知覚者ないし行為者は、環境がアフォードするものを認識し、そしてそれに適応するために、ある程度の時間、すなわち「環境との交渉の経験」という過程を必要とする。例えば、乗ったら崩れそうな吊り橋や、そのまま進んでもすり抜けられそうな隙間など、知覚者の予測が実際の認識や行為に相応するかどうかは、たとえ環境の側に知覚や行為が成立する条件、例えば五〇キロ・グラムなら渡れる、五〇センチ・メートルなら通れるなどの条件が予め用意されていると言っても、実際に知覚者がその条件を発見するには、その環境に触れることを必要とする。そしてその触れることにより、知覚者の側の経験が変化し、体重を減らす、侵入角度を変えるなどの行為を成立させるための工夫が導かれる。逆に言えば、そのような工夫がなくては、環境のアフォードをそれとして受け取り、行為することは困難である。そこで、環境との交渉下にある知覚者は、アフォーダンスに対して自らの知覚や身体を用いて環境の特定をする。これはつまり環境の情報を抽出するということであり、この情報の抽出によって、我々はアフォーダンスの「不変項（invariant）[37]」を獲得することになる。
ここでギブソンは、知覚者によるこの不変項の指定が環境と知覚者の両方をともに指示することになると考える。例えば肩が凝って腕を回すといった場合、肘を曲げたまま回すか、伸ばしたまま回すか、どのくらいの速さで回すかなど、行為の可能性は周囲の人や物の配置によって誘導される。そのとき知覚者は、行為を誘導する環境の情報とともに、身体の情報、すなわち腕の可動域や凝りを和らげるための回し方という運動のバリエーションも同時に「気づいている（aware）[38]」。つまりここでは、この身体的な行為の気づきにおいて、「環境の効用を特定する情報が、観察者自身、その身体、脚、手、そして口を特定する情報によって伴われている[39]」のである。このことから、環境を捕捉することと、その環境に対する人間（動物）の関係を捕捉することは、不可分のことであるとギブソンは考える[40]。したがってギブソンは、これら環境と人間の相関関係において、アフォーダンス理論が「精神物理学的二元論、つまり意識と物質を別々の領域に分けることを意味しているわけではまったくない」と強調するのである[41]。

以上のことから、アフォーダンス理論は単に生態学的な実在を強調するだけではなく、それと対になる知覚も同時に考慮する必要性を示唆している。特にギブソンは知覚について、知覚者を包囲するアフォーダンスが行為や運動の集合ないし連続と接触することの中で、はじめて知覚が生じると考える。これについて佐々木正人は、「知覚とは、行為という異なるものの群が、環境に毎回異なる意味を発見することなのである[42]」と述べている。つまり、知覚するということは、アフォーダンスと行為を担う動く身体が相互的に必要なのだと考えられる。また佐々木は、この身体的な運動と環境との相互性について、「運動のシステムは環境に固有な変化と区切り目なしにつながっている……生きている限り動物の運動と環境の間には境界がない[43]」として、ギブソンのアフォーダンス理論における精神物理的二分法の否定に同調しているのである。だが、互いに異なったシステムであるはずの環境と身体の運動が切れ目なく繋がっているというのは、いかなることなのか。この繋がり方について、ギブソンはアフォーダンス理論の中で明らかにしているわけではない[44]。彼の研究の多くは、具体的な光学的視覚経験の詳細な観察であり、その中で環境と行為の連動を明確に指摘している点は重要だが、環境と身体という異なるシステム間の接合自体に考察が展開されているわけではない。したがって我々は、これら二つのシステム間の接合、すなわちカップリングという事態に考察を向けたイナクションという考え方と、それに伴って展開される現在の認知科学における力学的な認知観を確認することとする。

(3)　イナクション

以上のことから、アフォーダンス理論は、心的な知覚や表象について、計算主義や結合主義ではあまり注目されない「環境」と「身体の運動」という異なる要件を浮き彫りにした。ここで我々はさらに、環境の側に属するアフォーダンス理論とはまた異なる視点として、身体の側からの認知科学のアプローチであるヴァレラのイナクションという考え方を考察する。ヴァレラによると、イナクションとは認知を「身体化された行為（embodied action）[45]」として捉える見方である。この見方は、これまでの認知科学の様々な歩みにおいて、計算主義的な情報処理や結合主義的な創発といった諸問題を抱える脳神経系の活動と実際に経験される認知や行為の関係を記述するために、ヴァレラが新たなアプローチとして提唱したものである。我々は、ヴァレラの提唱する「イナクティブ（enactive）」という考え方がいかなるものであるのかを考察し、それが神経現象学における探求プログラムの核になっていることを確認する。

ヴァレラは、認知科学の古典的な形式である計算主義的なアプローチが結合主義的な創発特性に「包摂」されるとし、「そこでは根底にある分散システムに究極的に埋め込まれている特性を高レベルで説明するものとして記号が捉えられる[46]」と述べている。この見解は、先に引用した信原の見解と同様であり、「この特殊化された形式〔記号計算〕を、(それが埋め込まれているより大きな系を無視することによって)自立性という高度のものを有することとして扱うことは可能であるにせよ、それにもかかわらず、認知の研究は、認知プロセスの数多的なネットワークから成り立っているもの、恐らくそれぞれが独自の明瞭な領域(domain)で成り立っているものを、系に含むだろう[47]」とヴァレラは考える。つまり、認知を考える際には、計算主義的な記号処理の仕組だけでなく、それを包摂する大きなシステム、すなわちこれまで見たような脳神経系の創発や、または環境システムのアフォーダンスを考慮する必要がある。では、高次の認知が神経系や環境という異なる領域を持った様々なシステムによって成立するのであれば、高次的な認知の背景に存在するこれらの諸システムは、どのようにして認知を生み出すのか。

ここで我々は、これまで見てきた表象主義(計算主義にしろ、結合主義にしろ、脳神経系の感覚‐表象図式の考え方)と環境主義(生態論的な実在におけるアフォーダンスという考え方)を基にして、どちらの立場からの研究を進めるのが良いかを考えてみよう。両立場の基本姿勢について、ヴァレラは次のようにまとめている。

表象主義　「認知システムは、それ自身の世界を投影し、そしてこの世界の見かけの実在性は、たんにシステムの内的な法則という反映に過ぎない[48]」

環境主義　「世界は、外のそこに(out there)諸特性を予め与えている。それらの特性は、認知システムに形が与えられるといったイメージに対して優先的に存在する〔のだから〕、認知システムの課題は、諸特性を適切に回復することである（諸記号をつうじてであろうが、大域的な準記号的な諸状態（subsymbolic states）をつうじてであろうが）[49]」

端的に言って、前者が観念論的な発想であり、後者が実在論的な発想であるとも言い得るだろう。両者は認知科学において、認知が世界を「投影すること」と考えるか、それとも世界を適切に「回復すること」と考えるか、という二つの立場に別れ、どちらも一理あるように見える。しかしながらこれら二つの立場について、ヴァレラは、「色は、知覚、認知能力から独立的に「外のそこに」あるのではない……色は、われわれを取り囲む生物学的な世界ないし文化的な世界から独立に「内のここ」にあるのではない[50]」と述べている。例えばここで取り上げられたように、色について考える場合、最も客観的な見解を採ったとしても、色に伴う主観的で経験的な「質」が何であるかという問題を残してしまう。そして反対に、色の説明に対し最も主観的な見解を採ったとしても、客観的な生物学的な特質（網膜や錐体細胞など）や、文化的な意味（虹が三色に見えるのか七色に見えるのかなど）を無視することはできない。したがってヴァレラは、どちらか一方を重視した極端な立場を取ることは、卵が先か鶏が先かという議論に陥るとし、それらの「中道（middle way）[51]」を取ろうとする。この中道ということについて、ヴァレラは、「鶏と卵、世界と知覚者がお互いに規定し合う明白なポイント[52]」として、身体化された行為という道（見解）を新たに指摘している。

では、この身体化された行為とは何か。これについてヴァレラは二つの点を強調して説明する。それは、「一つには、様々な感覚運動能力とともに身体を持っているということから成立する、経験の性質に依存するということ、そして二つには、それらの個別的な感覚運動能力が、それら自体でより包括している生物学的な、心理学的な、そして文化的な文脈に埋め込まれていること[53]」である。つまり行為には、感覚と運動のプロセスが伴っており、それらのプロセスが様々な認知の際に不可分に結びついているということである。このことから、身体における感覚運動能力、すなわち「神経系が感覚の面と運動の面を結びつける仕方[54]」によって行為が成立し、またそれが認知の根源であるとヴァレラは考えるのである。例えば以下のような実験がある。ネコを暗闇の中で光を与えず飼育し、ある一定の条件下で光の下に出した際に、運動を自由にしたグループと制限したグループに分けて、同一の視覚情報を与える。その数週間後に両グループのネコを開放すると、運動を制限した方のネコが物にぶつかったり、縁から落ちたりするなど、目が見えていないような振る舞いをする。このことは、特に「奥行」に関する視覚が生じていないと考えられる。この実験から窺えるのは、「物が見える」とは、単に情報を視覚的に抽出するだけではそれが視覚として成立しないということである[55]。ヴァレラはこの研究について、視覚情報が運動を導くのではなく、むしろ運動から視覚を導くという点で特筆に値すると考えている[56]。このことについては他に、視覚障害者が杖を動かすことによって空間的な視覚情報を得ているということからも例証し得るだろう。以上の観点からすれば、心（認知）と世界は、ともに行為（感覚運動）から生じてくるということになるのである。

　すると、認知構造とは「行為が知覚的に導かれることを可能にする再帰的な感覚運動パターンから創発される[57]」ものであると考えられる。これらのことをヴァレラはイナクションと称するのである。したがって以上の要件から、イナクションという語の意味は、有機体の持つ身体の感覚系と運動系の法則的な関連によって構成される行為が認知を産出する、と理解することができるだろう。つまりヴァレラは、脳神経システム（表象主義）と環境システム（環境主義）が接触する点、まさに感覚受容器官を備えた身体という両システム間にあるもの、言わば接続部分ないし媒体としての身体に注意を向けているのである。しかもこの観点は、両システムの接合の契機を身体システムの「感覚」と「運動（ないし行為）」から見て取ることによって、前者から主観的な身体の具体的な記述における不変項の抽出と、後者から客観的なシステム間の接合と組織化を記述するための力学的な道具立てを用いることを可能にすると考えられる。この発想こそが、ヴァレラの神経現象学の骨子なのである。このような両面からの材料を認知科学的な研究で取り扱うことを可能にするというイナクティブな研究アプローチがどのようなものであるかについて、我々は以下の節で確認することとし、ここでは一旦保留して本節をまとめることとしよう。

（4）力学的認知観——システム間のカップリング

ヴァレラはこのイナクションというアイディアを、メルロ＝ポンティが先駆者であるとして、彼の以下の言及に注目する。それは、「有機体の受容するすべての刺戟作用は、それはそれで、有機体がまず身を動かし、その運動の結果、受容器官が外的影響にさらされることによってのみ可能だったのであるから、〈行動〉があらゆる刺戟作用の第一原因だと言うこともできるであろう。（改行）このようにして刺戟のゲシュタルトは有機体そのものによって、つまり有機体が自らを外の作用に差し出す固有の仕方によって、創造されるのである。もちろん有機体が存続するためには、有機体は、自分の周囲でいくらかの物理的または化学的動因に出会わなくてはならない」[58]という洞察である。そしてメルロ＝ポンティ自身も、ゴールドシュタインの有機体構成論における「環境は、有機体の存在をつうじて世界から次第に姿を現す」[59]という言及から、有機体がまさに環境を環境として創始すると同時に、それによって自らを形成するという二重の作動を持っているということを指摘している[60]。つまり、異なった二つのシステムが、その接続において、両システムの往復的な相互特定と相互選択という複雑な作動を生じ、互いの差異を際立たせる（環境と有機体の両方が互いに内と外を区切る）と同時に、両者の相関関係を成立させるのである。だが、両者の相関関係はどのようにして生じるのか。

すでに見てきたように、結合主義の議論は、アトラクターやカオス理論など、認知に関する神経系を力学系（特に複雑系）として扱ってきた。それはある一定のシステム内の力学的な仕組みに対する数学的な考察でもあった。しかしこのイナクションの議論では、ヴァレラやメルロ＝ポンティが指摘しているシステム間相互の力学的な仕組み、すなわち創発に関する力学系理論としてのカップリングという現象が主題となる。これまで見てきたように、脳神経系、身体、環境というそれぞれの力学系によって成立している一大システムが「認知」を成立させているのであるとするならば、それらの接合に関わるこのカップリングの定義こそ、確認すべき重要な観点である。これについて我々は、異なるシステムの「接触」という状態を示す「カップリング」という現象を考察することで、このような創発が生じる際の力学的な仕組みを理解し、創発に関する力学的な展望を得るための道具立てを手に入れることとなるだろう。

ここで改めて確認すべきことは、創発やカップリングを述べる際の「力学系」[61]という言葉の意味である。ここで言われる「力学系」とは、dynamical system のことであり、これは系が時間とともに変化するという特徴を持つ。このような系が相手の系の変数に時間とともに影響を与える場合、それらの系はカップリングしていると言い得る[62]。例えば、容器に入った流体を加熱したとき、容器の上部と下部の温度差が一定の値（臨界）を超えると、流体は上下方向に渦巻き状の運動を見せる。この場合、影響している変数は温度ということになる[63]。つまりここでは、上部の流体と下部の流体のカップリングが生じているということになる。

そしてもう一つ注意を向けるべき要点がある。それは、カップリングが成立する契機として、「動いている」という点である。「時間」や「変数」という言葉から容易に知られることではあるが、カップリングするということは、システム自体が作動しているということはもちろん、そのシステムの動因となるような、異なるシステムと「動きつつ出会う」必要があるということである。上で引用したメルロ＝ポンティの言及においても、この「出会う」ということが重要視されており、それがシステムにとって受動的であれ、能動的であれ、そこで接触が生じることにより、「動因」という契機が力学系のカップリングを促すこととなる。したがって、システムの「動き」ないし「運動」は、カップリングの重要な要件として外せないものなのである。

したがって、カップリングしている二つの系（あるいはそれ以上の複数の系）は、極めて緊密な相互関係を生じることとなる。それゆえ、その連動を巨視的に見て、単一の系と看做すことも可能である。この観点は、表象主義や環境主義のように認知主体の内部的な表象とその外部的な環境を身体を境目にして最初から別れたものと考えることとは異なっている。脳神経系、身体、環境を一つの系と看做すことができるのであれば、それらを別々のものとする考え方、すなわちそれらを個別的に特定する表象は、それらの複合的な系の連動を基盤にした上に生じてきたものであると考えることができるだろう。

このように、独立的なシステムが先か、非独立的な諸システムの連動が先かという、認知の発生的な構成の先後関係や秩序の問題は、単に主義的な立場を越えて原理的に規定される必要がある。しかしながらこのことは、そもそも感覚‐表象図式において、表象が結果の位置に置かれていることからも分かるように、すでに順序が前提として規定されしまっている。つまり、原因に位置する感覚は、表象とは別の次元で成立していると考えられてしまっているのである。我々は結局のところ、感覚から表象がどのように生じるのかという、最初の問いに戻ってきた。我々はこの問いに対し、これまで見て来た様々な観点を、カップリングという力学的な観点から感覚から表象への道行を素描し、本節をまとめることとする。

カップリングという相互作用の重要な特徴は、スケールの異なるシステム同士が互いにカップリングし得る、という点である。フレッド・ケイゼルによれば、異なるスケールのシステムとは、脳神経系、身体系（筋骨格系）、環境系を指す[64]。例えば、微視的なスケールである脳神経系におけるネットワークのリズムや振動が、巨視的なスケールである身体の諸器官と相互作用することによって手足を動かし、そしてこの手足の動きは、地面の状況との相互作用によって一定のリズムを持った歩行という行動を生み出している。これはつまり、カップリングが一方のシステムだけからは生じえず、複数のシステムの相互作用によってはじめて、別の新たに作動するシステムが創発するということである。もちろん、この巨視的なスケールである身体の歩行という行動のリズムも、三つのシステムが連動している限り、下層の微視的なスケールの脳神経系のネットワークに影響を与えている。したがって、スケールの異なるシステムは、接触を契機にカップリングし、互いに作用し、かつ影響し合うのである。

ここで特徴的なのは、カップリングした諸々の系が巨視的なスケールにおいて、何らかの秩序的な振る舞いを新たに生じるという点である。上述したように、カップリングにおいてそれぞれのシステムの変数は連動し合うのだが、その連動は、互いのシステムから「制御」が加わることによって、システムの振る舞いを新たに変化させる。例えば生物の場合、神経系が制御変数となって、すなわち微視的なスケールでのニューロン群内での相互作用が内的な制御変数の役割を果たし、身体の行動にその制限を加味した一定のパターンないし秩序を生み出すと考えられる[65]。歩行の例で言えば、神経系が筋肉の運動を促す際、その運動は筋肉と骨格の可動域に制限され、またその可動域が神経系のネットワークにおける活動を制限し、システムを調整することになる。また、さらに微視的に見て、ニューロン群は単なる情報の出力装置ではなく、それら自体が振動子（局所的な振る舞いを見せる一定の系）として、相互にカップリングしてもいる。このような入れ子状に幾重にも連動しているカップリングによって、上位のスケールにおける秩序が創発されると考えられ得るのである。

以上、確認してきた通り、感覚‐表象図式という認知科学を主導した表象主義の展開は、脳神経系、身体、環境という三者からなるシステム間のカップリングによって生じる創発の仕組みを解明することへとシフトしてきた。このような力学的な認知観は、研究の新たな道具立てを与えてくれはするものの、この研究の方途が、即座に意識のハード・プロブレムの解明へと至るわけではない。科学的な研究において、数学的な手法を用いる限りで、図式的ないし形式的な仕組みはある程度呈示できるのだとしても、そこには質的な意識経験の問題がどうしても残ってしまう。だがそれでも、ヴァレラがイナクティブ・アプローチを提唱することによって、主観的な経験と客観的で力学的な説明とが接合する可能性を我々は確認することができた。この点について、次節以降で我々は、以上の問題に対する哲学的な批判を確認しつつ、それを乗り越えようとする神経現象学の内実を確認する。これによって、認知科学と心の哲学における躓きの石、すなわち意識経験の質的な発生という課題に、探求の道筋をつけることになるだろう。

第二節　認知科学に対する哲学的な方途

認知科学の研究は表象主義に始まり、知覚、身体へと[66]研究の視点を変え、力学的な認知観の上で進められている。こうした認知科学研究の経緯の中で、長らく正統説であった計算主義ないし結合主義の成果を哲学的に解釈する仕方には、様々な立場がある。つまり、認知科学的な成果の解釈に伴って、哲学的な反省や見解も同時に生じているのである。それらの立場や見解には様々なバリエーションがあり、我々は、認知科学の哲学的な吟味を進める上で、それらのことも考慮するべきであろう。この点についてヴァレラが自らの立場（認知観）を明確にするために、様々な認知観を四つに分類している。[67] 我々は、差し当たり、ヴァレラの分類に即して認知科学や脳神経科学における哲学的な意義とそれらの研究の主張と問題点を確認する。

分類の一つ目は（1）還元主義であり、これは認知ないし意識を脳の物質的な特性や法則へと一元的に還元する立場である。二つ目は（2）神秘主義であり、これは神秘体験や私秘的な意識という意味ではなく、科学的な見解では脳と意識の機能的な解明に限界があるとする立場である。そして三つ目は（3）機能主義であり、これは認知科学における最もオーソドックスな立場であり、意識の活動を脳の機能の現れとして見るものである。つまり、脳の活動の観測と意識において現れるものが互いに対応するという立場である。そして最後の四つ目は（4）現象論であり、これは以上の三つの立場が外面的な、客観的な事象の観測に終始してきたのとは異なって、内面的な、主観的な側面をもとに認知を考える立場である。ヴァレラはこれら四つの中では特に最後の現象論に注目するが、しかしこの現象論は、科学的にも哲学的にも、従来の思想の枠を超え出るものではないとして、さらに徹底した方法論と態度を擁する現象学を求めるようになる。

以上のように、ヴァレラは認知科学研究に対する哲学的な四つの見解を吟味し、最終的に現象学へと至ることとなる。我々はこれらのことを確認することによって、なぜヴァレラが現象学を認知科学研究に必要としたのかを理解することができるようになるだろう。

（1）還元主義

認知という意識現象が物理的あるいは化学的な法則に基づくものとラディカルに考えることを堅持する還元主義という立場がある。この立場は個々人の経験を問題にすることなく、すなわちそれぞれの意識経験の具体性を消去し、物質的な、実在的な説明によって意識が成立すると考えるものである。[68]還元主義は、この確信が前提になっている限りで、認知や意識の研究における問題を脳神経系における客観的に定量化されるものとしての、物質的な反応のみを取り扱うことになる。そして広い意味において、そのような科学的に観測される対象のみを問題にするのである（おそらく、ほとんどの認知科学や脳科学の研究者がこの還元主義を基本的な態度として採っていると言えるだろう）。したがって還元主義は、特に意識のハード・プロブレムの問題に関して言えば、主観的な意識現象を観測される脳神経細胞の機構の中に解消し、脳神経細胞の活動に伴って生じる付帯的な現象に過ぎないとして、意識現象の質（クオリア）を主題とすることはない（このような強い還元主義の立場を、特に消去主義とも呼ぶ）。このような考え方からすれば、還元主義における意識の研究とは、脳を構成する一〇〇〇億のニューロンの組成と相互作用の研究に他ならないということになる。[69]

この還元主義によって、脳と意識現象の関係に因果的な繋がりがあるということが様々に実証されてきた。例えば、脳疾患による認識の変化や、それに伴う脳の解剖学的なデータ、そして精神病に対する薬理学などを通して、脳科学（脳生理学）は、物質的な作用と認識の関係についての様々な成果を上げて相関性を実証している。[70]今日、意識に関する問題について、脳という神経細胞の集合に対する科学的な見解を参照しないという態度は無理があるだろうし、無視するわけにはいかない。だが、クオリアや表象という意識の現象における具体性ないし「質」の問題に対して、還元主義は回答を持ち得ない。なぜなら還元主義は、脳神経の物質的な現象を原因とし、意識における経験という現象を、結果として両者の繋がりを指摘するものの、それを抽象し、記号化して数量的に比較するに留まるからである。つまり、量的なカテゴリーのみが問題になるということである。したがって還元主義は、その内容のバリエーションや質それ自体が成立する仕組みに対する言及を今のところ保留にせざるを得ない状況にある。[71] 還元主義の前提を採る限り、意識現象の具体性を問題にすることは最初から困難なものと自覚されており、物理‐化学的方法のみに依存した研究は、クオリア問題に対して限界を露呈するのである。

（2）神秘主義

この還元主義とは異なり、意識の主観的な特質を解明することはできないとする神秘主義という立場がある。認知科学における神秘主義とは、意識の主観的な側面に重きを置く立場であり、その主張は一見して、精神や主観性、魂など、形而上学的ないし私秘的なものを擁護しているようにも捉えられる。しかしその主張の内実は、河村によると「従来の単純な二元論や超越的思弁や宗教的神秘主義とは無縁である」[72]という。認知科学における神秘主義的な主張というのは、ヴァレラが神秘主義であると看做すコリン・マッギンによると、「意識は、ある種の脳組織の自然特性をつうじて、脳に根源を持つが、それは馴染みの電気化学的な過程では説明できない。この特性が不可知であり、このことがあらゆる難問を生み出している」[73]というものである。つまりこのマッギンの「不可知」という主張が、認知主義における神秘主義という呼称に繋がっているのである。

　マッギンが以上のような前提において不可知とする点は、その主観的な意識の還元不可能性というよりも、まさに脳における創発の仕組みにある。つまり、この創発の仕組みは、客観的なデータを根拠とする神経生理学的な脳科学の手法では原理的に捉えられないというのがマッギンの主張における要点である。このような創発が問題になるのは、脳科学の研究が計算主義から結合主義へと複雑化していく中で露呈してきたからである。この創発の内容を改めて言えば、単純な性質を持つ複数の脳神経細胞が局所的な相互作用を複雑に組織化することで、個別の要素の振る舞いからは予測できないような意識が構成される（創発される）ということであり、この考えが背景になっているのである（本書第四章第一節（1）、（4）参照）。つまり、認知科学における神秘主義は、「意識は脳神経から創発する現象であるだろう」ということを研究の前提とするものの、意識現象の科学的な実証性、再現可能性を考えた場合、以上のように創発の定義を説明したとしても、実際にその組織化を再現して解明することが困難であると考えるのである。このことからマッギンは、脳科学の研究に対して一定の限界を設けなければならないと言う。この限界についてマッギンは、言わばナマコに天文学が理解できないように、人間における知の限界（認知的な閉鎖 cognitive closure）を認めて、[74]この問題を保留にする他ないとしている。したがって認知科学における神秘主義とは、このような意味において、心的なものを知るための人間の方法が本質的に限界を持っているとし、意識のハード・プロブレムを解決できないと考える立場なのである。

（3）　機能主義

そして次に、認知を意識の機能と考える機能主義という立場がある。機能主義は、本来それ自体として意識に現れることのない脳神経の活動を意識の経験に対する説明の論拠として採用している。このことはすでに上で述べたように、認識を脳という複雑な神経回路による記号処理、言わばコンピューターの演算として捉える計算主義という考え方を背景にしている（本書第四章第一節（1）参照）。ヴァレラによってこの立場にあるとされるレイ・ジャッケンドッフは、意識において現れてくるもの（知覚や表象）と、それに対応する神経活動の演算能力との関係を「投影（projection）」[75]と呼んでいる。しかし、神経活動と意識経験との両者の関係というのは、「対応するだろう」という、言わば仮説である。なぜなら、個々人の固有な経験やその時々の経験という具体的な多様性は、そのように生じたデータの差異や不一致というものをこの立場において厳密に取り扱うことがないからである。[76]つまり、脳神経系の反応に対応する意識の現象というのは、個々人の、すなわち「私の」意識現象ではなく、我々の具体的な意識現象の最大公約数といった「一般的な」意識現象の対応関係を言い表すことしかできないのである。

ジャッケンドッフ自身もこの対応関係について、「この仮説の経験的な説得力というのは、現象論的な証拠（phenomenological evidence）を計算論的な理論に関係づけるところにある」[77]と述べるものの、このような研究の前提となる現象論的な証拠の確実性は、「相互的な信頼の雰囲気の中に留められている」[78]に過ぎないと述べている。したがって結局のところ、この現象論的な証拠を正当なものとする手続きがなければ、機能主義の主張が本質的な解明に至っていると認めることは難しいということになる。

このような機能主義的なアプローチの曖昧さは、データの獲得と理論構築において単に三人称的な、外面的なアプローチに依拠するだけで、データ獲得の規定について「信頼する」ということ以上の方法と基準を持っていないことに由来する。逆に言えば、その方法を持ち得ない限り、機能主義のアプローチは意識の主観的な特質、すなわち自己意識やクオリアといった心的な現象に届くことはないということになる。それに対してヴァレラは、まさにジャッケンドッフの言う計算論と現象論の間の循環関係について、「ジャッケンドッフの計算論的な理論が現象論的な特徴によって束縛されている以上、経験の不統一性について何らか説明をつけなくてはならない」[79]と考え、経験の不統一性に対応する方法論の必要性を主張する。こうしてヴァレラは、機能主義における経験の取り扱い方とは別の方法を求めて、現象学へ接近することとなる。

（4） 現象論（phenomenology）と現象学（Phänomenologie）

上述したどの立場においても共通しているのは、数値化された観察データを基準にし、経験の固有性を基準にすることはないという点であり、そして理論構築する外面的なアプローチに終始しているという点である。特に後者のアプローチの仕方は、意識活動を記号処理として捉える計算主義において、どのようにして認知プロセスの部分（的規則）が全体（的性質）を因果的に基礎づけるのか、という問題に腐心しており、たとえそれが部分‐全体関係ではなく、脳全体における分散並行処理によるものだと主張する結合主義であっても、外面的アプローチと同様のスタンスを採り続ける他ないのが実情であろう。したがって結局のところ、これらの主義における科学的かつ客観的な課題設定は、以上のような意識のハード・プロブレムに対する解決策を呈示していないのである。どのような立場にあっても、認知科学的なアプローチは、我々の経験が特定の感覚刺激によって特定の表象を生じるという心的なプロセスを物質的ないし化学的な脳科学の観測結果と架橋しなければならないのだが、しかしながらその架橋するための方法論を持ち合わせていないと言わざるを得ない。

このような具体的な経験に対する科学的な説明への還元不可能性による認知科学的な研究の行き詰まりに対し、現象論は、意識に対する一人称的な説明とその経験の還元不可能な特質に明確で中心的な役割を付与するという考え方を呈示し、これらの特質に対してポジティブな態度を取る。現象論は、機能主義が軸足を現象論的な証拠よりも計算論的な理論においていたのとは対照的に、現象論的な証拠の本質、すなわち意識に現れている表象ないし認知的な経験それ自体の把握を研究データとして第一のものとしている[80]。このような態度は、計算主義と結合主義の後に生じたアフォーダンスやイナクションなど、現在主流となりつつある研究方法にも相応する点があると言える（本書第四章第一節（3）、（4）参照）。したがって現象論は、意識経験の特質であるクオリアや自我の問題をより中心的な課題と捉え、現象論的な解明の方から脳科学的な観測を突き合わせる、といった態度を採ることになる。では、認知科学における現象論とは具体的にどのようなものか。これについて、ヴァレラが現象論者に分類するジョン・R・サールの現象論を確認しよう。

サールは、意識を科学と分離して考察する伝統的な二元論に反対し、また自然科学的な研究において意識が物質的な仕組みによって生じるものとする唯物論にも反対する。そこでサールは、意識という心的なものが脳の物理的なプロセスによって産出されることは明らかであると前提にした上で、心的（精神的）なものと物理的（延長的）なものというカテゴリー自体を廃し、それらの両方を同様に取り扱うべきと考えている。[81] この取り扱い方については以下で述べるが、差し当たりサールは、意識に相関する脳の活動を研究する際に、意識の還元不可能性という性質を還元主義や機能主義に対して強く主張して批判していることから、現象論的な立場にあると言い得るのである。

サールは意識の固有性を考察する際に、意識が常に「〜について」の意識であるということから、意識の志向性を強調する。またサールは、意識の研究が厳密には「一人称的」にしか扱えず、「三人称的」な言及、すなわち他人の言及は「私」の想定に過ぎず、取り扱えないとする。[82] そして彼は、一人称的な意識、すなわち主観性においては、観察する作用と観察される対象との区別はないと主張する。つまり、心理学のように自らの心的状態を「内観（introspection）」してそれを記述できるとする主張は、それ自体が意識状態であることから、主体自体が主体を同時に思い描くことになり、客観的な観察における記述のようには成り立たないと言うのである。[83] さらにサールはこのような事態に対し、内観をさらに内観するような「超」内観を置くことも、無限遡及することから否定する。

では、その際に主観性をいかに扱うべきなのかということについて、サールは「その解決は、思い描くという特別なモード、一種の超内観を開発しようとせず、むしろ、この時点で思い描くことを完全に止めて、事実を認めることである。その事実とは、生物学的なプロセスが意識的で心的な現象を産み出し、そしてこれらの心的な現象が還元不可能な主観的であるということである」(84)と述べている。このサールの主張は、内観の否定から自己反省という心的な作用を行使せずに、意識に直接現れるものをそのまま取り扱おうというものである。しかしながら、この主張はあまりに素朴で、その主張においていかなることが解決され、呈示され得るかということについての吟味がない。考察の方向性は認め得るところがないわけではないが、しかしながらその方法論的な呈示もまた見当たらない。結局サールにおいても、機能主義におけるジャッケンドッフと同様に、現象論を重要視しつつもそれを正当に取り扱う方法論を呈示することなく、曖昧な前提を表明するだけなのである。

これに対しヴァレラは、現象論における一人称的な経験とそれに対する科学的な説明という研究過程の循環の中で、現象論という単なる立場表明ではなく、現象学という哲学的に、方法論的に確立した手段を用いて、脳科学的な仕組みと意識体験の架橋を試みている。その現象学の方法というのが、他ならぬ現象学的還元である。この現象学的還元は、すでに第I部における考察でその内実を明らかにされているが、本節では再度ヴァレラが認知科学研究のために改めて定式化した現象学的還元の理解を確認する。これによって、認知科学における現象学的還元の遂行がいかにして為されるのかが明確になるだろう。特にサールの懸念する「三人称視点」と「内観」に関する問題は、第I部を通過した我々にとって、それらは「間主観性」と「原意識」の問題として理解し得る。

このことから、現象学的に明確化されているこれらの概念でもって、彼の懸念に十分に答えることができるだろう。

第三節　現象学的還元に対するヴァレラの見解

ヴァレラが認知科学に対して現象学ないし現象学的還元を導入する意図は、一人称的なアプローチという人間的な経験の生動性を考察の基盤に据えようとするところにある。ヴァレラはこの意図の下で、「経験によって示される現象の野と、認知科学によって呈示される現象の野の間で、相互に制限し合うこと（mutual constraints）による接合を探し求める」[85]という研究プログラムを提唱する。これは、科学の伝統的な研究スタイル、すなわち客観的な対象の観察という外面的な説明を重視するスタイルとは根本的に異なったものである。このことについて我々は、現象学における意識経験の記述、すなわち一人称的なアプローチの内実をヴァレラの理解に即して確認し、従来の外面的なアプローチによる研究といかなる点で異なるのかを考察する。

ヴァレラは、現代の認知科学や人間の経験を専門にして研究する諸学問を現象学の下で捉え直そうと考える。なぜならヴァレラは、「経験についての真の科学が自然科学と同等の基盤の上に立ち得るだけでなく、実際、自然科学に必要な根拠が与えられ、全ての知識にとって、我々の生きられた経験から必然的に創発するということは、フッサールが期待するものであったし、依然として現象学的な探求の背景を成す基本的なインスピレーションでもあった」[86]と理解しているからである。上述したように（本書第四章第一節（４）参照）、ヴァレラ自身はもともとメルロ＝ポンティの身体論から認知科学におけるイナクションという発想を得ており、生きられた経験が科学の土台になっているという考えに同調している。そしてそのことは、元を質せばフッサールの生活世界論であることから、ヴァレラの見解はフッサールの思想の系譜上にあると言えよう。[87] 特にヴァレラは、このようなフッサールの言及とともに、メルロ＝ポンティの「事物そのものへとたち帰るとは、認識がいつもそれについて語っているあの認識以前の世界へとたち帰ることであって、一切の科学的規定は、この世界にたいしては抽象的・記号的・従属的でしかなく、……」[88]という言及を、現象学的なアプローチの基本原理として理解している。

このようにして、ヴァレラは現象学における二人の重要な哲学者の思想を背景に、科学的に規定される以前の事象そのもの、体験そのものを重要視して、それを考察の主題へともたらす現象学的還元という方法を用いることになる。この現象学的還元をヴァレラは、「意識することという能力についての特殊なタイプの反省ないし態度」[89]であるとし、そして「直接的に感受されることにおいて体験された世界への還帰」[90]を促す方法であると理解している。そしてヴァレラは、このような現象学的還元を遂行する上で四つのポイントを上げている。一つ目は、現象学的還元という態度（attitude）、二つ目に直観の親密性（intimacy）、三つ目に記述の不変項（invariant）、そして四つ目に安定性（stability）の訓練である。[91]

ヴァレラが一つ目に挙げるのは現象学的還元によって為される「態度変更」であるが、これはフッサールが定式化するように、自然的態度における経験の括弧入れ（エポケー）によって、習慣的な思考や信憑を中止することである。これについて、ヴァレラの述べるところでは、「還元という態度の体勢に入ることとは、自動的な思考パターンに気づくことによって、それを一旦流れ去らせて、そしてその源泉へと反省を向け変えることによって始まる」[92]というものである。つまり、思考の保留や中止というのは、思考の流れを止める、考えるのを止めるというのではなく、まさにその流れの中に、考察の新たな可能性、思考の源泉を見出すことなのである。したがって現象学的還元は、自らの意識の内へ閉じこもることではなく、新たな考察や研究へ展開するための契機として理解されるべきなのである。そしてここで現象学的還元の成果として現れる源泉こそが、二つ目のポイントである「直観の親密性」である。

現象学的還元を遂行することによって、経験は直接性を持って生き生きと現前する。この直接的な経験は、ヴァレラによると「経験する者と世界を引き離している常習的な霧が無くなったかのよう(93)」に現れてくるという。つまり現象学的還元の遂行という経験は、深く親密な、両者の間に隙間のない体験そのものを開示させるのである。この体験こそ、まさに現象学的な分析における明証性の基準であり、核となる。これについてヴァレラはフッサールに即して、この明証的な体験の核を研究の始源とするならば、現象の多様な可能性を考慮しつつ、その多様性に対して為される自由変更から本質直観に至ることができると考えている(94)。これがまさにヴァレラの言う直観の親密性の内実である。そしてこれらの体験の明証性と本質直観が、ヴァレラの理解における現象学的還元を遂行する狙いの三つ目、「記述の不変項」として呈示される。

我々の意識において直観にもたらされるものは、本質というある意味で抽象化された内容、すなわち言語や記号など、コミュニケーションを可能にする表現へと書き移され、翻訳されて、客観的に共有することが可能である。このような直観ないし操作について、ヴァレラは、「これらの〔経験の〕記述の諸々の質料性は、現象学的還元の構成的な一部分でもあるが、記述の質料性を形式化する直観も、同様に我々の経験を形作っている。換言すれば、我々は単に公共的な記録へと「コード化する」ことについてのみ述べているのではなく、むしろ、我々が経験するものを肉づけして形作る「具体化」ということについても述べているのである(95)」。つまり、自由変更による本質直観にもたらすことは、単に直観の内容を一般性や理念性において、公共的に伝達可能にするだけでなく、体験の内容の更なる具体化でもあるということである。そうしたことが体験の不変項を見出すことになるのであり、現象学の、ひいては神経現象学の必要な手続きなのである。

そして最後に「安定性の訓練」であるが、これは現象学的還元を遂行するための鍛錬が必要という意味である。いくら有効だからと言っても、現象学に馴染みのない自然科学ないし経験科学の研究者がフッサールの呈示する方法を直ちに遂行するのは困難であろう。現象学的還元という方法は、客観化された実在的な事物の注意深い括弧入れと、括弧入れされた直接体験の直観をもたらすものであるが、これには熟練を必要とするとヴァレラは考えている。しかも現象学的還元は、能動的な作用として意識的に行われるが、しかしこの現象学的還元による態度変更は「崩れ易い」[96]ものである。神経現象学において、意識経験を自然科学的な成果と結びつけるといった研究プログラムを遂行する際には、通常の経験から常に体験の直接性に立ち戻りつつ、その経験が客観的で実在的な観測結果として措定されてしまっているということを理解し、また内在的な体験へと再度目を向けるという繰り返しつつ、それらを循環させることになる。しかし気を抜けば、体験の記述はすぐさま自然的態度の客観的で実在的なものとなり、それを主観的に解釈する信憑や先入観に陥ってしまう。そうなってしまっては、当然ながら現象学的な分析にならない。したがってヴァレラは、この現象学的還元の崩れ易さに対し、それを用いて体系的な研究をするためには、「研究者たちの共同体からの鍛錬された上での参加を必要とする」[97]と考えるのである。

以上のことからヴァレラは、現象学的還元によって（1）これまでの観察や研究の前提に対する信憑や立場を括弧入れする態度を採り、（2）それによって見出される体験の親密性として直接的な明証性を直観し、（3）その直観における本質規則性を記述することで、それを不変項として間主観的に共通の理念へともたらし、（4）これら上記の三つのことを実現して実用に耐え得るものにするために、訓練によって熟達した安定的な現象学的還元の方法を、研究者一人ひとりが身につけることを目標とするのである[98]。

ではここで、上で見た（本書第四章第二節（4）参照）サールの懸念に対し、このような現象学的還元という方法論に則ったヴァレラが呈示する回答を見てみよう。一つ目の懸念は内観の問題であったが、現象学的還元はこの問題も解消することができる。現象学的還元によって見出される我々の体験は、サールが懸念するような「私秘的なトリップ[99]」ではない。何度も繰り返すが、現象学的還元の狙いは経験を構成する内的意識の志向的な体験を考察の主題とすることであり、この方法によって考察の主題となる内的意識の分析は、心理学が行うような自然的態度において、意識を客観的な対象として分析することとは異なっている。つまり、現象学的還元が呈示するのは、直接的な個々の体験や感覚それ自体はもちろんのこと、意識経験の基礎的な構造原理（ノエシス‐ノエマの相関関係、過去把持、連合など）であり、経験を構成する本質規則性なのである（本書第I部参照）。現象学的還元は、明証性において考察の対象を明確に規定し、その構成の本質を見出す点で、サールが述べる「思い描き」という曖昧なものとは一線を画する学的な方法なのである。

これらの記述と洞察は、英米系の経験論において呈示されるような心的な過程の反省とはまったく異なったものである。その違いは、特にフッサールが呈示する原意識の議論において顕著である（本書第I部第一章第二節参照）。つまり原意識において我々は、内観が単に反省によって意識の内容の対象化による確認に留まるのとは異なって、まさに顕現的な意識の構成がなされる際の意識内容（ノエマ）と意識作用（ノエシス）自体を実的に意識する働きそれ自体を確証することができるという点が全く異なっているのである。原意識が意識の働きそれ自体が対象化することなく把捉できるということから、内観の内観というような無限遡行も起きないということは、第I部での考察の通りである（本書第一章第三節（2）、第二章第一節（1）参照）。したがって、一人称的な、現象学的に言えば超越論的な主観性における直観は、サールが否定するような私秘的で盲目なものでは有り得ないのである。

二つ目の懸念は、三人称的な言明が心的現象の探求に寄与できないという点であるが、これについてヴァレラは、端的に「現象学的な探求は、間主観的に妥当であることを通じて他者へと方向づけられている」[100]ことを強調する。還元を経た現象学的態度は、主観と客観が対置される以前の、それらの分離が生じる以前の根源的な相関関係の明証性を開示するものである。つまり、単に内観主義的な反省によって、私個人の閉ざされた一人称的経験に引き戻るということではまったくないのであり、むしろ現象学的還元が開示する私の体験とは、自己と他者の分離以前の領野から、互いに極として構成されるプロセスの明証的な直観である限り、意識の構成の本質規則性として呈示されるのである。そうして構成された他者との間主観性において展開される三人称的な言明が学問的な妥当性を有することは、現象学的な分析から確証し得る事柄なのである（現象学の学問的な性格について、以下の第五章第二節にて再度考察する）。ヴァレラは、一人称と三人称という自然的態度での素朴で単純な対置を、研究をミスリードするものであるとして退けた上で、「三人称的な、客観的な記述と呼ばれるものは、一人称的な記述と同様に、社会的な世界や自然的な世界において具体化される実際の人々の共同体によって為される」[101]ということを、現象学的還元を通じた間主観性という観点において理解し、またそのことを忘れてはならないと述べる。まさに現象学的還元は、両者の間主観的な関係性の忘却を防ぐ役割も担っていると言えるだろう。したがって、一人称と三人称という異なる二つの記述は、それらがともに関わり合う中で、互いにその記述を成立させ、洗練させていくものであると言い得るだろう。

以上のことから、ヴァレラは、一人称的な説明と三人称的な説明にまつわる諸問題について、現象学的還元という方法論的な根拠を用いつつ、認知科学研究に従事することを求めている。この営みこそが、まさに神経現象学と呼称される研究プログラムの骨子なのである。したがってこの神経現象学こそが、認知科学的な成果と現象学という哲学的な方法（現象学的還元）を兼ね備えた研究プログラムとして、ヴァレラが呈示した新たな研究スタイルなのである。

しかしながら、以上で見てきたように、現象学と認知科学の相互制約のため、現象学的還元という方法論を必須のものとしたヴァレラであるが、ここで言われる両学問領域による研究の相互制約とは、具体的にいかなるものなのか。単に両学問を用いて、それらの学問が呈示する成果や法則を対照するだけのことなのであろうか。間主観性という観点によって、両領野からの記述の対応が可能であることを我々は確認したのだが、神経現象学という研究プログラムを進める上で、両領域が接合する点では何が主題になり、それをどう捉えるべきなのかということを精査する必要があるだろう。我々は次章においてこの点を考察し、両学問が互いの領域にどのような影響を与えるのかを考察することとする。

註

（1） Cf. Varela, F. J., "Neurophenomenology —A Methodological Remedy for the Hard Problem", in *Journal of Consciousness Studies*, Vol. 3, No.4: 330-349 Imprint Academic, 1996. p. 330.（邦訳：フランシスコ・J・ヴァレラ「神経現象学——意識のハード・プロブレムに対する方法論的救済策」河村次郎訳『現代思想』10. vol. 29. 所収、青土社、二〇〇一年）

（2） Cf. Varela, F. J., "The Specious Present —A Neurophenomenology of Time Consciousness", in *Naturalizing Phenomenology*, eds. J. Petitot, F. J. Varela, B. Pachoud, J- M. Roy, SUP, California, 1999., p. 266.

（3）　Cf. Varela (996), pp. 342.

（4）　Cf. Petitot, J., Varela, F. J., Pachoud, B., Roy, J-M., (eds.), “Beyond the Gap: An Introduction to Naturalizing Phenomenology”, in *Naturalizing phenomenology: Issues in contemporary phenomenology and cognitive science.*：1- 80. Stanford: Stanford University Press, 1999.

（5）　Cf. Chalmers, D. J. “Facing Up to the Problem of Consciousness”, in *Journal of Consciousness Studies*, 2, No. 3: 200- 219, Imprint Academic, 1995. この意識のハード・プロブレムに対し、「意識」と電気的・化学的反応の相関関係は、イージー・プロブレム（easy problem of consciousness）と呼ばれ、医学、脳科学などが扱っている領域である（cf. Chalmers (1995), pp. 200-203）。

（6）　Cf. Varela (1996), pp. 330- 331.

（7）　茂木健一郎「偶有性の脳科学 The Contingent Brain」藤田雅博／下村秀樹編『発達する知能』所収、丸善出版、二〇一二年。四五頁参照。

（8）　ここでの例において言及されている、後者の視覚的な感覚与件と聴覚的な表象の連合関係は、異なる感覚的なカテゴリーが混交されて生じる共感覚の場合に顕著である。これについて、ヴィラヤヌール・S・ラマチャンドランが、臨床テストや脳神経細胞の活動の観測から、異なる感覚領野の共同を指摘している。V・S・ラマチャンドラン『脳の中の幽霊、ふたたび』山下篤子訳、角川書店、二〇〇五年。九三―一二四頁参照。

（9）　上で挙げた感覚と表象の連合についての様々な事例は個々人で異なるし、同一の人物でもその時々で異なっている。したがって、そのつどの「感じ」と「イメージ（表象）」とが結びつく理由は、思うより簡単なものではない。例えば、意識の働きにおいて、感覚と表象の関係づけは、連想ないし連合（association）と呼ばれるが、そもそもこのような連合の働きは、因果性ではないということが、古くはヒュームに、そして心理学においてはゲシュタルト学派によって、すでに批判されている（この点は、すでに第一部のフッサール現象学を考察した我々にとっても、同意される内容である）。ちなみに、ゲシュタルトとは「諸感覚の、その総和以上のもの、総和とは異なったもの」と定義される（佐々木正人『アフォーダンス――新しい認知の理論』岩波書店、一九九四年。一七―一八頁参照）。例えば、音の繋がりは、個々の音の単なる連続ではなく、メロディーとして認識される。また、直線上に豆電球を幾つも配置し、点滅を移動させた場合、ゆっくりと点滅を移動させると、光はその時その場で光った一個の点として認識されるが、速度を早めると、一つの光が移動しているように見える。この現象をファイ（仮現運動）

現象という。つまり、光の点という要素自体は変わらないのに、現象の仕方で意味内容が変化するのである。感覚を刺激する特定の要素がそれに対応するかたちで特定の知覚を引き起こすというよりは、むしろ現れ方と捉え方で要素以上の意味を、我々は意識しているのである。こうしたことが、実在論的な因果性の前提を否定することになる。

(10) 信原幸彦「認知哲学のおもな流れ」信原幸弘編『シリーズ心の哲学Ⅱ ロボット篇』所収、勁草書房、二〇〇四年。一―二六頁参照。

(11) (古典的)計算主義と結合主義(コネクショニズム)について、信原幸弘『考える脳・考えない脳――心と知識の哲学』講談社現代新書、二〇〇〇年、第一章と第二章を参照。

(12) 表象主義とは、信原によると「心的状態には、その中心的要素として、何らかの表象が含まれる」として、脳の活動の基本的な出力として規定することである。信原(2000)、一三三頁参照。

(13) 歴史的に言えば、計算主義は一九五〇年代から始まり、結合主義は一九八〇年代に成立した認知観である。これら両者の対立に関して、戸田山和久「心は(どんな)コンピューターなのか　古典的計算主義 vs. コネクショニズム」信原幸弘編『シリーズ心の哲学Ⅱ ロボット篇』所収、勁草書房、二〇〇四年。二七―八四頁参照。

(14) 信原(2004)、五頁参照。

(15) 信原(2004)、一二頁参照。

(16) 信原(2004)、一三頁参照。

(17) シナプスには興奮の伝え易さというものがある。興奮がスムーズに伝わっていくこともあれば、またそれとは反対に興奮を抑制するシナプスもあり、伝わり方は複雑になる。この伝達の度合いと、ニューロンのネットワークの配置によって、入力に対する出力の仕方が変化する。このことが「結合の重み」と言われる。信原(2000)、六〇―六三頁参照。または、信原(2004)、一二―一四頁参照。

(18) Cf. Varela, F. J., Thompson, E., Rosch, E., *The Embodied Mind: Cognitive Science and Human Experience*. Cambrige, MA: The MIT Press. 1991. p.85(邦訳:フランシスコ・J・ヴァレラ、エヴァン・トンプソン、エレノア・ロッシュ『身体化する心』田中靖夫訳、工作舎、二〇〇一年)。

(19) ベロウソフ・ジャボチンスキー反応(Belousov- Zhabotinsky reaction)とは、セリウム塩などの金属塩と臭化物イオンを触媒として、マロン酸などのカルボン酸を臭素酸塩によりブロモ化する化学反応のことである。この化学反応によって、反応溶液の色が数十秒程度の周期で変化する。系の内に存在する幾つかの物質の濃度が周期的に変化する振動反応の代表的な例として知られている。Cf. Prigogine, I., *From Being to Becoming: Time and Complexity in the Physical Sciences*. W. H. Freeman and Company, San Francisco, 1980.（邦訳：イリア・プリゴジン『存在から発展へ——物理科学における時間と多様性』小出昭一郎・安孫子誠也共訳、みすず書房、一九八四年）また、渦巻き運動について、自然発生する渦形成現象は、一般的に流体中で、質的に異なった二つのものが接触するとき必ず渦が形成されるという（テオドール・シュベンク『カオスの自然学』赤井敏夫訳、工作舎、一九八六年。一三三頁参照）。質的な例として以下の八つの組み合わせが主に挙げられる。液体と固体、液体と気体、速と遅、温と冷、濃と薄、重と軽、粘性と流動性、アルカリ性と酸性など。

（20）このようなフィードバックを含むニューラルネットワークは、リカレント・ニューラルネットワーク（recurrent neural network）と呼ばれる。このフィードバックにおいて、ある一定の時間的な遅れが生じ、この遅れが記憶の素子として役割を果たすと考えられる。これについて、伊藤宏司『ニューロダイナミクス』共立出版、二〇一〇年、一三頁参照。

（21）実際の自然現象における力学系は、エントロピーの法則により散逸的であることがほとんどである。したがってその力学系に運動の駆動力が無ければ、運動は内部摩擦や熱力学的な損失によって停止してしまう。だが、散逸と駆動力が組み合わさることにより、力学系の摂動を鎮め、その力学系の振る舞いを典型的なものへと落ち着かせる傾向が生じる。そのような典型的な振る舞いに対応している力学系の位相空間の一部分がアトラクターと呼ばれる。アトラクターには、系がどのような初期条件から始まっても最終的に静止状態（軌道が一点に収束すること）に落ち着く「（平衡）点アトラクター」、系が同じ周期運動を繰り返し続ける「周期アトラクター（リミットサイクル）」、そして二つのリミットサイクルがそれぞれの独立性を保ちつつ連動した時に生じる「準周期アトラクター（トーラス）」がある。いずれのアトラクターも、系の軌道を定常状態へと引きつけている。これについて、合原一幸『カオス——まったく新しい創造の波』講談社、一九九三年、六九—七六頁参照。

（22）このセルオートマトンについて、加藤恭義・光成友孝・築山洋共著『セルオートマトン法——複雑系の自己組織化と超並列処理』森北出版株式会社、一九九八年参照。

（23）「これらの自己組織化の最も大きな特徴は、誰かの指示や意図によって組織が形成されるのではなく、流体は分子、生体は細胞、経済は個人がまわりと相互の関わり合い（局所的な相互作用）を積み重ねていくうちに、組織が自然に形作られるという点にある」（加藤・光成・築山（1998）、二頁参照）。

(24) カオスとは、ある系が初期値に対する運動の高い鋭敏性を持つ（リヤプノフ指数という隔たりの度合いを示す変数が関係する）ということであり、その初期値にしたがって計算可能なことから決定論的であるとされる。カオス性を持った系の運動は、運動の中で何らかの規則性（とくにフラクタル性）を持った軌道を描き出す。この軌道が、カオス的な系のアトラクターであり、とくに「ストレンジ・アトラクター（strange attractor）」と呼ばれる（合原（1993）、七五―七六頁参照）。カオスについては、第六章においても再度扱うことになる。

(25) Cf. Varela, et al. (1991), pp. 92- 93.

(26) 信原（2004）、一八―一九頁参照。

(27) Gibson, J. J., *The Ecological Approach to Visual Perception*. Published by Houghton Mifflin Company, Boston, Massachusetts, USA, 1979.（邦訳：J・J・ギブソン『生態学的知覚論――ヒトの知覚世界を探る』古崎敬・古崎愛子・辻敬一郎・村瀬旻共訳、サイエンス社、一九八五年）なお、引用文は、邦訳版に従った。本文中では、このテキストを『生態学的視覚論』と略記する。

(28) Cf. Varela, et al. (1991), p.173.

(29) 佐々木（1994）、六〇頁参照。

(30) Cf. Gibson（1979）p. 127（邦訳：一三七頁参照）。

(31) Op. cit. また、これについて、三嶋博之は、「特定の有機体（群）が特定の環境内に生息しているとき、その環境の中の特定の対象（群）・事象（群）が、その特定の対象（群）・事象（群）との関係で特定の有機体（群）に対して提供する「行為の可能性（opportunities）」」と定義している。三嶋博之「アフォーダンスとは何か」『アフォーダンス』佐々木正人・松野孝一郎・三嶋博之著、青土社、一九九七年、九頁参照。

(32) Cf. Gibson（1979）p. 127（邦訳：一三七頁参照）。

(33) 佐々木（1994）、六三―六四頁参照。

(34) Cf. Gibson（1979）p. 128（邦訳：一三九頁参照）。

(35) 佐々木（1994）、六五頁参照。

(36) Cf. Gibson（1979）p. 129（邦訳：一三九頁参照）。

（37）Cf. Gibson（1979）pp. 138- 143.
（38）Cf. Gibson（1979）p. 250.
（39）Cf. Gibson（1979）p. 141（邦訳：一五四頁参照）。
（40）Op. cit.
（41）Op. cit.
（42）佐々木正人「運動はどのようにアフォーダンスにふれているか」『アフォーダンス』佐々木正人・松野孝一郎・三嶋博之著、青土社、一九九七年、一六八頁参照。
（43）佐々木（1997）、一七六頁参照。
（44）ギブソンの初期の生態的心理学が、この観点をより強調しており、彼の晩年のアフォーダンス理論のように、客観的な実在に重きを置いた論旨ではない（Cf. Gibson, J. J., *The Perception of the Visual World. Boston*: Houghton Mifflin. 1950）。
（45）Cf. Varela, et al. (1991), p. xx, p. 172.
（46）Cf. Varela, et al. (1991), p.101（邦訳：一四九―一五〇頁参照）。
（47）Cf. Varela, et al. (1991), p.103（邦訳：一五二頁参照）。
（48）Cf. Varela, et al (1991), p.172（邦訳：二四四頁参照）。
（49）Op. cit.
（50）Op. cit.,（邦訳：二四五頁参照）。
（51）Op. cit.
（52）Op. cit. このポイントについて、ヴァレラは同所で、「予め与えられた外的な世界の回復としての認知（実在論）のスキュラ（Scylla）と、予め与えられた内的な世界の投射としての認知（観念論）のカリブディスの間の真ん中を通って乗り越えることをわれわれに可能にする、この相互特定化（mutual specification）を重視する」と述べている。
（53）Cf. Varela, et al. (1991), pp. 172- 173（邦訳：二四五頁参照）。
（54）Cf. Varela, et al. (1991), p. 173（邦訳：二四六頁参照）.
（55）Cf. Held, R., Hein, A., "Adaptation of disarranged hand- eye coordination contingent upon re- afferent stimulation.", in *Perceptual-*

Motor Skills 8, 1958. pp. 87- 90.

（56） Cf. Varela, et al. (1991), pp. 174- 175.

（57） Cf. Varela, et al. (1991), p. 176（邦訳：二五〇頁参照）。

（58） Cf. Merleau- Ponty, M., *La structure du comportement*. Presses universitaires de France, Paris, 1942, p. 11（邦訳：M・メルロ＝ポンティ『行動の構造』滝浦静雄・木田元訳、みすず書房、一九六四年、三三頁参照）.

（59） Vgl. Goldstein, K., *Der Aufbau des Organismus*. Nijhoff, Den Haag 1934. S. 58（邦訳：K・ゴールドシュタイン『生体の機能——心理学と生理学の間』村上仁・黒丸正四郎訳、みすず書房、一九七〇年、四六頁参照）.

（60） このことについて後期のメルロ＝ポンティは、「キアスム（chiasme）」という言葉を用いて以下のように述べている。「〈対他〉の代わりとなるキアスム：これが言わんとしていることは、たんに私と他者とのあいだには敵対関係だけではなくその共働がある、ということである。われわれはただ一つの身体として働くのである」。Cf. Merleau- Ponty, M., *Le visible et l' invisible*. Editions Gallimard, 1964, p. 268（邦訳：メルロ＝ポンティ『見えるものと見えないもの』滝浦静雄・木田元訳、みすず書房、一九八九年、三一〇頁参照）.

（61） 力学系とは、例えば太陽系を例にとると、太陽、惑星、衛星などの部分から成り、系の状態とは、それぞれの部分（星）の配置のことである。力学系の状態が時間とともに変化する仕方は、微分方程式によって記述される。つまり、現象を力学的に観るということは、数学的な道具立てを適用するということである。力学系の概略について、中村雅俊「表象なき認知」信原幸弘編『シリーズ心の哲学Ⅱ ロボット篇』所収、勁草書房、二〇〇四年。八五―八六頁参照。

（62） Cf. Bechtel, W., Abrahamsen, A., *Connectionism and the Mind*. (2nd ed.), Oxford: Basil Blackwell, 2002. p. 242. あるいは、中村（2004）、九二頁参照。

（63） 中村（2004）、一一一頁参照。

（64） Keijzer, F., *Represantion and Behavior.* Cambridge, MA: MIT Press, 2001. pp. 193- 205.

（65） Cf. Keijzer (2001), p. 217.

（66） これらとは別に、上で言及したアフォーダンスやイナクションは、それら正統説に対する新たな批判と展開である。そのため、アフォーダンスやイナクション自体が、以下において考察される哲学的な認知科学批判に属するとも言えよう。

（67）Cf. Varela (1996), pp. 332- 333. ここで分類された四つの主義や立場について、河村次郎が、ヴァレラに即して詳細に考察をしている（河村次郎『意識の神経哲学』萌書房、二〇〇四年。一七―三二頁参照）。

（68）Cf. Varela (1996), pp. 332- 333. あるいは、河村（2004）、一九―二二頁を参照。

（69）DNAの二重螺旋構造を発見したことでも有名なフランシス・クリックは、意識研究においても、神経生物学の研究から、還元主義的な方法を称揚している（cf. Crick, F. *The Astonishing Hypothesis: The Scientific Search for the Soul.* A Touchstone Book, Published by Simon and Schuster, New York. 1994）。

（70）Cf. Kandel, E., James Schwartz, J., Jessell, T. *Principles of Neural Science.* Fourth Edition, McGraw- Hill Medical. 2000. p. 6.

（71）Cf. Crick (1994), pp. 265- 268. クリックは、自由意志や自我の問題など、単純な感覚 - 反応とは異なる高度な意識現象の脳科学的な解明について、今後の研究課題とし、先送りしている。

（72）河村（2004）、二八頁参照。

（73）Cf. McGinn, C., *The Mysterious Flame: Conscious Mind in a Material World*, Basic Books, New York, 1999. p. 29（邦訳：コリン・マッギン『意識の〈神秘〉は解明できるか』石川幹人・五十嵐靖博訳、青土社、二〇〇一年。三九頁参照）。

（74）Cf. McGinn（1999), pp. 54-57.

（75）Cf. Jackendoff, R., *Consciousness and the Computational Mind.* Cambridge, MA: MIT Press. 1987. p. 23.

（76）河村は、このような機能主義の態度を「平板化」と批判する。河村（2004）、三〇頁参照。

（77）Cf. Jackendoff (1987), p. 25. だが一方で、ジャッケンドッフは、「計算論的な理論は、気づき（awareness）の世界が可能になるということを十分に表現せねばならない（固有な種類についての十分な特徴を含まねばならない）。したがって、もし、我々の現在の計算論的な理論によって未だ表現されていない現象論的な特徴があるならば、その理論は豊かにされねばならないし、見直されねばならない」（op. cit.）とも述べており、参照するだけの有用性は認めている。

（78）Cf. Jackendoff (1987), p.275.

（79）Cf. Varela, et al. (1991), p.55.

（80）河村（2004）、二七―二八頁参照。

（81）Cf. Searle, J. R., *The Rediscovery of Mind.* Cambridge, MA: The MIT Press., 1992.（邦訳：ジョン・R・サール『ディスカバー・

マインド――哲学の挑戦』宮原勇訳、筑摩書房、二〇〇八年）。

（82） Cf. Searle (1992), pp. 95- 97.

（83） Cf. Searle (1992), p. 97.

（84） Cf. Searle (1992), p. 98.

（85） Cf. Varela (1996), p. 347.

（86） Cf. Varela (1996), p. 336.

（87） 野家伸也「ヴァレラの「自然化された現象学」をめぐって」『現象学年報』一八号、一一三―一二二頁所収、日本現象学会編、二〇〇二年。一二〇頁参照。

（88） Cf. Merleau- Ponty, M., *Phénoménologie de la perception*. Éditions Gallimard, Paris, 1945, p. ix（邦訳：メルロ＝ポンティ『知覚の現象学　1』竹内芳郎・小木貞孝訳、みすず書房、一九六七年。四―五頁参照）。

（89） Cf. Varela (1996), p. 335.

（90） Cf. Varela (1996), p. 336.

（91） Cf. Varela (1996), pp. 336- 338.

（92） Cf. Varela (1996), p. 337.

（93） Op. cit.

（94） これについてヴァレラは、「もし親密さないし直接性が、このプロセスの始源であるなら、それは心の仮想空間の内部で現れるがままの現象の多元的可能性を考察しつつなされる想像的な変更によって維持される。こうしたイデアールな変更は、数学に通じている人には馴染み易いものであろうし、また我々の分析の対象となるものなら何にでも適用可能である、と言える」と述べている（op. cit.）。自由変更と本質直観については、『イデーンⅠ』の第四節を参照のこと（vgl. HuaIII, §4）。

（95） Cf. Varela (1996), p. 337.

（96） Op. cit.

（97） Cf. Varela (1996), p. 338.

（98） Op. cit.

(99) Op. cit.

(100) Op. cit.

(101) Cf. Varela (1996), p. 340.

第五章　現象学の自然化の問題

前章で確認した通り、ヴァレラが神経現象学を展開する上で現象学と認知科学を繫ぐために用いられるのは、現象学的還元という方法であった。しかしながら、認知科学の側から現象学を用いる場合、あるいは現象学の側から認知科学を用いる場合、どちらの側からにせよ、両領域から呈示される見解は、互いにどのように取り扱い、どのように補い合うのだろうか。

例えばそれは、現象学的な記述やそこから見出される本質規則性をそれらが呈示する特徴の類似性から、素朴に認知科学的な成果へと当てはめることなのだろうか。また逆に、認知科学的な観測結果や、生物学的、物理学的な法則性や因果関係を、現象学的に直観される具体的な意識体験の記述に対応させればよいのか。しかしながら事態はそれほど単純なことではない。現象学がその方法である現象学的還元を遂行する以上、認知科学や物理学など、客観的に実在措定されたものは括弧に入れられるため、その考察与件をそのまま素朴に扱うわけにはいかない。そもそも現象学は、自然主義的な考察自体をエポケーすることで、純粋に意識の構成プロセスを取り出すことを目標としている。それゆえそこで見出される構成の理論、構成の基づけ関係からすれば、現象学的な内容を自然科学的に見直したり書き換えたりすることは、自然主義的な記述に逆戻りしてしまうということになる。これでは現象学をする意味がなくなってしまう。したがってここでの問いは、現象学がその方法論でもって、認知科学的な研究への哲学的な基盤を提供するばかりでなく、逆の方向、すなわち認知科学から現象学への寄与ないし転換は可能なのだろうか、ということになる。この認知科学から現象学への転換ということについて、ヴァレラは「現象学の自然化」ということを提唱している。この現象学の自然化とはいかなることなのか。我々はこの問いを本章における主題とし、フッサールによる自然主義的態度や事物構成についての考えを確認した上で、自然科学ないし経験科学の成果が現象学的にどのように扱われるのかを考察する。我々は両者の関係を改めて考察し、規定することで、神経現象学的な研究プログラムを遂行する前提を整理することとする。

以上のことから、我々はヴァレラの認知科学と現象学の関係について、以下の第一節において、神経現象学の「相互制約」と言われることの内実がいかなるものであるかを整理し、規定することとする。そしてその規定に対し、第二節で我々は、ヴァレラの言う現象学の自然化の意味を確認し、自然主義的な成果に対するフッサール現象学の考察として呈示された「領域的存在論（regionalen Ontologie）」（HuaIV, S. 91）を対照することで、現象学が諸科学（物理学や生物学、数学など）に対してどのような規定を持ってそれらの事例を扱うのかを確認する。これらの考察により、我々は神経現象学の試みの基盤を吟味することになり、またヴァレラの提唱する現象学の自然化から、認知科学研究の成果が現象学にどのような寄与をもたらすのか、ということを理解することになるであろう。

第一節　認知科学と現象学の相互制約

ヴァレラの神経現象学の研究プログラムにおいて、認知科学と現象学が制限しながらも接合するということはいかなることなのか。この点についてヴァレラは端的に、「問題の外面と経験面の両方について、バランスのとれた、そして訓練された記述のみが、生物学的な心と経験的な心のギャップを架橋することへと、より近づく一歩を踏み出し得る」[1]と述べている。またその中で神経現象学が目指すのは、「両方の記述の共同規定を強調することによって、それらの記述の間の架橋、異議申し立て、洞察、そして矛盾を探索し得ること」[2]であるとヴァレラは述べている。つまり、それぞれの研究におけるアプローチについて互いに意見を交わし合い、一方の領域から呈示された成果、結論に対して、他方の側から吟味した際に、それぞれの領域においても正当性が認められ得るかどうか、ということを考察するものである。

以上のような目標は、一般的な対照考察の基本として誰しもが認めるところであろうが、しかし、両領域からの記述を共同規定することについてヴァレラが懸念するのは、科学的な説明と経験の記述の相互補完を目指す際に、「どのようにして科学的な記述が心的な経験を解明するのかということを見るのは容易だが、経験から科学へのという逆の方向は、一般的に無視される」[3]ということである。これはすでに見たように、科学研究の基本的な態度である還元主義において顕著である（本書第四章第二節（1）参照）。そこでヴァレラは、現象学から認知科学への寄与について、次の二つの点に注目せねばならないと考える。それは、「第一に、現象学的な記述無しでは、経験の直接的な質が消えてしまうか、あるいは神秘的な難問になってしまう。第二に、構造的な記述は、経験的な観察に対して制約を提供する」[4]ということである。ここで特に重要なのは、言明の後者において指摘されている「制約」ということである。

例えば、コネクショニズムにおける脳神経系の認知処理について見てみよう。それは複数のニューロン群による並列分散処理によって生じるということであった（本書第四章第一節（1）参照）。つまり何らかの視覚刺激によって、ニューロン群が反応する際、異なる領域のニューロン群が同期することによって大域的な並列分散処理がなされ、認知が生じるということである。この時、脳の異なる領野への同期をもたらすのが、ガンマ波という一定の周期を持った脳波の共鳴であると考えられている(5)。このことから、認知は脳神経細胞の発する振動共鳴によって生じるという帰結が立ち得る。他方でヴァレラは、このような帰結に対し、「持続といった心的な内容の一人称的な記述への洞察を提供する能力に基づくことも同様に有効であると認められるべきである(6)」と述べる。つまり、ヴァレラは、このガンマ帯（複数のガンマ波）における神経同期化といった、脳における大規模な統合メカニズムが認知を生じるという帰結によって、観測の事実からの推論によって因果性を導き出すだけでなく、意識経験における持続という心的な内容も、この帰結や推論の根拠となり得ると考え、科学的な観測に対する心的な記述の寄与も強調するのである。

では実際のところ、そのような寄与はどのように扱われ得るのか。すでに第I部で見てきたことだが、意識の構成にある程度の時間の幅が生じているということは、現象学的な体験の記述において明らかにされている（本書第一章第一節、第二節参照）。このことは、コネクショニズムが見出したガンマ帯の神経同期という共鳴振動によって生じる認知や表象の構成に時間がかかるという観測的な事実と呼応していると看做し得る（このことは、第六章において時間意識の神経現象学の考察の際に改めて述べることになる）。つまり、認知が神経同期という物理的な時間を要する脳神経系の処理と、意識の本質規則性によって呈示される体験の持続的な構成とが、ここで相応していると見ることができるのである。このような例から、両領域からの記述が互いの記述を根拠づけし合うものとして見出されるのである。またこの他に、現象学が神経科学の問題に決定的な寄与をもたらした例として、山口が過去把持によってベンジャミン・リベットの主観的時間遡及の問題を批判したという事例も挙げられる[7]。他にも「身体イメージ」、「情動」などの問題で、現象学的な経験に基づく一人称的な記述が認知科学的な研究を主導したり、根拠づけたりする可能性は大いにあり得る[8]。

これらのことからすると、確かに現象学的還元によってもたらされる一人称的で明証的な記述によって、脳神経科学研究とその成果が意識的にしろ無意識的にしろ、先導されたり補完されたりする可能性があるということを、我々は納得し得るかもしれない。つまり、こうした神経現象学的な考察においてヴァレラが指摘したことの一端は、「訓練された一人称的な記述が、神経生物学的な提案の正当性という不可欠な要素であるべきで、そしてそれは、もはや、偶然一致するように発見される情報ではない[9]」という提案へと繋がっていく。つまり、科学的な研究を遂行する者（特に還元主義者や機能主義者など）は、その一人称的な記述が置かれる理由とそうした認知に関わる研究の中での地位を、重要なものとして認識すべきであるという主張なのである。そもそもイナクティブな観点から見れば、「行為によって生じる認知は恣意的ではない[10]」のであり、一人称的な記述は十分に科学的な研究の根拠になり得るものである。したがって、このように互いの研究へ貢献し、時に他方のアプローチや研究成果に疑問を投げかけることが、神経現象学的な研究を展開する上で重要な態度であり、また方法でもあると理解されるのである。

しかしながら、他方でヴァレラは、神経現象学を「一つの方法という実用と習得の問いであって、アプリオリな論証ないし理論的な完全性の問いではない[11]」とも考えており、慎重な態度を採っている。これはつまり、神経現象学的な研究プログラムとは、そもそも両研究領域に対する作業仮説に過ぎないことを注意しているのである。これについてヴァレラは、「経験的なメカニズムへの何かまったく新たな洞察を神経現象学的なアプローチから期待するという目的は、的外れになるであろう……確かに、現象学的還元というアプローチは、心的な生の構造に関する興味深いアイディア（時間性や充実化の事例を参照）を提供するが、現象学的還元というアプローチの主要な効力は、我々の経験を認識可能にするという方法において為されるのである[12]」と述べている。つまり、現象学を認知科学に導入しただけで何か問題が解決するわけではないということである。しかしながら、神経現象学が作業仮説に過ぎないのだとしても、それでもヴァレラは、科学的な説明と意識経験の記述の間を現象学によって架橋できる、という可能性を秘めていると考えるのである。

第二節　現象学の自然化と領域的存在論

以上の通り、認知科学がその研究の中で素朴な観測対象やその経験を無批判的に用いるのではなく、それらに対して現象学的還元を施し、そこで呈示される体験を用いるということは、ヴァレラの意図する現象学からの認知科学への「制約」である。そして、その制約が科学的な説明と意識経験における記述とのギャップを超えるための方法として寄与し得る、とヴァレラは考えている。このような現象学から認知科学への制限と寄与の一方で、ヴァレラは認知科学から現象学へという逆の方向からの寄与というものを意図している。それが「現象学の自然化」である。これは、ヴァレラやジャン＝ミッシェル・ロアらが編集した『現象学の自然化』の第一章において、「いかなる種類の現象学的な記述も、もしそれが数学化し得るのならば、自然科学の一般的な枠組みへ統合されるという意味において自然化され得る[13]」と述べられている。つまり現象学の自然化とは、端的に言って自然科学や経験科学によって現象学的な記述を捉え直す試みである。しかしながらこの試みは、我々が本章の冒頭で指摘したように、せっかく為された現象学的還元による態度変更を無にしてしまいはしないだろうか。確かにヴァレラは、フッサールの現象学的還元の目的を的確に汲んで、認知科学的な研究に対し現象学の理論や方法を慎重に導入している。だが、そのアプローチは現象学の側から認知科学の側への接近であり、科学の側から現象学への接近の妥当性を確認しているわけではない。もちろんヴァレラの神経現象学は、現象学と認知科学をバランスよく双方向から関係づけており、ある一方の側から他方の側へ一方的に適用したり解釈したりしたままにしておくということはない。しかしながら、この「現象学の自然化」という企図は、先の引用からも窺えるように、双方向ではなく一方向の適用を目標としているように思われる。我々はこの点について慎重にならざるを得ない。なぜなら現象学は、そうした自然科学を現象学的還元により意識におけるその構成を問うという、自然科学よりもメタなレベルにあるからである。この点を確認し、堅持した上でなければ、現象学の自然化という試みをそのまま受け入れるわけにはいかないのである。

したがって、我々は一旦、『現象学の自然化』において目標とされる自然化の意味を考察した上で、フッサール現象学における自然主義に対する考察を確認し、現象学の自然化について吟味する。具体的には、我々はまず（1）『現象学の自然化』において意図されている試みの内実を確認し、その後、（2）フッサールの自然主義批判と、（3）自然主義的態度の前提となっている事物の現象学的な構成論、（4）その構成された事物連関において成立する物理学と数学への理念化、（5）それら諸学の事実学と本質学の区別における領域的存在論の成立、ということれらのことを確認する。そして最終的に、（6）現象学が自然科学や経験科学という領域的な存在者をどのように取り込んで研究を展開するべきなのかを考察することとする。

（1）現象学の自然化とは何か

これまで見て来たように、現象学を認知科学に導入する理由は、認知科学の科学的な観測に対する意識経験のギャップ（例えば、意識のハード・プロブレムの問題やクオリア問題）を埋めるためであった。そしてこのギャップを埋めるため、現象学的還元によって見出される直接的な意識経験という現象学的な与件を認知科学的な研究の基盤に据えようというのが、神経現象学の研究プログラムの根幹である。しかしそのプログラムはさらに深化し、現象学的な与件を物理学ないし数学において再構築し、自然科学へ統合することは可能か、という問いを生み出した[14]。つまりそれは、心的な諸性質と自然的な、物理的な諸性質の見かけの差異を取り去って、前者を後者へと変換できるのか、という問いである。この問いこそが、現象学の自然化という企図の内実である。

『現象学の自然化』の編者たちが採用する自然化の手段は、数学や力学系に関する様々なモデルを道具立てとして用いることである[15]。これまで見てきたイナクションや力学的な認知観を考察する中で確認されたヴァレラの戦略によれば、心的な性質から物理的な性質への変換において、双方を繋ぐものとして考えられてきたものは力学的な理論であり、力学的な認知観によって認知科学的な研究を進めるという方針であった（本書第四章第一節（4）参照）。その方針では、意識経験が認識主体（有機体）と世界（環境）の切り離しを前提とした古典的な相互作用によって生じるのではなく、カップリングという新たな観点によって接合的に組織される諸システムとして理解され、その有機的な自己組織化を創発する相互作用として取り扱えるとされている。このことから神経現象学は、ショーン・ギャラガーが述べる通り、「心的なプロセスの物理的な側面の理解という点において、我々は近年発達した脳の力学的な諸モデルを必要とする」[16]のであり、また『現象学の自然化』の編者たちは、フッサールの時代に不可能であった意識についての数学的な自然科学が科学の進歩（それは観測能力ないし技術の進歩と同義である）によって、すなわち力学系理論の発展によって、現代では可能になると考えている。このことから、現象学の自然化の試みが展開し得る見通しがあると編者らは主張するのである。[17] だが我々は、現象学的な与件とその記述を自然化することを可能にするという主張に対し、上述したような懸念から、その可能性を考慮すべきものとして受け取り、徹底的に吟味する必要がある。

まず、この自然化の議論の際に忘れてはならない要件があるため、それを確認しよう。それは、上のカップリングと創発の議論で最も重要な役割を果たす「身体」である。この点について野家伸也は、「ヴァレラが言う「身体」は（彼がメルロ＝ポンティの言う「現勢的身体」）ではなくて、世界が「立ち現われる」さいの不可欠な媒体、すなわち「超越論的媒体性」としての身体である」[18] と述べている。この超越論的媒体性は、新田義弘によって提唱された、現象学的な時間性と身体性の機能の現象学という問題系を示している。[19] 現象学における事象帰還という方法論において、辿り得る最深の場所に位置する身体という超越論的な事実性は、現出する周囲世界や諸地平が身体性という現出条件によって生成されており、そのことから身体は、世界と意識が立ち現われる媒体と言い得るものである。[20] この身体性という観点は非常に重要であり、先の数学や力学的な理論の道具立てを用いることを推奨するギャラガーや『現象学の自然化』の編者たちも、数学化という抽象が行われる前の、身体における内容豊かで力動的な経験がどのようなものであるかを正確に捉え、そこから出発することが肝要であると考えている。[21] そのような彼らの考えにおいて、「身体性はしたがって、感覚‐運動的なカップリングが絶え間無い流れの中にある諸項目を有意味な世界の内へと組み込んでいくという進行中の内生的な（endogenous）活動を調整する（しかし決定はしない）ことを含意する。このことは、身体性が結合主義と分かち合う力学系から取り出されたツールの中に自然とはめ込まれることになる」[22]ということが主張される。つまり、身体という心的なものと物的なものという分離以前の接合点ないし媒体性において、力学的な理論は身体の感覚 - 運動の形式的な側面（運動の仕組み）に親和的であると考えられ、この理論を用いて現象学的な記述を力学ないし数学の領域における記述方法（記号化、抽象化）による変換が可能なのだということである。こうしてヴァレラをはじめとする神経現象学を遂行する者は、身体性の記述という適切な出発点を取ることで、現象学的な記述をベースにした数学的ないし力学的な理論化という現象学の自然化が展開できると考えるのである（具体的な展開は、本書第六章で呈示する）。

　こうした両記述の接合点（身体）を用いて、神経現象学的なアプローチによる現象学的な与件とその記述を自然化することは、十分可能性を有していると言い得るだろう。現象学による認知科学への基礎づけが、一人称視点の還元不可能性を重視したのに対し、認知科学から現象学への寄与は、間主観性と間身体性を根拠にした上での数学化という三人称的な公共的コード化を重視しており、まさにこの両者からの寄与の循環が、ヴァレラの意図するところの神経現象学の研究プログラムにおける要点でもある。この方法論の前提の上で為される両記述の循環こそが、相互制約に基づいた作業仮説の呈示を可能にし、その作業仮説が証明された際には、両領域が相互補完していると言うことも可能であろう。これこそが、認知科学者らの考える現象学の自然化の意味であると理解できるだろう[23]。

　しかしその際、この研究プログラムを展開するために勘案すべき重要な問題がある。それは、現象学的な記述と認知科学的な記述における性格の違いである。このことについて呉羽真は、「現象学の自然化は、科学的知識を生活世界との関連のうちに置き直そうとするフッサールの科学批判を経験レベルで実質化し、またその現象学的記述を、具体的なモデルを用いて検証し、根拠づけることを意味する」[24]（傍点は筆者による）と述べている。確かに、神経現象学の方法論である現象学的還元を通じた本質直観によって成される三人称的な説明というコード化は、身体的な経験の現象学的な記述を通過していることから、単に現象学的還元以前の自然的態度へ逆戻りするということではないと考えられる。しかし、現象学的に記述された体験の本質法則を力学や数学のモデルで検証するということは、現象学においてどのように正当化されるのか。

これまで述べられてきた神経現象学の観点から、『現象学の自然化』の編者たちが現象学的な記述に対し、それを自然化するために力学系の理論を持ち込むことは考えられないでもない。しかしながら、先の呉羽の言及のように、現象学の記述を自然科学的な説明において証明し、根拠づけを目指すことは、前節で確認した現象学と認知科学の相互制約の際に現象学が認知科学の基礎づけをしているということと、単に逆の方向を指示しているだけのことのように理解されてしまう危険性を孕んでいる。現象学による認知科学の根拠づけではなく、認知科学による現象学的な記述の根拠づけという逆の方向は、力学系モデルの使用によって経験を数学化するという自然主義的な操作であるということは、何度も確認された。しかしそれは周知の通り、フッサールの『危機書』において現象学的な探求とは異なるものとされ、また批判されていることでもある（vgl. HuaVI）。つまり、現象学の自然化は現象学的な態度において遂行されるのではなく、自然主義的な態度、すなわち自然科学者たちに馴染みの還元主義的な態度で遂行され、その視点において現象学的な記述を扱うということになりはしないだろうか、という懸念が生じてしまうのである。どれほどフッサールの時代より科学や数学が発展しているとしても、自然主義的な記述と超越論的な記述は区別されなければならない。哲学と科学の相互の発展を目指して、『現象学の自然化』の編者たちは科学的な記述の有用性を強調し、現象学的な記述へと素朴に適用しようとするが、しかしながらこれらの記述における性格の違いをどのようにして架橋しているのかは明らかでない(25)。異なる領域の記述が変換可能であるということが明確に論証され得ないのならば、その変換は曖昧なまま、混同と混乱に陥り、自然化の試みは無意味な企図となるだろう。

以上のことについてダン・ザハヴィは、フッサール現象学の内実に則って、自然化の企図自体に慎重な態度を採る[26]。ザハヴィは、数学や力学といった認知科学的な説明を導入することは、現象学的還元による科学の妥当性に対するエポケーに反し、超越論的な次元を放棄しているのではないか、という批判から、結局のところ現象学の自然化を達成し難いものと見ている[27]。とは言え、一方でザハヴィは、現象学の自然化の困難について、ヴァレラから「『現象学の自然化』は、より大きな企図の最初の部分として単に考えられていただけだった。補足する二巻目の本は、『自然科学の現象学化（*Phenomenologizing Natural Sciece*）』というタイトルをつけようと計画していた[28]」という展開があることを、二〇〇〇年にパリで直接聞いていて、この展開が十分になされるのであれば、現象学の自然化も正当化されるとも考えている。つまり、自然科学自体が現象学的な分析を通過して、その学問としての認識がいかにして成立するのか、という点が明らかになったとき、はじめて現象学の自然化という可能性が吟味できるのではないか、ということである。この「自然科学の現象学化」こそが本章の主題に他ならない。つまり、この「自然科学の現象学化」とは、上述した「認知科学から現象学への寄与は、間主観性と間身体性を根拠にした上での数学化という三人称的な公共的コード化」であるということが意識においてどのような構成のプロセスにおいて成立するのか、すなわち自然的態度や自然主義的態度を現象学的還元にもたらし、根源的な身体性から学問的な理念へという、これらの間に生じている幾重にも重なった構成を解きほぐして理解することが必要なのではないか、ということを目指すものであると考えられる。ヴァレラやザハヴィが指摘しているように、「現象学の自然化」と「自然科学の現象学化」の両方の理解を持つことで、現象学と自然主義的な諸学問の学際研究が正確に可能となるというのであれば、我々は特に後者の自然科学を現象学的に理解することを必要とする。この後者の問題を明らかにすることによって、現象学の自然化という企図の正当性が示され、引いては諸科学に対する現象学の寄与の可能性が主張できるようになるだろう。したがって我々は、以下において身体性から理念へという意識の輻輳的で段階的な発生の過程を可能な限り確認していく。

（2） 現象学による自然主義批判

フッサールは『厳密学』において自然主義に対する批判を展開している。フッサールは、「自然主義とは、自然〔、すなわち〕精密な自然法則に従う空間的‐時間的な存在の統一という意味における自然の発見という結果の現れである」（HuaXXV, S. 8）と述べている。この立場を支持する自然主義者は、フッサールによると「自然、差し当たり物的な自然以外の何ものも認めない。存在する全てのものは、それ自体で物的なもの、〔すなわち〕物的な自然の統一的な連関に属しているか、あるいは確かに心的なものであるが、物的なものにただ依存して変化するもの、たかだか二次的な「並行的な随伴事実」であるか、そのどちらかである」（HuaXXV, S. 9）という態度を採る。これらの立場や態度を持つ研究者は、ヴァレラの分類で言えば、還元主義者や機能主義者とも言えるだろう。自然主義者にとって、物的な自然が感覚の複合、すなわち色や音、硬さなど、心的な印象に関わる場合でも、そもそも物的な自然は原理的な自然法則に規定されていると考えられているのである。

このような徹底した自然主義の特徴を、フッサールは「一方で、全ての志向的‐内在的な意識の所与性をも含めた、意識の自然化（Naturalisierung des Bewusstseins）、他方で、その意識の所与性とともに、全ての絶対的な模範と規範をも含めた、諸理念の自然化（Naturalisierung der Ideen）」（ebd.）であると指摘している。そして自然主義者は、この自然主義の立場での意識や理念の自然化が「真正の真理、真正の美、真正の善とは何であるか、いかにしてそれは一般的な本質に即して規定されねばならないのか、どのような方法に即してそれは個々の場合において獲得されねばならないのか、という認識をもたらすため、あらゆる理性的なものに結びつけるような、学問的な努力をすることで果たされる」(HuaXXV, S. 9f.) と考えている。その努力の中で自然主義者は、「自然科学や自然科学的な哲学を通じて、〔真、善、美という〕主要な点についての目標を達成すると信じており、そしてこの意識が与える熱狂の全てでもって、今や自然主義者は教師や実践的な改革者として、「自然科学的な」真、善、そして美を擁護する」(HuaXXV, S. 10) ことになる。つまり自然主義者は、自然科学によって哲学的な問題を解決するという目標と理想の下で、理念の自然化を試みることになるのである。このようにして、自然主義による意識や理念の自然化は、あらゆる事象を(自然現象だけでなく価値や実践をも)、素朴に理想主義的で客観主義的な態度と前提の下で、自然法則へと還元するのである (vgl. HuaXXV, S. 9f.)。だがフッサールによれば、自然主義者はこのような態度による自然化の目論見を、最終的にはその前提自体を自ら否定せざるを得ないことになると言う。なぜなら、自然科学的に真なるもの、善なるもの、美なるものを明らかにしようとする自然主義の試みは、それについての理念的な思惟の典型としての形式論理学をも自然法則と解釈することになり、その徹底性によって様々な矛盾を生じてしまうからである。

ではその矛盾とは何か。それはフッサールによると、第一に、「自然法則はアプリオリには認識され得ず、それ自体で洞察的に基礎づけられ得るものではない。そのような法則を基礎づけ、そして正当化する唯一の道は、個々の経験の事実からの帰納である。しかしながら帰納は、法則の妥当性を基礎づけるのではなく、単にこの妥当性の相対的に高い蓋然性を基礎づけるのみである」(HuaXVIII, S. 73f.) というものである。そもそも一般的に、自然科学的な法則は観察や実験の事実から仮説が作られ、それらを探求の基礎とする。だが、そこから得られる判断は常に帰納的なものに留まる。その帰納的な結果は、当然ながら蓋然性に留まり、それを普遍的な真理と看做すのは、ある種の飛躍を必要とするだろう。このような帰納法による法則性の導出という前提において、我々の思惟における論理法則も自然法則と看做すならば、論理法則はアプリオリではなく、単なる蓋然性に過ぎないということになってしまう。

そしてこの第一の論点に関連して、自然主義の前提が矛盾に陥る第二の理由は、フッサールが『論研』でリップスやジグヴァルト、ヴントらの「思惟法則（思考の自然学としての論理学）」を批判したことに関連する（vgl. HuaXVIII, S. 67, 80）。論理学に関する思惟法則について、フッサールは「人が法則を、法則について判断すること、認識することを混同する場合、〔すなわち〕イデア的なものをリアルなものと混同する場合、法則は、我々の思考経過を規定している力として看做される」（HuaXVIII, S. 77f.）と述べている。つまりリップスらは、論理法則自体を思考の原動機（モーター）のように考えることで、我々の判断が生じると考えているのである。しかしそうしたことは、論理法則という意識内容と、それに伴う判断すること、認識することという意識作用の本質的な区別を曖昧なままにして見落としていると言わざるを得ない。そもそも現象学的な観点において、思考経過を規定する本質法則は、志向的体験の本質規則性、すなわちノエシス - ノエマの相関関係であり（さらに言えば内的時間意識の構成や受動的綜合における連合などであり）、形式論理学的な法則とは異なるものである。この区別を見落としてしまっては、「論理法則は、――その真正な意味に即して――心理的な生の諸々の事実性についての法則ではなく、つまり、表象すること（すなわち表象することの体験）、判断すること（すなわち判断することの体験）についての法則でもなければ、その他の心理的な体験についての法則でもない」（HuaXVIII, S. 80f.）ということが理解できなくなってしまう。それが理解できなければ、論理的な純粋法則が意識経験（思考経過）を導き出すという誤謬に陥るであろう。

以上の点により、自然主義による意識や理念の自然化はその目論見からして目的を達成し得ないことを自ら露呈する。物的な自然の法則を導出するような仕方では、意識経験における法則性を基礎づけることはできないのである。この点だけ見れば、確かにフッサールは反自然主義を主張していると言い得るだろう。だが他方でフッサールは、一旦は自然主義による自然化を否定しつつも、現象学的に自然主義の前提を捉え直すならば、先に挙げられた自然主義のアポリアについて更なる探求が可能であると考えている（vgl. HuaXXV, S. 11）。では実際のところ、フッサールは自然主義的な前提をどのように捉え直すのか。

我々は、自然ないし事物を素朴な経験において知覚し、判断し、記述する。そうした記述に対して、自然主義ないし自然科学が目標とするのは、その自然ないし事物が無限の空間 - 時間の内にある存在であるということを自明の前提とした上で、客観的に妥当するものとして、学的な仕方で認識することである。このことは、より広義の自然、すなわち「心理物理的な意味（psychophysischen Sinne）における自然」（HuaXXV, S. 13）[29]にも妥当する。例えば、自然主義において心的なものを考えた場合、それは単独で存在するのではなく、物的なもの、すなわち身体と結びついたものとして現れるという見解がある。この見解によれば、心的なものは身体という物的な自然と結びついている限りで、客観的で時間的な性格を持つものとして規定されることになる。だが、このような自然主義的な見解、あるいはそれをもとにした自然科学や経験科学の研究対象の規定は、極めて素朴な前提において捉えられている。このことに対してフッサールは、その素朴な存在定立ゆえに、哲学的であるとは言えないと述べている（vgl. HuaXXV, S. 14）。その理由は、自然科学が観察ないし観測の際に、この行為と結果が常に直接の経験に依存していること、そしてその経験に立ち戻らねばならないということを無視している点にある。つまり諸科学は、観測の際、その観測の経験自体に立ち戻り、いかにして意識としての経験が対象を与え、ないしは出会い得るのか、という問いを持たず、自然をそれ自体として存在しているという素朴で無批判的な前提として自明のものとしまっているのである。そこでフッサールは、このような問いを解決するために、「ここで意識の様態やその本質の研究へ向かう態度がなかったとしても、その場合でさえ、解明の方法は、思念性の様態や所与性の様態への反省を欠くことができないということを必然的に伴うのである」(HuaXXV, S. 16f.) ということを指摘する。つまりこのことは、自然科学であれ経験科学であれ、その探求に必然的に伴うこの思念や所与の意識の様態を反省する方法として、現象学的な探求方法が必要とされるということである。したがってフッサールは、この問いの解決が自然科学の探求の範疇を超えたところ、すなわち直接的な経験の反省や分析に求められることになる、と考えるのである (vgl. HuaXXV, S. 14f.)（このことは、ヴァレラによる還元主義や機能主義の批判に通じている)。

こうしてフッサールは、自然主義的な立場からの探求の前提を、意識そのものの分析へと深化させる。この深化——それはすなわち、現象学的還元による純粋意識の露呈である——によって、現象学は意識による「自然」の構成という次元の探求から自然主義の前提を突き崩し、それらの前提の根源を明らかにしようとするのである。

(3)「自然」の構成に関わる身体性の現象学的な考察

以上のように、『厳密学』においてフッサールが批判した理念や意識の自然化は、ヴァレラやロアらが主張した神経現象学の意味での、すなわち身体性に根差した現象学的な記述の数学化という意味での自然化とは異なっている。フッサールが批判したように、自然主義において意識を自然法則へと還元するという試みが曖昧な前提、すなわち相対的な蓋然性の上に立っていることから、我々はその蓋然性を探求の明確な根拠とすることができないのである。意識の必当然的な明証性という根拠無くして自然化を遂行することは、もはや現象学的な探求の一切を欠いていると言い得るだろう。これは当然、神経現象学的なアプローチではないし、何より『現象学の自然化』の編者らが意図したものでもない。神経現象学の求める自然化の前提となる根拠、すなわち「身体性」を介した事物的な与件の構成を明らかにしなければ、現象学の自然化の正当性は主張し得ないのである。つまり、現象学の自然化という企図は、身体性の構成という基礎づけを経た考察でない限り、上述のようなフッサールの自然主義批判には耐えられないのである。

とは言え、現象学的な記述による身体性の露呈と、それを自然化することとの間には、一足飛びに接合できない隔たりがある。我々はこの隔たりを越えて、現象学の自然化が可能であるか否かをさらに吟味する必要がある。そのために我々は、その可能性を基礎づけ得るであろう身体性を介した事物の構成と、その「領域的な存在」の次元について考察することとする。

我々の意識において通常知覚している事物の構成について、フッサールは、「直観的に私の前にあるような、感覚的なものとしての物質的な事物の性質が、私の、経験する主観の性質に依存し、私の身体と私の「正常な感性」に関係づけられている」(HuaIV, S. 56) と述べている。ここで確認せねばならないのは、「私の身体」とその「正常な感性」についてである。

まず前者について確認しよう。一般的に言って、身体は知覚の手段 (感覚器官を持つということ) である。そしてその身体に与えられる感覚について、フッサールが『論研』以来、知覚的な統握が感覚内容を前提するという構成理論を立てていることは周知の通りである（「感覚を生化する統握」（HuaXIX/1, S. 361））。その構成の理論において、この感覚内容は事物と主観ないし身体を遡示する構成要素として必要不可欠なものであった。この点について、フッサールは『イデーンⅡ』において、この感覚内容がキネステーゼ的な感覚[30]、すなわち動いている身体部分が局在化する感覚を伴うことでそれぞれの感覚器官が空間的に配置され、またさらにはそれら感覚器官の全体としての身体を呈示することになると考えている（vgl. HuaIV, §18- a）。なぜなら、まず感覚の統握によって事物の徴表（Merkmal）が構成されるが、その構成は例えば視覚ならば眼の動き、触覚ならば指の動きなど、その動きに対応する徴表の変化が（意識的にしろ、無意識的にしろ）伴って生じており、そしてその際の変化は、視覚の場合で言えば、眼や頭部の身体的に秩序立った運動のシステム（眼球の動き方や視野の広さの限界、関節の稼動域など）に制約されているからである。しかもこのキネステーゼ的な感覚は、触発的な動機づけ連関（時間意識の構成から言えば過去把持的かつ未来予持的な傾向を持った連合）によって一連の順序づけがなされる[31]（本書第二章第二節（3）参照）。ここで事物的な知覚の構成は、二種類の感覚、すなわち「一方の、動機づけしつつある側のキネステーゼ的な諸感覚、他方の動機づけされた側の徴表の諸感覚が恒常的に見出される」（HuaIV, S. 58）。つまり、事物的な知覚の構成とは、身体性（キネステーゼ）をもとにして外的な事物に相関する感覚を生じ、その感覚を事物として統握することによってなされている。これらのことから身体は、キネステーゼと感覚の局在化という「本質的に二つの相関的に関連づけられた機能の共働から生じる能作の統一なのである」（ebd.）と理解できるだろう。したがってフッサールは、この「動く」、「運動する」というキネステーゼと諸感覚ないしその局在化された諸感覚器官とが連動することで、身体という「機能と位置」の根源的な布置形成、すなわち身体図式が成立すると考えているのである（ebd.）。

以上のことから、事物知覚の構成にはキネステーゼ的な感覚による感覚の局在化、すなわち感覚器官やそのシステムとしての身体性が必然的に伴うということが理解されるのである。このことは、自然主義的な態度における観測や観察の基礎に身体性が不可欠に働いているという現象学的で明証的な呈示でもある。そしてフッサールはさらに、このことが自然主義的な探求に深く関わるということを先に言及した「正常な感性」ということを契機にして明らかにする。

フッサールは、事物の実在的な諸特性を考察する際、事物の射映、すなわち色や形、位置など、変化する外観について、何らか影響を与えるものの介入なしに呈示される諸特徴を「最良の状態（Optimum）」（HuaⅣ, S. 59）として正常な条件であると規定する（vgl. HuaⅣ, §18- b）。例えば、晴天の下で観る事物の色と夕日の中で観る事物の色であれば、前者の状態で観る事物の色がその事物の本来の色、最良の色として、我々はそれを「正常」と看做している。ここでの最良や正常という規定は、感覚の所与に対してある一定の状態と条件を是とする我々の関心や経験の傾向の上で統握され、思考され、判断される、実在的かつ相対的なものである。またこのような正常という判断は、感覚器官自体の状態や条件にも当てはまり、感覚器官に異常があれば（例えば指に火傷を負っていたり、サントニンを服用して視界が黄色くなっていたり）、通常の、正常な感覚とは異なっていると、我々は判断することになる。ここでは、単なる事物や、事物的な意味で捉えた場合の身体（Körper）は、それらに何らかの変化や異常が生じた場合に、実在措定における事物相互の因果的な関係の変化として理解されている（ここではすでに実在措定された高次の構成のレベルにあるため、受動的な層における身体性の構成の際の動機づけ連関とは異なっていることに注意しなければならない）。つまり、実在的な事物ないし身体の因果的な変化は、「心理物理的な「因果性」」、あるいは適切に言えば、心理物理的な「条件性」の領野における変転」（HuaⅣ, S. 64）であるとフッサールは指摘しているのである。

以上のことから、変化や異常という認識は、身体はもちろんその主観も当然伴っており、双方が絡み合っているのである。そのことから、身体は単に物理的なものであるだけでなく、心理物理的なものでもあると素朴に理解されることになる。だが、この心理物理的な因果性ないし条件性を現象学的な観点から分析すれば、経験されるあらゆる事物が身体性のそのつどの状態に関わる感覚的なものであるということが見出される。また、その身体的な感覚が実在化されるプロセスは、「諸々の感覚事物が実在的な諸事物の諸状態性を生成し、諸々の実在的な性状のシステム、因果性という表題の下での感覚事物という規制された相互の関係性のシステムが構成されるという仕方で完了する」(HuaIV, S. 65) ということも見出される。このことからフッサールは、「事物は、必然的にある空間的 - 時間的 - 因果的な連関の統一として「経験され」、主観に「直観的に与えられ」、そしてこの連関に、必然的にある際立った事物、「私の身体 (Leib)」が、常に本質必然的に、主観的な条件性のシステムがこの因果性のシステムと編み合わさっている場 (Stelle) として属している」(HuaIV, S. 64) ことを指摘するのである[32]。そしてこの「場」というものをフッサールは、「心理物理的な条件性の原存続体 (Urbestand)」(HuaIV, S. 65) として、事物構成の根源に据えるのである。したがって、心理物理的な条件性ないし因果性は、主観的な身体という原存続体によって基づけられ、構成されることによって成立しているということが理解されるのである。

以上のことから、自然とは我々の身体性を介した諸事物の構成という経験の総体として、すなわち身体性をもとにした「全空間的 - 全時間的な「世界の全て」、可能的な経験の全領野」(HuaIV, S. 1) として、実在的に、理念的に措定されたものであると言えよう。そしてまたこのことから、「自然的に経験すること (または遂行している自然的な諸定立）という基礎の上に、物理学的な思考が築かれる」（HuaIII, S. 113）という現象学的な経験と学問の基礎づけ関係を理解することができるようになる。したがって我々は、以上の考察を基にして、このように身体的な感覚から事物的な経験の構成という現象学的な統一のさらに先にあるという、「物理学や数学という諸学問の成立」ということがいかなることであるのかを確認する。

（4）物理学ないし数学という学問への理念化

すでに述べたように、自然科学の対象として考えられている自然は、空間‐時間的な世界全体、すなわち可能な経験の領野全体のことである。これについてフッサールは、「自然科学的な経験として、したがってまた自然科学的な経験の思惟として作動しつつある意識は、その本質的な現象学的統一を持っており、そしてこの意識は、自然の中でその本質的な相関者を持っている」（HuaIV, S. 2）と述べている。この言及において理解されるのは、自然の本質的な現象学的統一と自然科学的な経験の相関が基づけ関係に他ならないということである。つまり、意識の現象学的な統一という基盤の上に、自然科学的な経験が成立するということである。したがって、自然科学が対象とするところの自然とは、高次の自然主義的な態度を採る意識との関係の中で、自然科学や経験科学の対象としての存在論的な意味を獲得するということになると考えられるのである。では実際に、自然主義的な態度における自然、及びそれに関する学問は、我々の意識においてどのようにして成立するのであろうか。

　我々の意識が自然主義的な態度に傾いているならば、以上のような時間‐空間的に実在するものとして定立されている世界ないし自然は、あくまで理論的な関心を向ける際の単なる事象として捉えられることになる。この自然主義的な態度における理論的な関心ということについて、フッサールは、「スペチエス的な意味で「客観化する」主観」（HuaIV, S.4）の態度であると述べている。つまり、ここでは自然に対して「美しい」や、「恐ろしい」、「役に立つ」などという価値把握や有用性についての評価は行われておらず、専ら実験や観察、数理的な把握によって、理論的に、概念的に記述しようという態度において自然を理解しようとする意識作用が生じているのである。これらのことからフッサールは、自然が自然科学の相関者として「「単なる諸事象」の領野であり、構成しつつある意識の本質においてアプリオリに先行描出された境界設定を通じて、理論的に論じられるべき他の対象領野の全てから分離される対象性である」（HuaIV, S. 25）と述べるのである。したがって、自然科学的で理論的な態度における統握の下で構成されている事物を、自然主義的態度における主観がその前提の上で「自然」と呼んでいるのである。では、具体的に自然主義的な態度で遂行されている理論的な統握とはいかなるものであるのか。

例えば、理論的な態度（自然主義的な態度）において、林檎の木を意識すること（知覚すること、あるいは表象すること）、それが林檎の木であると判断すること、そして、それに対しスペチエス的（種的）に色や形を思惟することなど、我々は様々な諸作用を体験し、それぞれの作用を区別し得る。つまり、それら諸作用の意識体験は、それぞれの主観の主題の仕方、いわゆるドクサ（臆見）に基づいている（vgl. HuaIV, §2）。このドクサの傾向や在り方が理論的な態度であれば、「私は思惟する、私はある作用をスペチエス的な意味で遂行する、私は主語を措定し、次いで述語を措定する等々」（HuaIV, S. 3f.）を行うことを主眼とした態度になるだろう。つまり、理論的な態度における主観の志向は、諸作用の体験を統一的に説明するための筋道を立てるように遂行されるのである。

上で述べた通り、林檎の木を理論的な態度で捉えるということは、その対象のスペチエス的な意味を説明的な綜合ないし述定判断によって規定するという諸作用を遂行するということになる。これについてフッサールは、林檎の木という対象性が「これらの理論的な諸作用に先立って、何らかの志向的な体験によって……すでに意識され構成されている」(HuaIV, S. 4) ということを指摘する。ここには、理論的な作用と、その基礎となる事物的な対象性の構成という段階性が見出される。つまり、対象性の構成に関する志向的な体験とスペチエスを思念するという理念化的な作用が区別されているということである。これについては、心情的、評価的、実践的な態度の場合においても同様である。したがって、「対象に対して新しい対象の諸層を構成する」(ebd.) という、意識の段階的な理念化への構成がここに見出されるのである。(33)

以上のことから、我々の意識は直ちに理論的な諸作用を遂行するのではなく、まず対象性に関する志向的な体験の構成(知覚対象の構成)がなされ、主観の態度や関心に応じて理論的な作用や実践的な作用を遂行しているということになる。このことは、これまで述べてきた身体的な感覚から事物の構成がなされるという、基礎的な、根本的な次元から続いている構成プロセスの中の一つの局面であると理解し得るだろう。つまり、我々の意識は、このような漸次的な構成によって幾重にも重なる諸層の上に理論的な思考を展開しており、引いてはそれが学問という認識へと繋がっていくのだと考えられるのである。まさにフッサールは、このような高次の理念化する作用がなされる次元において物理学や数学が展開されると考える。特に物理学は、感覚的な体験に対する理念化という偏向によって成立している。その偏向とは、「幾何学的な諸規定は物理学的な客観それ自体に当然帰属し、幾何学的なものは物理学的な自然自体に属している」(HuaIV, S. 77) とフッサールが言うように、自然の幾何学を見出そうという関心と態度に他ならない。つまり、直観された事物の中で自然主義的に示される物理学的な事物を、常に幾何学的な諸規定とともに見出そうとすることによって、幾何学という理念的な純粋性において諸事物が看取され、精密に規定されることになるのである（もちろん、この幾何学という理念も、身体ないしはそれに伴う主観の移動よって変化する「ここ」や「あそこ」というキネステーゼ的な方向定位をもとにした空間化に由来するということ（vgl. HuaIV, S. 83f.）は、上述のことから十分理解されるだろう）。

ここで、理論的な態度によって客観的で実在的な空間性という高次の構成へと展開された諸事物は、「物体の空間規定が因果法則に依存していることを表現する力学的な諸特性（die mechanischen Eigenschaften）」（HuaIV, S. 84）を持つものとして思考され、規定される。その際に事物は、常にある特定の位置とある特定の形態、そしてある特有の性質を持つものとして理解される。それらは、「他の諸事物における諸性質と、〔それらの〕性質的な変化を引き起こし、しかもその影響力は、位置の連続関数でもある。〔すなわち、〕あらゆる位置の変化は影響力の変化に相応する」（ebd.）という何らか物理学的な法則性を与えられる。こうして自然は、「空間を充実しているものが微分方程式というある特定の群に従属し、ある特定の物理学的な基本法則に相応する」（ebd.）ものとして、我々に理解されるようになるのである。[34]

したがって、物理学的な見方における自然とは、「厳密な客観性が求められる場合に、環境世界が数学化を要求する」（HuaIV, S. 348）という思考的な作業の中で定められるものである、と言い得るであろう。そもそも物理学は、数学と切り離せない学問であるが、この数学によって、自然科学の研究者たちは、「自然科学の理論的な事物経験という基盤の上で、事物統覚の意味に即して、諸事物の「真の存在」を究明しようとしている」（HuaIV, S. 383）のである。こうした態度における真の存在というものについて、フッサールは、「完全性の実践から、「繰り返し（Immer wieder）」の中で考えられ得る完全化の地平へと自由に研究することにおいて、至る所に極限の‐諸形態が予描され、……この理念的な諸形態に関心を持ち、そしてそれとともにそれらを規定することと、すでに規定されたものから新たに構成することに一貫して携わるならば、我々は「幾何学者」である。そして、時間の次元も関わる更なる領域に対しても同様に携わるならば、我々は、その形態の普遍的な形式がともに理念化された空間時間形式であるといった「純粋な」諸形態の数学者なのである」(HuaVI, S. 23) と述べている。そしてまた、「直観的な存在、推定された真の存在は、経験しているものの体験の調整において、人格的な集団にある人員〔、すなわち自然科学の研究者たち〕が構成している存在である」(HuaIV, S. 383) として、一定の経験と理念という間主観的な一致の中で措定されるということを指摘する。[35] つまり、ここで自然科学者たちに目指されているのは、真の存在を常に求め、理想化し、その理想化の上で無限の時間と空間を考え、[36] そしてそれらを無限に分割可能なものとして絶対化することであると言えるだろう (vgl. HuaIV, S. 383)。それに際して自然科学者たちは、「絶対的な無限性の数学を創り出して利用し、自然とその存在構造全体を数学化する」(HuaIV, S. 383) ことで、その目標を達成しようとするのである。[37] したがって、フッサールが「数学の諸真理それ自体と、精密な自然科学の推定する諸真理それ自体は、この無限性という理念性の刻印を有している」(ebd.) と述べている通り、自然科学者が世界の全ての数学化を企図することが、この真理の無限性という理論的かつ理念的〔理想的〕な目標〔態度〕から生じているものとして、我々は理解し得るのである。

(5) 現象学の自然化の前提となる領域的存在論と意識分析の手引き

我々はここまで、自然に対する経験や、それを理念化して体系化することで成立する諸学問が自然主義的な態度において為されているということを確認した。そして、そこで捉えられている自然は、身体的な感覚の構成によって成立しているということが身体性に関わる意識経験の哲学的な探求において示された。また、理論的な態度における高次の述定的な判断作用によって、自然が学問の対象として構成されるということを我々は確認し、その作用が物理学や数学という学問への理念化や体系化に通じるということを確認した。そこで我々の次なる課題は、そのようにして構成された自然と諸学問を前提にしたとき、どのようにして現象学の自然化という試みが正当化され得るのか、ということを考察する。

フッサールは、「学問」の本質的な特性について、以下の二つの区別をしている。まず一つ目が、時間、空間において現実的に存在するものとして定立され、その経験によって把握される（経験的な意味で直観される）「事実」と、その事実に基づいて立てられた規則、すなわち自然法則が対象となる学問である。それをフッサールは、事実学と呼んでいる（vgl. HuaIII, §2）。そして二つ目は、その事実学の対象である定立的な存在者（個別的なものの直観）を直接的に思念することなく（それは空想的な直観でも構わない（vgl. HuaIII, §4））、その存在者の理念を看て取る働き、すなわち本質直観[38]と呼ばれる働き（vgl. HuaIII, §§3ff., HuaXXV, S. 32）によって成立する学がある。そのような本質直観された本質ないし形相を対象とする学を本質学とフッサールは呼んでいる（vgl. HuaIII, §7）。これら事実学と本質学の関係は、対象が個々別々の具体的な事物であっても、それらは本質的な諸法則、すなわち「色という本質（「類」）は、音という本質（類）とは別物である」（HuaIII, S. 18）ということや、「色は何らかの延長なしでは思考され得ず、延長は何らかの色なしでは思考され得ない」（HuaXIX/1, S. 270）といった、本質に関わる相互基づけ関係に拘束されている。このことは、「あらゆる事実学（経験科学）は、本質的で理論的な諸々の基礎を、形相的な諸存在論の内に持つ」（HuaIII, S. 23）ということを示している。つまり、個別に体験された事象の在り方というのは、その事象を支える形相ないし本質を持っているということである。これについてフッサールは、「あらゆる具体的で経験的な対象性は、ある最上位の質料的な類、経験的な諸対象のある

「領域（Region）」という、その対象性の質料的な本質がともに組み入れられている」（HuaIII, S. 23）とも述べている。したがってこのことを逆に言えば、本質に依存しない事実学は存在せず（vgl. HuaIII, §8）、むしろ本質が事実の基礎をなすという関係が理解される。この本質学的な探求が、まさに現象学的な探求の営みに他ならないのである。

以上のような本質と事実の関係において、フッサールは前者について、「その純粋で領域的な本質に、ある領域的な形相学が相応し、あるいは〔それを、〕領域的な存在論と我々は呼ぶことができる」（HuaIII, S. 23）と述べている。つまり、個別的なものに存する本質は、類と種という語で表現される階層性（vgl. HuaIII, §12）を持っており、この階層における最上位の類を、フッサールは「領域」と呼ぶのである（vgl. HuaIII, §9）。例えば、素朴な言い方として、「自然の領域」や「精神の領域」と述べられるように、事実的な事象はその形相に基づいて、自然一般、あるいは精神一般という「類」に属している。領域的な本質に属する事実的な諸対象は、経験科学的な研究の場面において合理化や理論化が進むほど、抽象的な概念へと至る。そこでの現象学的な探求は、この領域的な本質の把握をそれぞれの経験的な特殊事項が属する最も普遍的、かつ最も原理的なものとして直観（本質直観）する。こうして直観されたこの最上位の類という領域において、それに属する経験を現象学的な探求の与件とし、その本質構造の分析と呈示を課題とすることが領域的存在論なのである。

この領域的な本質構造を見出す過程の中で、すなわち本質直観の成立の過程の中でフッサールは、経験的な諸事実の研究とその成果を、それそのものとして「無意義ではあり得ない」（HuaIII, S. 24）と述べている。なぜなら、フッサールによると経験をもとに展開されるあらゆる学問（経験科学ないし事実学）は、領域的な規定性を具えたものである限りで、「ある固有のまとまった探求群のための手引を提供する」（HuaIII, S. 344）からである。

つまりこれは、特に物質的な事物という領域を引き合いに出すならば、「超越論的意識における事物領域の対象性という一般的な「構成」という問題」（ebd.）を把握する手がかりになるということである。ここで言われる「手引き」や「手がかり」とは、一体いかなることであるのか。

これまで述べたように、意識によって構成された経験を基礎にして諸領域における諸学問が成立する以上、自然科学や心理学など、それらと現象学の関係が問題になる。だがそれに際して、現象学の面から諸学の領域的存在論を考慮することは、「事象を含んでいる全ての学についての、真正の意味で原理的な全てのものが関わりを持つような探求区域が開かれる」（HuaIII, S. 356）ということになる。ここで言及されている「原理的なもの」とは、「根本概念と根本認識に即した領域的な理念を取り集めることと、相応する領域的な存在論における体系的な展開を見出し、または見出さざるを得ないもの」（ebd.）を指している。そしてこの原理的なものの探求は、「領域的な根本概念に、そして差し当たり、領域そのものの概念に結びついて行われる諸研究」（HuaIII, S. 358）であり、その研究によって、「領域的に範疇化することとともに、またそれを通じて予描されている諸研究とともに、綜合的な形式が領域的な質料を通じて受け取る特殊な規定はそれらの正当さを手に入れる」（ebd.）ことになる。つまり、現象学的な探求の中で形式的で原理的な本質規則性を見出す手段の一つに、領域的で質料的な特殊性を手引きにして利用するという明確な手続きがあるということである。そして我々は、それをもとにして超越論的意識による構成の「いかに」を分析し、現象学的に呈示するということが可能なのである。意識における志向的体験の構成は諸層の段階的な構成であり、その志向的な構成を分析する際の出発点は、まさに措定されている知覚や対象に他ならない。現象学的な意識分析がこれらの知覚や対象から超越論的な意識による構成へと遡及するという手順で行われるということは、これまで見てきた通りである。したがって、現象学における構成の問題は、その領域に即して現象学的な探求を拡大することで領域的な存在者の構成を明らかにし、その本質や規則性を直観することができるとフッサールは考えるのである（vgl. HuaIII, §149f.）。

（6）現象学の自然化を遂行するための諸条件

以上のように、事実学を手引きとし、本質や形相を通じて領域的存在論として拡大され得る現象学の超越論的意識の解明は、諸領域における学問の成立について、その「いかに」を分析することを可能にする。例として、認知科学の領域ないしその領域における数学化という操作について見てみよう。その領域において考えられている身体に関わる環境や神経系の力学的な（ダイナミカルな）性質というものは、これまで見てきたことからすれば、そもそも現象学的には身体の感覚‐運動性（キネステーゼ）に端を発する空間及び時間の構成を基礎にして、本質直観ないしそれらの理念化から生じてくる、という一連の構成プロセスとして説明することもできる。このことをモデルとして考えれば、諸科学というものは、これまで見てきた構成的な現象学を踏まえた上で、現象学的な身体性の記述の数学化ないし理念化である、ということになるだろう。つまり、現象学の自然化とは、以上の現象学的な思考のプロセス、現象学的な方法論（現象学的還元と本質直観）のプロセスを通り抜けた上で、その展開を考えなければならないということになる。

したがって、現象学の自然化という試みの正当性を考えたとき、考慮すべき最も重要なポイントは、身体についての現象学的な記述である。つまりそれは、繰り返すが、身体の運動性（キネステーゼ）や衝動、情動の触発などを通じて、実在措定と対象化という高次的な構成が遂行されるという、このプロセスの記述と理解に他ならないのである。このプロセスを考慮してこそ、その身体に関わる環境や神経系の力学的な性質が、やっと哲学の

（現象学の）問題の俎上に載るのである。これについてギャラガーらも、現象学の自然化に際して、「もし、数学的な形式化が経験からの抽象を含むのなら、内容のある、力動的な（dynamic）経験とは何かを正確に理解することが重要であり、そのことから出発することが重要である」[39]と述べており、身体に関する現象学的な記述を出発点に取ることの重要性を強調する。したがって、このような現象学的な記述と構成論を堅持しつつ、両領域の差異を明確に意識して混同を避けるという条件の下で自然化という操作を行い、両領域の対照考察を行うのであれば、その自然化によって生じたデータや法則性、すなわち認知科学の成果は、現象学的な探求にとって、手引きとして参考可能な考察の与件となるのである。

しかし、ここで注意されねばならないのは、「諸々の構成的な現象学と、それに対する諸々の形式的および質料的な存在論との間の、上のような関連の内には、後者による前者の基礎づけというようなことは寸毫も含まれてはいない」（HuaIII, S. 359）ということである。たとえ現象学者が何らかの存在論的な概念や命題を直観的な明示のための手引きとして認めたとしても、それは当然、超越論的意識における構成を分析するための素材であって、また、そもそもその手引きの対象性は超越論的意識における構成の結果であって、手引きとしての概念や命題がアプリオリに存在すると考えることはできない。つまり、フッサールの喚起するここでの注意とは、構成の順序、構成の基づけ関係は、現象学的な分析において呈示される意識の構成のプロセスに即して理解されねばならない、ということなのである。この点がまさに、我々が本節（1）で呈示した「自然科学の現象学化」における、身体性から理念への構成の道程に他ならない。この理解の下で、やっと諸科学の成果は現象学が研究の展開を深めるための材料、すなわち手引きとして扱えるようになるのである。[40]

以上のことを鑑みれば、現象学の自然化という試みは、現象学的な記述を根拠づけるということは有り得ないということになる。単に経験を数学化、理念化するだけでは、自然主義的な態度の側からの非哲学的なアプローチに過ぎないと言い得るだろう（vgl. HuaVI, §9- c）[41]。もし、我々が現象学の自然化を試みようとするならば、意識の構成プロセスの最も高次のところに位置するであろう、数学化という理念的な目標が、現象学的な記述を活用しようとする『現象学の自然化』編者たちの意図とは裏腹に、拭い去れない科学者の動機として、現象学の自然化の企図に持ち込まれてしまう可能性を注意しなければならない。しかしそうしたとき、現象学的還元を堅持し、その超越論的な構成の基づけ関係を理解するならば、認知科学をはじめとする諸学問の成果は、フッサールの超越論的な構成論における手引きとして、遡及的な問い、すなわち発生的現象学の探求に寄与することは可能であると考えられる（vgl. HuaXVII, §85, §98, §104）。そして、現象学的な記述やその本質規則性を諸学問が活用するという方向であれば、諸自然科学の研究方法はフッサール現象学においても、ヴァレラの神経現象学においても、その独自の探求方法として承認され得るだろう。こうして現象学の自然化の企図は、現象学とは区別された研究の領域で行われるのであり、事実学的な学の範疇を出ないが、しかしその試みによって呈示される諸々の成果は、翻って、現象学における超越論的意識の構成を探求するための手引きとなる。またその成果、すなわち手引きとなる与件は、現象学的な分析の中でその本質を看取され、現象学的な探求の領域を広げ、分析の与件を提供するという寄与をもたらすことになると考えられるのである。例えば、この点について、特に顕著な傾倒を示すのがメルロ＝ポンティである。メルロ＝ポンティは、『言語と自然』において、「科学への依拠についてとくに弁明の必要もあるまい。ひとが哲学についてどう考えるにせよ、哲学は経験を解明しなければならないのだし、科学はわれわれの経験の一区劃をなしているし、たしかに算式《アルゴリズム》によってきわめて特殊な扱い方にしたがっているとは言え、そこでも何らかの仕方で存在者との出会いかおこなわれているのであり、したがって、それがある種の存在論的偏見に沿って作業しているという口実のもとに、あたまから科学を忌避することはできないのである。……科学に問かけることによって哲学は、ほかの仕方ではもはやあばき出すことの困難な存在のある分節に出会うという利点をもつことになろう[42]」と述べている。したがって神経現象学における現象学と認知科学の相互制約とは、現象学的な構成論における構成の諸層の基づけ関係を明確にし、その上で領域的存在としての認知科学的な諸研究を手引きにする、ということであると我々は結論づけるのである。認知科学の側から現象学への寄与、すなわち現象学の自然化というのは、事実学が本質学へと移行する探究の中で、現象学的に領域的存在として画定が為されることではじめて生じる限定的な事柄であると、考えられるのである。

では、これまで述べてきた物理学や数学の領域が超越論的な意識の手引きとなり、それらの領域における成果が現象学的な本質規則性の考察に寄与するということは、具体的にはどのようなことなのか。これについて我々は、続く第六章においてヴァレラの時間意識の神経現象学的な分析を考察しながら、フッサール現象学の時間意識の分析との詳細な対照考察を行い、その内実を確認することとする。

註

（1）Cf. Varela (1996), p. 343.

（2）Op. cit.

（3）Op. cit.

（4）Op. cit.

（5）Cf. Melloni, L., Molina, C., Pena, M., Torres, D., Singer, W., Rodriguez, E., "Final proof of role of neural coherence in consciousness?" : in *The Journal of Neuroscience*, March 14, 27(11), 2007: 2858-2865.

（6） Cf. Varela (1996), p. 344.

（7） 山口（2008）、三二九―三七九頁参照。感覚が表象として意識化されるまでに0・5秒かかるが、顕現化した意識は、何らかの刺激が感覚された時点、すなわち0・5秒前の時点を指し示すことができる。これについてリベットは、顕現的な意識において呈示されるはずのない無意識の時点が意識できることを主観が時間的に遡及しているからだと説明する（cf. Libet, B., *Mind Time The Temporal Factor in Consciousness.* Harvard University Press; New Ed., 2005. 邦訳：ベンジャミン・リベット『マインド・タイム』下条信輔訳、岩波書店、二〇〇五年）。しかし、その遡及に関わる脳神経の活動が見出されないことから、リベットは、特別な精神活動として主観的な時間遡及を言わば形而上のものとする。これに対し山口は、無意識に働く過去把持という含蓄的な志向性の働きをフッサール現象学から援用し、この形而上的で主観的な時間遡及が意識の持続的な構成という働きであることを指摘する。山口はこのリベット批判の中で、認知科学的な研究に対し、「現象学の明証性という基準をあてがいつつ明らかにし、たえず、それに対して、批判的隔たりを持ち込みつつ取り込むことができます。これが、哲学的探求の特質といえるのです」（山口（2008）、三六六頁参照）と述べており、このことはヴァレラの神経現象学の意図と一致する。

（8） Cf. Varela (1996), pp. 341- 343. 周知のように、身体イメージに関して神経生理学と現象学双方の洞察として挙げられるのは、メルロ＝ポンティの考察にあるような「幻肢」の例である（cf. Merleau- Ponty (1945), Pars 1 chap. 1）。情動については、本書第六章の時間意識の神経現象学において、未来予持との関わりの中で詳述する。

（9） Cf. Varela (1996), p. 344.

（10） Cf. Varela, et al. (1991), p.177（邦訳：二五一頁参照）。

（11） Cf. Varela (1996), p. 344.

（12） Cf. Varela (1996), p. 345.

（13） Cf. Roy, et al. (1999), p. 42.

（14） Cf. Roy, et al. (1999), pp. 19, 43- 46.

（15） 呉羽真によると、『現象学の自然化』の編者たちの目標は、「現象学的アプローチが採用する自然化の戦略の要点は、現象学と神経生理学との両者を、力学系モデルを適用することによって「数学化」することにある」（呉羽真「生活世界における心——意識の問題と現象学の自然化」『哲学論叢』三五号、五八—六九頁、京都大学、二〇〇八年。六四頁参照）。また、これについて、『現象学の自然化』の編者たちは、「我々は自然化のための重要な道具立てとして数学化を考えている」（cf. Roy, et al.（1999), p. 42.）と述べている。

（16）Cf. Gallagher, S. and Zahavi, D., *The Phenomenological Mind.* Published Routledge, London and New York, 2008. p. 33（邦訳：ショーン・ギャラガー、ダン・ザハヴィ『現象学的な心』石原孝二・宮原克典・池田喬・朴嵩哲訳、勁草書房、二〇一一年）.

（17）Cf. Roy, et al.（1999), pp. 43, 54- 56. 認知科学の興隆は、フッサールの死後、第二次大戦中のサイバネティクスの登場によってその歴史が始まるため、その意味では、フッサールの意図する自然の数学化批判とのズレは生じるだろう。特に、現代の複雑系の理論では、その複雑性ゆえに、現象的なデータと数学的な原理を一致させ得るという（cf. Roy, et al.（1999), p. 47）。

（18）野家（2002）、一一〇頁参照。

（19）新田義弘『世界と生命　媒体性の現象学へ』青土社、二〇〇一年。第七章と最終章を参照。

（20）新田（2001）、一三一—一三八、一八三—一八七、二一〇—二一四頁参照。身体における二重感覚とその転換、そしてまた時間的な構成の流れと留まりという意識生の根本的な運動（差異性関係、ないしその運動）を捉えることで、その媒体性を指摘し得ると新田は述べている。

（21）Cf. Gallagher, et al.（2008), p. 33.

（22）Cf. Roy, et al.（1999), p. 61.

（23）呉羽（2008）、六七頁参照。

（24）前掲書同所参照。

（25）『現象学の自然化』の編者たちは、『厳密学』や『危機書』に見られるようなフッサールの反自然主義的な批判（そもそもフッサールを反自然主義者だと考えている）をペンディングしており（cf. Roy, et al. (1999), p. 52）、科学的な方法や立場、態度についての批判を特に展開しているわけではない。ただ、現象学の超越論的な考察を単に無視しているのではなく、現象学に即して、現在の我々が前提としている自然主義的な客観性や主観性、それに関わる様々な知識がどのようなものであるのかということを問い直した上で、自然化のプロジェクトを進めるべきであるという考えも、一方で持っている（cf. Roy, et al.（1999), p. 54）。

（26） Cf. Zahavi, D., "Phenomenology and the project of naturalization.", in *Phenomenology and the Cognitive Sciences,* 3/4. 331- 347. Kluwer Academic Publishers. Printed in the Netherlands, 2004.

（27） Ibid.

（28） Cf. Zahavi（2004), p. 344.

（29）「心理物理的」とは、一般に、ゲシュタルト心理学において、意識と身体との間に、同型的、構造的な類似性を指摘し得るような、何らかの対応現象が仮定される場合に用いられる術語である。単なる心身並行論とは異なるが、どちらかといえば物理的な側面に寄った現象の表現として用いられる。例えば、何らかの身体的な刺激に対して、知覚の変化が生じる場合に用いられる。したがってこのことは、心理学、認知科学における、感覚 - 表象図式という、素朴で自然主義的なものであると言えるだろう。

（30） キネステーゼとは、ルートヴィヒ・ラントグレーベによると、「運動の遂行においてその運動自身に気づいている運動のことである……自分のいわゆる感覚能力を発動させることによってのみ人間は、これに勝る如何なるものもないような仕方でこの運動を知るようになる」（vgl. Landgrebe, L., „Das Problem der Teleologie und der Leiblichkeit in der Phänomenologie und im Marxismus", in *Phänomenologie und Marxismus 1*, Suhrkamp, 1977. 邦訳：「目的論と身体性の問題——現象学とマルクス主義をめぐって」小川侃訳『現象学とマルクス主義 II』所収、白水社、一九八二年。二八〇—二八一頁参照）というものである。

（31） ここで指摘されているキネステーゼは、感覚の根源的な構成に関わる限りで、触発的な連合の綜合における受動的なキネステーゼである。このようなキネステーゼは、自我の意識的な、意志によって動く際の能動的なキネステーゼとは区別される。この点について、山口（1985)、一三七—一四二頁参照。

（32） そしてまた、このような事物と主観的な身体の関連から、「自然的態度（経験の中で自然と生へと眼差しを向けること）から、主観的態度（主観と主観的な領野の契機）への移行において、実在的な現存在〔と〕、多様で実在的な諸変化も、あらゆる存在、主観的な領野におけるある存在の持続体との条件的な連関の中で与えられる」（HuaIV, S. 64f.）ということが見出される。このことは、構成の諸層とその段階的な構成プロセスにおいて、そのプロセスのそれぞれの段階に対し、視点の向き換えが可能であるということである。したがってこれらのことから、事物の統握が主観的な、身体的な領野に依存しているということが理解され、そして分析されることになる。

（33）このことについて、フッサールは『能動的綜合』の第四章において、客観化の諸段階の経過を考察している。第一の段階には、「単なる直観」と「説明する考察（explizierenden Betrachtung）」があり（vgl. HuaXXXI, §15）、第二の段階に、「能動的な関係づけと規定の作用」（vgl. HuaXXXI, §16）、そして最後の第三段階に、「一般性という意識に基づく概念化する判断」（vgl. HuaXXXI, §17）がある。

（34）ここでの性質とは、例えば、力、物質の三態（個体・液体・気体）、重さ、温度、弾性、電気抵抗、あるいはスペクトルや電磁波など様々な物理学的な性質を指すと考えられるだろう（vgl. HuaIV, S. 84, HuaIII, S. 113）。

（35）これについて、フッサールは『危機書』においても、「この〔極限の諸形態〕は、歴史的なものを通じて、とうの昔に形成されたものであり、間主観的な共同体化（Vergemeinschaftung）の中で、行使しつつある理念化と構築という方法に成り、習慣的に・使用可能な獲得物になったものであり、これらのことともに、人は繰り返し新たなものを身につけることができる」（HuaVI, S. 23）と述べており、理念的な対象の間主観的な構成の場を指摘している。

（36）事物的なノエマの本質には、「調和的な直観の「進行における無際限性」という理念的な可能性が属している」（HuaIII, S. 346）とフッサールは述べている。ここでフッサールは、この無際限性という可能性について、事物の本質内実に属する以下のような性状があり、それらはどれも構成的な本質形式であると考えている。それらの性状とは、「時間という必然的な形式」、「位置の無限に多様な変化を取り得ること」、「物質的な存在者」という点である。このような、事物に関する本質必然性は、「事物ノエマのうちに、またそれと相関的に、事物を与える働きをする意識の内に、取り除き難く含まれているものであって、徹頭徹尾、洞察的に把握され得、体系的に研究され得るものなのである」（ebd.）という。

（37）このような数学的な理念化を、ローマーは理性的な動機づけとして考察している（cf. Lohmar, D., *Phänomenologie der Mathematik*. Phänomenologica 114, Kluwer Academic Publishers, printed in The Netherlands, 1989. S. 133-146）。

（38）拙論（2017）、一八―三二頁参照。本質直観に至るためのプロセスの中で、自由変更のためにいくつかの経験的な契機や想像的な契機を必要とするが、それが後述する超越論的な手引きである。これらの関連を考慮する必要もある。

（39）Cf. Gallagher, et al.（2008）, p. 33.

（40）拙論「現象学と自然科学の相補関係に関する一考察（2）」『「エコ・フィロソフィ」研究』Vol. 10、東洋大学「エコ・フィロソフィ」学際研究イニシアティブ、二〇一六年、一三三―一四一頁を参照のこと。

（41）Cf. Zahavi(2004), pp. 342-345.
（42）M・メルロ＝ポンティ『言語と自然　コレージュ・ドゥ・フランス講義要録』滝浦静雄・木田元共訳、みすず書房、一九七九年。八五頁参照。

第六章　時間意識に対する神経現象学の展開

神経現象学を展開するヴァレラの課題は様々あるが、[1] その中でも彼は時間意識に関して重要な考察を行っている。これについて我々は、ヴァレラの「見かけの現在」という論稿[2]における時間意識の議論を扱うことで、フッサール現象学における時間意識論が認知科学の成果とどのように相互制約しあっているのかを考察することにする。ヴァレラは意識の「今性（nowness）」[3]という経験を研究する際、単に認知科学による説明だけでなくフッサールの時間意識論を用いている。ヴァレラが時間意識の分析に対して認知科学とフッサール現象学を両立てて研究する目的は、これまで述べられてきた通り、「二つの相補的なアプローチ、〔すなわち〕現象学的な分析と認知的な神経科学に基づいて、現在の今性という経験の、明示的で自然化された記述を提案する」[4]ことにある。具体的に言えば、ヴァレラがこのような提案をするのは、認知科学において見出される脳神経細胞の活動におけるダイナミクスがフッサールの時間意識論における過去把持と未来予持という特有な志向性の能作に相応していると考えているからである。

そこで我々は、時間意識に関わる神経活動のダイナミクスと時間意識の構成に関わる志向的な能作をヴァレラがどのように相応させて理解していたのか、という点を本章において考察する。もちろんこのヴァレラの議論を考察するためには、フッサールの時間意識論の正確な理解が前提されていなければならないし、また前章で我々が考察したように、現象学的な体験の記述をまず基本とした上での自然化的な説明になっているかどうかを、そのつど吟味しながら考察を進める必要がある。したがって我々は、これまで考察してきた現象学の自然化と領域的存在論を念頭に置きつつ、まず第一節において、神経ダイナミクスと過去把持がどのように関係するのか、ということをヴァレラの議論に即して考察する。先んじて言えば、例えばヴァレラは、現在を瞬間的なものではなく、拡がりを持って生じていることを現象学的還元を通して記述している。このことを契機にして、ヴァレラは、過去把持という志向的な体験と認知科学の観測結果を相互制約の上で相応させている。我々は、こうしたヴァレラの研究の過程を考察することで神経現象学の有効性を確認する。

そしてさらにこれらのことを受けて、第二節では神経ダイナミクスと未来予持の関係を考察する。未来予持が過去把持の単なる裏返しではなく、独特の性質を持ち、そして時間意識の構成プロセスに触発や衝動という駆動の契機をもたらしていることはすでに述べた（本書第二章および第三章を参照）が、これについてヴァレラは、神経ダイナミクスの駆動を、情動や衝動、触発という体験に対応させ、未来予持や衝動志向性との関係を指摘し得るような考察を行っている。我々はこの点について、神経現象学の有益な展開を見ることになる。

そして最後に、第三節において時間意識を構成する二重の志向性と神経ダイナミクスの関係を考察することになる。二重の志向性による流れと留まりによって成立する時間意識について、ヴァレラはその構成を力学的な理論を用いた分析によって、自然化的な説明を試みる。この試みから、現象学的な分析によって明証的に呈示された時間意識の構成の本質規則性が自然科学的な法則性にも相応しているということが、ヴァレラによって指摘されるのである。以上の考察を通じて、我々は時間意識の力動性を現象学と認知科学の両面から見出し得るかどうか、また現象学と諸科学との関係が本質的に相応し得る可能性があるかどうか、ということを明確にしたい。

第一節　神経ダイナミクスと過去把持

我々は、ヴァレラの神経現象学による具体的な研究を考察するために、彼が重要視する意識の時間性の議論を取り上げる。ヴァレラは、時間に関する意識の問題を神経現象学的な分析によって明らかにしようと試みるが、その議論はフッサールの時間意識論をベースにして展開されている。したがって、まず我々は、（1）本論の第I部におけるフッサールの時間意識論を振り返えりつつ、ヴァレラによる認知科学的な時間意識の分析を考察する。ヴァレラは、時間的な意識の具体的な経験における質感（テクスチュア）を重視し、その質感の時間的な拡がりから、時間意識の流れと留まりをフッサール現象学に即した形で記述する。その流れと留まりを、ヴァレラは身体的な行為の知覚化であるイナクションの「多重安定性（multistability）」として認知科学的に説明している。ここでヴァレラは、イナクションにおける感覚‐運動のシステムが神経細胞の活動に基礎を持つとし、（2）神経細胞の活動電位の観測から、（3）そのダイナミクスを考察している。このことをもとに、ヴァレラは（4）神経ダイナミクスと過去把持の能作を結びつけ、両者の相応関係を主張することになる。これらの考察から、本節において我々は、ヴァレラの時間意識に対する認知科学的な研究成果を確認するとともに、神経現象学が現象学の自然化という目標へどのように展開していくのかということを、具体的に理解することになる。

（1）　時間意識における多重安定性とその連続的な移行

フッサールが時間という問題を考察する際の特徴は、世界時間ないし客観的な時間によって計られる時間的な対象や出来事を現象学的還元にもたらし、それらを内的意識における時間客観（Zeitobjekt）として捉えることであった（本書第一章第二節参照）。前者の客観的な時間とは、時計の時間や自然科学的な前提としての時間、例えば古典物理学が、時間を一つの単位とし、客観的な対象を瞬間的な継起の連続として理解するように、我々自身の主観から超越した線形の時間軸を素朴に前提することである。これに対し、後者の現象学的還元によって見出される時間は、我々の体験に基づいた時間であり、意識に直接的に現れているものの記述である。フッサールが時間意識の問題として呈示しているのは、まさに後者の時間的な体験であり、神経現象学を展開するヴァレラも当然ながら、このような意識において直接的に現れている時間的な体験を研究の出発点とする。この時間的な体験についてヴァレラは、意識に現れている時間客観を「テクスチュア（texture）」と呼ぶ(5)。ヴァレラは、現象学的還元によって呈示される内的意識の現出が様々な視覚的・触覚的な質感を伴った具体的な体験であることを強調するために、この呼称を用いている。

このテクスチュアとは、一般的に言えば、「肌理」という意味であるが、ここでのヴァレラの意図においては、「具体的な個々の感覚ないし知覚」と考えて差し支えない。それは、細やかで生き生きとした生の体験として、抽象されることのないそのつどの意識の現れを指しているからである。特にこのテクスチュアは、我々の意識において常に最前の現在において意識され、意識の中心ないし焦点として現出している。ヴァレラは、このテクスチュアの現出における時間的な特徴を現在的な焦点化であるとし、そのことをテクスチュアの「今性」と規定する(6)。この現在におけるテクスチュアは、当然ながら次の瞬間に現在ではなくなり過去になる。たった今意識されていたテクスチュアは、新たな意識の焦点となるテクスチュアに対して過去へと移動する。そして、過去へと滑り去った現在のテクスチュアは、新たな現在に対して過去の地平へと沈んでいき、現在点の縁暈（fringe）となる。つまり過去のテクスチュアは、最前の現在のテクスチュアとともに摑まえられており、最新のテクスチュアが現出して、意識がそれに焦点を合わせているにも拘らず、背景的にともに意識され続けることで、時間的な推移と幅を今現在の意識においても成立させているとヴァレラは考えるのである。

このように、現在をはみ出すようなテクスチュアの時間的な幅について、ヴァレラは我々が体験するテクスチュアが神経現象学的な記述の「生の基礎（raw basis）」[7]であるとし、体験の記述における不変項であることを指摘する。この指摘は、フッサールが『時間講義』において、現在の知覚を意識しつつ、その現在をはみ出した過去と未来という地平的な拡がり持つ「時間野（Zeitfeld）」（HuaX, S. 168）の現れを記述していることと同等のものであると理解し得る（本書第一章第一節参照）。実際ヴァレラは、『時間講義』のフッサールの記述を参照しており、それをもとに改めて自らの記述を展開し、拡がりある今性のテクスチュアを呈示している。したがって、この時間野を持つテクスチュアの今性を、ヴァレラは「時間性の三部構造（the three- part structure of temporality）」[8]と述べ、フッサールの「過去把持 - 原印象 - 未来予持」という現在的な意識における時間の構造と対応させるのである。そしてまた、このようなテクスチュアの今性は、現在的な意識体験に過去と未来の地平が考慮されている点で、客観的な時間が基本としている単純で線形的な時間のシークエンス（連続）とは、異なったものであると理解されることになる。

さらにヴァレラは、以上のような現象学的還元によって呈示された体験の生の基礎から、時間的な体験を構成するという意識の働きに目を向けることとなる。そこで彼は、その構成に逆説的な事態が生じていることを指摘する。それは、我々がテクスチュアを記述するとき、一方で現在の統一をそのつどの体験に留まって記述できるのだが、他方では、そのとき記述された意識は常に流れ去ってしまっており、留まりつつ流れるという、互いに異なる事態が同時に体験されている、ということである。このような事態はフッサールが「留まりつつ流れる現在」と呼ぶものであり、彼の時間意識についての考察の中で重要な位置を占める問題である。これはヴァレラにとっても同様であり、神経現象学的な研究の中で、時間意識の持つ二様態の相補的な側面として問題になっている。我々は以下から、その問題に対するヴァレラの分析を考察する。

　ヴァレラにおいてもフッサールにおいても、時間意識研究の問題点は、その構成が「持続（ないし流れ）」と「統一（ないし留まり）」という二重の側面を持っているということである。そしてまた同時に、これらの関係がいかにして同時に生じ得るのか、ということも問題となる。これについてヴァレラは、「持続は、志向的な方向に相関する……統一は、客観出来事（objekt- event）の個体性と相関する(9)」と述べている。つまり、一方で現出してくる様々な客観出来事の推移に関する志向性の変化が持続であり、他方では、その変化の中で一定の時間区間を覆いつつ、際立って現出するものが統一である、ということである。ヴァレラは、以上のように双方を区別した上で、時間意識の構成を、連続しつつも分節化されるプロセスとして理解するのである。

　このような二重の側面を持つ意識の構成的な作動について、ヴァレラはまず後者の個体化的な統一の構成に目を向ける。ここでヴァレラは、客観出来事の個体化的な統一を我々の体験における「多重安定性(10)」と呼び、この経験が「圧縮不可能な持続(11)」を持っていることを指摘する。ヴァレラはこのことを指摘する際、一人称的な経験と認知科学における成果の相応を力学的な道具立てを用いながら説明するのだが、では実際のところ、時間意識構成に対する彼の神経現象学的な分析やその説明とは、具体的にはいかなるものなのか。そこで我々は、この統一の側面に関する多重安定性という特徴について、ヴァレラの議論に即して考察する。

　ヴァレラはテクスチュアの統一を多重安定的な経験と呼ぶのだが、この多重安定性を持った経験とは、差し当たり、同時に複数の安定的な知覚や運動が併存する、という意味を含んでいる[12]。それについてヴァレラは二つの例を挙げている。一つは、ゲシュタルト心理学において用いられる反転図形である。例えば、黒地に白抜きで器に見える図形を見たとき、ある瞬間に白地に黒抜きで向かい合った二人の横顔に見えるようになる、という経験がある。またもう一つは、我々がドアを開け、その外に友人が立っていた場合、我々は自然と視線を友人の顔に向け、挨拶をするために手を伸ばすといった何気なく行っている行為である。前者の例は、知覚ないし認知に関するものであり、後者の例は、運動や行動の反応として、生態学的な事例と言えるだろう。これらの経験は、様々な知覚や運動が複合的に作動しており、自発的に生じる知覚の変化や、人間の生態的、身体的な反応と、その対応に関する変化が、複数のテクスチュアの重なり合いとして生じていると考えられる。つまり、ここで見出されるそれぞれのテクスチュアは、どれもそれ自体として個々に安定して作動しているのである。これらの例に見られるように、様々な知覚や運動の変化は、連続的でありつつも、それぞれの局面において作動する系が安定的に統一されている。また、それらの系は複数かつ同時的な作動を実現してもいる。このことがまさに多重安定性と呼ばれる事態を示しているのである。

しかしながら、この多重安定性において生じているこれらの系の統一の連続的な移行は、いかにして生じているのか。つまりこの問いは、時間意識の二様態における持続ないし連続に関する問いである。例えば一つ目の例の反転図形において、器として見えていたものが急に向かい合う顔に見えるといった、一方の知覚から他方の知覚への移行や、二つ目の例のような日常的な活動における個々の身体的な動作や知覚の間に生じる移行が、どのようにして生じているのか、という問いであると言える。

前者の例において、「器」という知覚のアスペクト（局面）から、「二人の横顔」という知覚のアスペクトへの移行は、線形的な変化、すなわち段階を持って徐々に変化を重ねるような連続的な移行ではなく、一足飛びにまったく異なった知覚や認知として生じている。最初に見ていた器の図形は、ある瞬間、急に別の知覚として認識され、向かい合う人たちの顔に見えるようになる。だが、またある瞬間には元の知覚に戻すこともできる。そして後者の例において、視認した友人に挨拶のため手を差し出すという行為も、ドアを開いて敷居を跨ぐという、先行している行為から直接的に導かれているわけではなく、行為間の段階的な移行が予め意図されていたわけではない。ここで反転と言われるような知覚の移行や、急遽生じる知覚と行動の変化は、徐々に前進するシークエンスではなく、一足飛びに出現する、不連続なものとして経験される。つまり、これらの経験の記述は、知覚の連続を離散的で非線形的なものとして呈示していると理解し得るような現象なのである。

これらのことについて、ヴァレラがこのように記述される体験の非線形的な変化を説明するために重要視するのは、「イナクション」と「カップリング」という二つの現象である。すでに我々が確認してきたことからすれば、イナクションとは、行為が知覚的に導かれることを可能にする再帰的な感覚運動パターンから創発されるという事態を指し、カップリングとは、ある系が他の系の変数に時間とともに影響を与えるといった、系の相互接触という状態を指すものであった（本書第四章第一節（3）、（4）参照）。この二つの現象から、ヴァレラは知覚変化のプロセスに離散性を認め、この変化を各知覚の系列的な連続として考えるよりも、複合的なタスク（処理）の統合として捉えるべきだと述べている[13]。これは一体いかなることか。

例えば、知覚経験を注意深く記述すると、常に何かしらの身体的な運動を伴っていることが分かる。見る際には眼球が動き、聴く際には耳を傾け、嗅ぐ際には鼻をヒクヒクさせる。このことについてヴァレラは、知覚が身体的な運動性を伴わない場合、変化の知覚はもちろん、不変化な知覚をも、脳神経系の変化を観測することができないと言う[14]。このことからヴァレラは、知覚が身体的な運動性、すなわち「感覚‐運動（sensori- motor）[15]」に依拠していることを、一人称的な経験の記述と認知科学的な観測から帰結する。この感覚することと運動することとの異なる系同士のカップリングによる知覚の生成こそが、まさにイナクションなのである。また、脳神経科学において、感覚‐運動の活動は、神経系の反応の観測において、特にある特定の感覚‐運動に対応する脳神経系のモジュール化[16]として確認される。このことからヴァレラは、「どんな心的な活動も、脳とその感覚‐運動的な身体化の、幾つかの機能別に区分されて位相的に配分された領域の同時多発的な関与によって特徴づけられる[17]」と述べるのである。つまり、ある感覚‐運動が一つのモジュールとなることで、それが身体における様々なタスクとして生じ、しかもそれらのタスクは、脳において同時多発的な関与によって統合的で複合的な活動を生じ、それが身体的な行為の場面において反映されるのである。したがって我々の経験は、このように複数タスクが統合されるという機構によって形成されていると考えることができるのである。

では、ヴァレラが脳神経系の機構における知覚の離散性と統一性を説明するために導入したイナクションとカップリングは、実際どのように働いているのか。これまでの考察において、知覚は個々の感覚‐運動の結合（カップリング）と、それらの生起（イナクション）によって生じるということが確認されたが、ヴァレラはさらに、このような感覚の活性化と運動の結果の恒常的な協調に関して、「内部発生的なダイナミクス（endogenous dynamics）[18]」という枠組みを用いている。これについてヴァレラは、特に時間意識の持続に関わる神経ダイナミクスの特徴として、神経細胞の活動変位の際に生じる微小な時間区間を挙げている。この時間区間こそが我々の体験の記述における圧縮不可能な時間の自然化的な側面であるとヴァレラは考えている。この点について我々は、以下においてこの神経生理的な時間の問題を考察することとする。

（2）神経細胞の時間

感覚‐運動カップリングのモジュール化に関するヴァレラの指摘を裏づけるのは、神経の放電における細胞のリズムや、シナプスの統合時間に関する測定結果である。それは、（1）「基礎的ないし要素的な出来事（basic or elementary events）」（1/10スケール）、（2）「大規模な‐統合のための弛緩時間（relaxation time for large- scale integration）」（1スケール）、そして（3）「記述的で‐説明的な所見（descriptive- narrative assessments）」（10スケール）の、三つのスケールで示される。[19]

ヴァレラによると、（1）の基礎的な出来事とは、何らかの感覚的な刺激によるニューロンの発火現象のことである。その発火は、反応時間として10msから100msの持続時間を必要とし、どんな反応もその時間区間の範囲に常に収まっている。神経生理学において、この1/10スケールの時間は、例えば視覚の場合、アイコニック・メモリ、あるいは単に神経細胞の興奮と鎮静のサイクルのように、微視的な認知の現象を生み出している時間として研究されている。[20] つまり感覚刺激による基礎的な出来事とは、短いながらもすでに時間的な幅、すなわち持続を持っていると言うことができる。この持続時間を下回る感覚刺激は認識にもたらされないことから、感覚にとってこのスケールの時間は、圧縮不可能な幅、すなわち「点」には還元できないものとして規定することができるのである。

ここでの神経生理学的な観測結果において、認知的な意識の基礎は、細胞アセンブリ（cell assembly 細胞集団。以下CAと略記）ないし神経アンサンブル（neuro ensemble 神経細胞の集合的な活動、調和）、すなわち強く結合する神経細胞群がある領野において分布する局在的な下位集団によって成立している。[21] この下位集団が上で述べられた感覚‐運動の一つのモジュールとなっている。したがって、我々が認識するテクスチュアは、このように短いながら時間的な持続を持っているモジュールの発火を基礎にしているのである。我々はこれらのことから、CAという構成要素の統合として生じるテクスチュアがさらにスケールの長い認識であると推測することができる。それは実際に（2）の待機時間として呈示される。

例えば、まず複数のCAが発火した際、それらが頻繁なコヒーレンス（干渉）のもとでシンクロ（同期）し、それらのシンクロにおいて神経アンサンブルが生じ、一定のテクスチュアが生じる。そして、他のCA結合によって生じる別のテクスチュアへと変化する際、その推移は、最初のCA結合のシンクロ強度が漸増のピークに達したところから、徐々に強度が下がり、言わばシンクロが解けていき、コヒーレンスがある一定の程度まで弱まってから再度生じる、というものである。[22]つまりテクスチュアの生起には、発火に対して、それが弱まっていく「弛緩時間（relaxation time）」[23]が認められるということである。こうして、テクスチュアの生起におけるプロセスは、発火‐弛緩というサイクルを持ち、次のサイクルを始めるまで、ある程度の時間を要することになる。

このような諸CAの発火から統合、そして弛緩までの一連のプロセスが、ヴァレラの言う（2）の時間スケールに相応する。[24]この時間は基礎的な出来事の時間よりも長く、基礎的な出来事の時間が統合された持続時間（500ms）以下には圧縮できない。特に、発火から弛緩までの一つの時間的なプロセスと脳自体の空間的な領野は、ある位相として固定的に与えられていることが観測されている。[25]つまりこのスケールにおいても一定の持続が認められるのである。したがってテクスチュアとCAの対応は、脳細胞集団の発火領野という空間的な分布だけでなく、時間の拡がり（持続）もともに考慮され得るのである。

これについてヴァレラは、「カップリングされた振動子のアセンブリが過渡的な同期性を獲得するという事実や、そのことを為すために一定の時間がかかるという事実は、今性の起源に明確に相関している」[26]（傍点筆者）

と述べている。以上のような神経細胞の反応は、まさに現象学的な記述において見出される時間の幅ないし拡がりある現在に相応すると考えられる。例えば、諸CAのカップリングにおける同期現象は、その力動的で時間的な挙動によって統合し、またそれと同時に個別のCAモジュールを生成することから、現象学で言えば受動的綜合における連合と覚起、そして対化[27]の能作に相応していると考えることが可能であろうし、またそのCA間の統合とテクスチュアの生起に必要な時間区間は、まさに受動的綜合に見出される構成の時間持続に相応すると考えられるだろう。これらのことから、神経細胞の活動が現象学的な体験の自然化的な説明として両者の相応を認め得ると主張できるかもしれない。だが、この脳科学研究における観測結果を単純に現象学的な本質規則に相応させるのは、あまりにも早計である。確かにCA結合における持続時間は、発火から弛緩までの持続的なプロセスとして、発生の時間的な性質を指摘できるものの、しかしそこには、あるテクスチュアの「意味」がいかにして、い、か、に、生じるのか、という点に対する説明は不明なままである。つまり、発生の形式的な機構の側面が指摘されていても、内容的な意味の繋がりという側面は、この説明からは見出されないのである。

上で述べたことからすれば、CAのモジュールがそれぞれに特殊なタスクを担い、それぞれが共同して作動する中で、複合的なテクスチュア、多重安定的で具体的に意味を持った経験を成立させるのだとして、それらのタスクに固有の意味を担わせることは前提として認められ得るかもしれない。しかし問題は、それらタスクの繋がり、意味の繋がりにおける文脈の成立という点である。これらのタスクの担う意味の結合や連接の規則性が述べられないならば、この神経現象学の試みは、相変わらず意識のハード・プロブレムの問題解決に寄与することは適わないと思われる。現象学であれば、この意味の繋がりの問題は、受動的綜合における連合の問題として議論し得る（本書第二章第二節（2）参照）が、認知科学だけではこの点で限界が生じてしまうと考えられる。そしてまた、もう一つ問題なのは、各瞬間においてそれら共同しつつ作動するタスクの中から意識の焦点となる知覚やメインの行為が遂行されるのだが、そのメインとなるタスクはいかにして選択されるのか、という点である。ヴァレラはこのことについて、「ある特定のCAは、下位の——閾で競合しているCAに属する活性化されたニューロンの急速な過渡的な位相——固定を通じて選択される」[28]と述べている。つまり、CA間の競合において、メインとなるタスクが選択され、そのつどの意識体験の焦点として出現するというのである。では、このような現在的な意識として際立つ位相固定が生じる際、それぞれのCAはどのように過渡的な自己選択をするのか。この点についても、現象学であれば、受動的綜合における触発の伝播や覚起の問題として議論できる（本書第二章第二節（3）参照）。我々は、これらの両領域の相応に関わる問題を、まず認知科学がどのように説明を与え得るのかを改めて確認した上で、以上のような連合と触発という現象学の分析との対照考察を試みることとする。

（3）　非線形的な神経ダイナミクス

では、（2）の統合のための時間スケールにおけるCAの結合や推移は、どのように生じるのか。ここでヴァレラは、神経活動の観測結果に基づいて、テクスチュアやそれらの多重安定的な経験の生起を力学的に分析して説明する。すでに言及したように、ヴァレラの言う力学とは、抽象的・計算論的に示されるダイナミクスではなく、時間的な発展を持った動的なシステムのダイナミクスであり（本書第四章第一節（4）参照）、すなわち「内部発生的なダイナミクス」であるという主張であった。そもそも内部発生的ダイナミクスとは、彼によると、「特定のCAがある種の時間的な共振（temporal resonance）ないし「繋ぎ（glue）」を通じて創発する」[29]ということを意味している。では、このCA間の共振による創発とは一体いかなることなのか。

これまでの一人称的な体験の記述から、意識における諸々のテクスチュアは、時間的な先後関係において、線形的な重ね合わせの原理で理解できるような因果性を持たないと主張された（本書第六章第一節（1）参照）。そのつど生じるテクスチュアは、複数のタスクの統合であって、その継起は離散的で非段階的な生起を呈する。これについてヴァレラは、CA 間の競合の中から、ある CA が選択されて位相固定（アトラクト）する際に、そこでの選択が非線形的な現象であることを重要な点として挙げている。つまり、そのつどのテクスチュアの生起は、非線形的な現象を示す力学、すなわち複雑系の機構として考えなければならないということである。したがって我々は、CA 間の相互作用を安定的な可積分系、すなわち計算機科学的に一定の解が出るような枠組みで捉える古典力学ではないことを理解しなければならないのである。したがって、これを神経細胞活動のレベルで考えた場合、諸々の CA が反応している中で特定の CA が際立って発火するという CA 間の競合が生じる仕組みのいかに、ということが問題になる。

その仕組みを考察するに当たって、我々が考慮すべき「選択」という事態を説明可能にする力学とは何か。それは、ある系に生じる不安定性、「揺らぎ（fluctuation）」の現象を考慮した、カオス力学である。[30] カオスとは、異なった初期条件に属する軌道がどんなに微細な違いであっても、その違いによって時間とともに指数関数的に隔たっていく系のことである。[31] 我々は、CA 間の非線形的な力学のカオス的な挙動を理解するため、ニューロダイナミクスという脳神経科学の成果を一瞥して、ヴァレラの内部発生的なダイナミクスを考察するための一助とする。

脳神経系におけるカオスの存在は、すでに様々な実験において観測されている。[32] ニューロン数百億個によるネットワークの中では、それら神経細胞が常に多体系の相互作用を生じているため、カオスが生じることとなる。[33] 神経科学では、神経系に現れるカオスをニューロカオスと呼ぶ。[34] ニューロカオスは、神経軸索の生理学的な観測から作られたホジキン‐ハックスレー方程式（H-H方程式）[35] によって表される強制振動[36] によって生じている。その振動自体は、以下のニューロンの特性から生じている。あるニューロンから出る軸索の樹状突起と、他のニューロンとの結合部分のシナプスが神経伝達物質を放出し、伝達物質の化学反応によって電位差が生じる。その電位差によって生じた電気信号が神経軸索を伝わっていく際に[37]、その反応が振動として現れ、その挙動がカオス解になる。[38] ここでのカオス解は、時間的な発展に関して分岐構造を示し[39]、これらの条件の中で活動電位を発生したニューロンは発火し続けるか、あるいは平衡状態に戻るか、どちらかの分岐が生じることになる（要するにアトラクターが生じることとなる）。つまり、ニューラルネットワークの挙動は、外部入力の特性（端的に言って諸々の感覚刺激）、ネットワーク内の結合状態、ニューロンの平衡状態の安定性の失い方（刺激ないしは電気信号の強度）に依存しているのである。したがって、ニューロン集団であるCAは、そのCAそれ自体においても、他のCAとの統合、すなわち共同形成されたCAネットワークにおいても、ニューロカオスの特性によって、持続的な発火か弛緩的な消失のどちらかに振れる「揺らぎ」の可能性を備えているということが理解される。これらのことから、分岐の仕方とその特性が、ニューラルネットワークのダイナミクスにおいて非線形的な挙動を示すことになるのである。

また、CA内のニューロンには、興奮性シナプスと抑制性シナプスの二種が神経結合する場合があり[40]、各々の活動電位の変化によって、ニューラルネットワークが振動する。そしてこれら二種の神経結合が脳神経系の活動を生成する基本回路となる。この回路はニューラルオシレーター（neural- oscillator）[41] と呼ばれ、単一のニューロン同士の結合はもちろん、局所的なニューロン集団（CA）の相互結合にも見られる。このニューラルオシレーターの特徴は興奮と抑制という二種の性質を持っており、この性質がどちらかの傾向の度合いを強く持ち、興奮と抑制における度合いの交換の複雑さによって、単純な振動、周期活動を示さないという場合があり得、したがって複雑な挙動を呈する。これはつまり、パルスの入力やパラメーターによって、平衡状態（非振動）から周期運動、時にはカオス的な挙動まで、様々なダイナミクスを採り得るということを示している。このようなニューラルオシレーターという機構において、ニューラルネットワークの振動的な挙動は、CA活動の選択的な分岐にも関係することとなる。そしてこの振動的な挙動は、ニューロン間の共鳴を生じさせる（CA単位でも共鳴は起こる）。この共鳴によるシンクロがそれらのCAの統合であり、そしてその統合の度合いと範囲にしたがって、ある大域的で安定的な意識活動が位相固定する。これが振動するCA間における相互作用の共鳴による結合というカップリングなのである。

以上のように、我々が確認したニューラルネットワークにおけるダイナミクスから、ヴァレラの言う内部発生的なダイナミクスの内実が理解され得る。つまり、複雑なニューラルネットワークによって生じるカオス性によって、複数のCAの中から特定のCAが活動の分岐によって選択肢が生じ、それらの強度に従って選択され、そしてその結果生じる特定の複合的タスクの位相固定（アトラクター）が、共鳴によるシンクロ、すなわちカップリングによって現在的なテクスチュアとして、実際に現れるのである。こうして我々の意識は、脳科学的に理解するならば、以上のような神経細胞の力学による実在的な依存関係において説明されるのである。

これらのことから、ヴァレラの言う、「我々が探求してきた時間の神経ダイナミクスは、振動子の非線形的なカップリングの上に、本質的に基礎づけられている」[42]ということを、我々は理解できるのである。そしてこのような力学的な挙動において重要な点は、構成に関する不安定性である。つまり振動子間の相互作用による摂動や攪乱は、多重安定的な経験の位相転換が一足飛びに起こるという離散性を生じる契機となっているのである。[43] しかも、この離散的な転換は、(2)の弛緩時間の持続によって、脳神経のシステムと認知的な知覚や行為に中断や停滞を生じさせることはなく、連続的かつ恒常的な変化として観測され得るし、実際の認知においても、そのように意識されていることが一人称的な記述において示されている(本書第六章第一節(1)参照)。この特徴は、非線形な複雑系ないしカオス系において、自己運動を生じさせ、知覚の自己推進的な運動として時間の経過を形成することを示している。この運動こそが、脳神経システムにおける内部発生的なダイナミクスなのである。したがって、脳神経システムによる位相固定とそのシステムの自己運動における内部発生こそが、連続しつつ分節化するプロセスの内実であり、意識体験の持続と統一という相補的な関係を説明し得ると考えられるのである。

(4) 神経ダイナミクスと過去把持の相応

これまでの考察において、現在的な意識の時間持続に関する内部発生的なダイナミクスというヴァレラの見解が示された。そしてヴァレラは、このような時間意識に関する脳神経系のダイナミクスをフッサールの時間意識分析に引きつけ、時間意識という現象に対する両者の相応関係を指摘する。このことについて我々は、以下においてフッサールによる時間意識の過去把持的な構成プロセスを再度確認し、ヴァレラの内部発生的なダイナミクスとどのように相応するのかを考察することとする。

フッサールの時間意識の理解において最も重要な役割を果たすのは、過去把持という志向性である。この過去把持とは、原本的体験(原感覚)が相互内属的に含蓄しつつ持続的に意識変様し、内的意識の感覚射映の位相的な構造を成すという、時間意識の本質規則性である(本書第一章第二節(1)(2)参照)。過去把持的な移行とは、そのつど所与される新たな今の与件と、先行した位相の間の時間的な「ズレ」を生じさせるものである。この過去把持によるズレを通して、ズレ以前の時間内容と、ズレたその現在の時間内容の間に、その内容の意味的な類似性ないし対照性による連合が生じ[44]、その連合に即して諸与件が持続として成立したり、変化として成立したりする（本書第二章第二節（1）（2）参照）[45]。連合の能作は、与件と与件間に同質性と異質性、あるいは類似と対照に従った覚起によって、様々な関係を生み出すというものであった。例えば、連続して聞こえる個々の音の与件が音の連鎖として聞こえる場合、それらは「音」という与件の類似性にしたがって、すなわち連合によるまとまりを与えられることによって、個々の音が連続する音として一つの統一となる。そしてまたこの統一は、そもそも個々に聞こえてくる音与件が過去把持によって保持され、過去の与件との覚起によって成立するため、過去把持の持続としての流れを同時に必要としている。したがって、過去把持や連合、覚起といった受動的綜合における諸規則性は、流れと留まりという相互に依存し合いながら発展していく構成を担う意識の本質規則性であり、意識における時間的な序列や意味内容の秩序的な構成を基礎づけているのである。また、ここで生じる構成プロセスにおいて作動する諸能作の圧縮不可能な持続性によって、現在という時間意識、単なる点的なものでない、時間的に拡がりを持った現在として現出するのである。

フッサールが述べるこのような過去把持や連合による時間意識の構成は、複雑で力動的な意識変様と統一をもたらす（本書第三章第一節（1）（2）参照）。これらの能作をヴァレラは、神経ダイナミクスのカップリングに当たるものであると考える。フッサールの過去把持によって生じる位相の「ズレ」や、連合や覚起によって生じる現在位相と過去位相の結合について、ヴァレラはテクスチュアの創発の基礎にある構成、すなわちカップリングされた非線形振動子の集合において生じる力学的プロセスのメカニズムが相応すると述べている[46]。このことは、神経ダイナミクスの三つの時間スケールの内、主に（2）統合における弛緩時間で生じているとヴァレラは考える。

ヴァレラの述べるテクスチュアの時間性の三部構造は、フッサールの生き生きとした現在における現在と過去の共在という考えに相応している。これは、「木でできた鉄」のような逆説した事態であると指摘されることもある。だがヴァレラは、準現在化である過去の再想起という能動的なレベルで構成する志向性と、能動性が生じる以前の受動的な構成レベルにおいて作動していて、現在化に関わっている過去把持という特有な志向性の違いを、正確に理解している[47]。このことから、受動的な構成レベルにおいては、現在と過去の共在という木でできた鉄が、説明上の見掛けに過ぎないものである。木でできた鉄という、フッサールの時間意識論に対してなされる表現の不合理性をヴァレラは喝破する。これについてヴァレラは、この見掛け上の矛盾が、フッサールの現在化の構成における詳細な説明だけでなく、認知科学の成果においても説明可能であると主張する。つまり、上述したように、カップリングされた振動子のCAが過渡的な同期性を獲得することや、そのカップリングに一定の時間がかかることは、今性（フッサールで言えば生き生きとした現在）の起源に明確に相関していると、ヴァレラは考えるのである。

上で見たように、システム間のカップリングにおける同期とその揺らぎによって、連続的で飛躍的なシステムの力学的な軌道が、恒常的かつ継続的に新たなCAを生み出す。システムの発展軌道は、当然ながら非線形であるため、選択や偶然を含み、決定論的な力学的な軌道とは異なって、その発展は創発的であると看做されるのである。これについてヴァレラは、この神経ダイナミクスによってテクスチュアが様々に創発されるとし、それらの間の時間性について、「それぞれの創発は、その初期条件と境界条件を与える以前の創発から分岐する。したがって、それぞれの創発は、後続の創発の中に未だ居合わせているのである」[48]と述べる。つまり、脳神経システムのダイナミクスは、現在的に現れる一つの綜合的な全体における発生と、その起源としての過去の創発の履歴（記憶）の含有という二つの重要な条件によって、時間的な認識を意識において生じさせる、ということである。こうして、この現在の発生（留まりとしての統一）と、過ぎ去った現在の履歴（流れとしての持続）とを神経ダイナミクスが示している点についても、ヴァレラはフッサールの時間意識の構成との相応を主張し得るのである。

以上のことからヴァレラは、フッサールの生き生きとした現在の構成と、神経ダイナミクスの力学的な挙動が相応することが理解され得ると主張する。確かに我々は、ヴァレラの行った現象学的還元による体験の記述と、それが生じている際の神経系の科学的な観測結果が領域の境界を越えて相応し、同一の事態を示しているという主張を認めることは、可能であるように思える。両者の違いは、まさに見かけ上の相違に過ぎず、本質的には同様のものであると看做すことができるだろう。

しかしながら、これらの相応を認めたとしても、この自然化的な説明は、具体的な体験の記述から出発しているとは言え、やはり体験を認知科学側から見た場合における力学的な説明としての自然化的な対応づけなのであって、構成に関する挙動の形式的な説明が相応するということに留まっている。つまり、認知科学の形式的で自然化的な説明は、各々の感覚質や、意味の連関がいかにして構成されるのかという、意識において最も具体的で核心的な問いには、未だ明確に答えているわけではないのである。我々の知覚や行為の記述において重要なのは、意味や動機によってそれらの進行が大きく左右されている意味内容や文脈がいかにして構成されるのか、という問題である。認知科学ないし神経生理学における神経細胞の活動における力学的な軌道の説明だけで、我々の時間意識の体験を語るのは、この重要な問題に答えない限り現象学から見れば一面的である。過去把持と連合による生き生きとした現在の構成には、力学的な形式だけでは説明できない質の部分を構成する機構、すなわち連合と覚起という受動的綜合が意識において働いている。したがって、我々はこれらの本質規則性について徹底して理解すること無しに、フッサールの時間意識論の全体を摑むことはできないのはもちろん、神経現象学における時間意識解明の試みすらも、無為なものになってしまうと考える（自然化という目的が、意味的な構成の側面をはなから考慮に入れないのだとしたら、それでは現象学をわざわざ用いる意味が無くなってしまうだろう）。

以上のことについて、確かにヴァレラは、「見かけの現在」の論稿において、フッサールの受動的綜合の問題について言及してはいないのだが、しかし彼は、この意味の連関の分析について、「情動」という体験をもとに、神経ダイナミクスの選択と連続に関わる駆動の契機を考察している。この情動という観点について、我々はフッサール現象学における未来予持の議論を用いてさらに考察を進め、ヴァレラの神経現象学的な時間意識の考察が意味連関を解明し得る可能性を吟味することとする。

第二節　神経ダイナミクスと未来予持

我々は、前節のヴァレラの神経現象学における時間意識の分析において、彼が神経ダイナミクスの力学的な挙動を、フッサールの時間意識分析によって明らかにされた「留まりつつ流れる現在」の構成であるとし、それが現象学的な記述の自然化的な側面であると主張する内実について考察した。それは、脳科学の研究から呈示される神経ダイナミクスのタイムスケールと、フッサールの呈示する過去把持という能作によって構成される「持続」の意識が相応しているということであった。

しかしながら前節の考察には残された課題があった。それは単に現象学的な記述を自然化するだけでは見出され得ない、体験における意味の側面、すなわち時間意識の構成における意味連関の規則性を神経現象学がいかにして扱うべきかという問題であった。我々はこの問題を考察するために、ヴァレラが行ったフッサールの未来予持の分析を考察することとする。なぜならヴァレラは、未来予持が本能や衝動、情動に関わり、それらによって動機づけされた触発の現象をもたらすということについて分析を行っているのだが、その際に彼はフッサールによる未来予持の規定に依拠しつつも、それを脳科学の成果に合わせて解釈するからである。このようなヴァレラの分析は、我々がすでに未来予持と触発や連合の考察を通じて意識の構成における動的なプロセスを意味の生成という側面から明らかにしてきたように（本書第二章第一節、第二節参照）、未来予持の諸特性を契機にした神経ダイナミクスの駆動という見解を呈示している。これらのことから我々は、このヴァレラの見解において、上で述べた意味連関の問題を神経現象学でも扱い得る可能性を探ることとする。つまりこの考察は、ヴァレラの未来予持に対する理解を吟味し、また神経ダイナミクスと未来予持の関係について、意識活動の駆動に関わる触発という現象から現象学と認知科学の相応を見出す試みでもある。

以上のことについて、我々はまず、（1）本書の第I部において考察したフッサールによる未来予持の議論を振り返り、特に未来予持の特性である傾向について、ヴァレラが認知科学の面においてもこの特性が重要な鍵になっていると主張する点を考察する。この傾向は、ヴァレラによれば「情動トーン（emotional tone）」として次の知覚や行為を方向づけているものであり、この点においてフッサールの触発や衝動という受動的綜合の構成能作に相応していると考えられる。ヴァレラは、（2）この情動トーンによる知覚や行為の触発を神経ダイナミクスの駆動の契機として規定し、その運動の規則性を「力学的なランドスケープ（展望 landscaping）」として考察している。これらのことから我々は、ヴァレラが神経ダイナミクスの駆動の契機を情動や衝動の触発であるとする見解を考察し、フッサール現象学における未来予持の諸特性との相応を吟味することで、神経現象学が意識体験の意味連関の問題を扱い得るかどうかを見定めることとする。

(1) 意識の傾向——未来予持と情動トーン

未来予持とは意識において「未だないもの」、すなわち次に意識されるだろう到来しつつある与件を志向することであった（本書第二章第一節参照）。つまり未来予持は、意識の持続体を形成する上で、次の意識への連続的な移行を担う能作として働いているのである。

以上のような未来予持は、「未だないもの」に関わることから、間接的な、充実していない空虚な志向性であるということが特徴となる。その働き方は、過去把持が充実した与件を基本として、直観の度合いを減じて空虚へと向かうのに対し、過去把持によって空虚になった与件を未来へと投影し、その空虚な志向が充実へ向けられる、というものであった。意識は無意識的にこのようなプロセスを繰り返すことで、意識の流れを形成しているのである。また、未来予持と過去把持の異なる方向性は、時間的な連続の方向性、すなわち未来から過去へという意識の連続的な流れの一方向性をも規定している。つまり、意識における志向性の充実という移行形式は、空虚化と充実化の規則的なプロセスによる一定方向への進行なのである。その進行は、過去把持的な沈み込みの方向（過去把持の未来予持（本書第二章第一節（3）参照））として移行プロセスが規定されている。このような過去把持と未来予持という意識の本質規則性において、意識の時間的な移行は時間的に非対称となる。これに従えば、認識における時間の不可逆性も、主観的な想像や意識的な規定づけとして定立や設定によって成立するというのではなく、意識の作動における本質規則性という基礎的な能作によって構成されているると理解されるのである（本書第二章第一節（4）参照）。これらのことをヴァレラは、内的時間意識における未来予持の構成的な移行に関する働き方だけでなく、神経現象学的な時間意識分析から見出される神経ダイナミクスにおいても、主要な要件であると考えている。

例えば、このような進行プロセスの一方向性は、脳科学的な観測における神経ダイナミクスのプロセスにおいても同様である。刺激によるCAの発火はその発火自体に一定の持続的な時間を持っており、そしてその発火が弛緩することにも同様に一定の持続的な時間を必要とする（本書第六章第一節（2）参照）。このことは、刺激に対する意識が発現するための準備電位と、その電位の漸減的な消失に関わるCAのプロセスとして理解され得る。つまり、意識現象に相応する神経ダイナミクスの発生プロセスにおいて、CAにおける電位の興奮と抑制に関わる持続時間を考慮すれば、脳神経システムの活動も一方向性を示すことになるのである。この神経ダイナミクスにおける持続時間は、現象学的な考察において指摘される無意識的な時間意識の構成能作の本質規則性に対し、証左となるというのがヴァレラの神経現象学における時間意識分析の骨子であった（本書第六章第一節（3）（4）参照）。つまりCAの持続時間とは、刺激に対する充実化と空虚化のプロセス、すなわち未来予持と過去把持による時間的な持続の構成に相応すると理解することができるというのが、神経現象学における時間的な志向性に対する自然化的な説明に他ならないのである。

そしてまた、未来予持の重要な特徴とは「意識の傾向」として働いているという点であった（本書第二章第一節（3）参照）。未来予持は空虚であり、その志向が原印象（原現前）として充実するまで、あくまで未規定に留まるが、それでも「何か」を志向している。我々は、この「何か」という内容的な規定を有する未来予持の性質を、次の意識位相への傾向として理解し得るのである。このように、未来予持が移行の方向づけという形式的な規定を単に有するだけではないということについて、ヴァレラは、そのような未来予持を「単に我々が「予測可能なもの」として理解され得るといった種類の経験ではなく、自己 - 運動の能作における開示性なのである」[49]と指摘している。では、ヴァレラがフッサールの言う未来予持に相応すると指摘する開示性とは、いかなるものなのか。

例えば、現出や行為が突然切り替わる状況を考えてみよう。具体的な状況として、私が家の扉を開けて外に出た際、目の前に友人が立っていて、自然と挨拶を交わすといった場面を想定する。この時、私の知覚において、屋内から屋外へと視覚的な現出の射映が変化するのはもちろんだが、そこで現出する「友人」という知覚に対して、私の知覚は視覚的な変化を生じるだけでなく、情動的な（emotional）変化もともに生じている。つまり、私は友人を知覚した際、親しみや驚き（時には嫌悪）など、様々な情動がともに引き起こされることになるのである。ここでは、このような現出の変化においてその現出が過去把持的に移行するということだけでなく、その現出に従って次の知覚や行為を待ち受ける未来予持的な志向も生じてくるのだが、ヴァレラはその未来予持的な志向を、「情動的トーン」[50]として理解している。この情動トーンとは、次の行為の構成に関与する契機（具体的には挨拶のきっかけ）であり、その行為の内容にも関与するものである（例えば、好意的な情動が生じれば、笑顔を向けて握手を求めるといった行動をするが、そうでなければよそよそしい挨拶になるだろう）。ここでは、友人の知覚とともに引き起こされた情動的トーンが次の運動や知覚の構成を促し、それらの統一の中における一つの契機となっている。つまり、このように生じている情動的トーンは、「友人」という知覚に対する主体の次の行為を「触発（affect）」するものとして、その働きを指摘できるのである。

フッサールによれば、触発とは「自我へと向かう傾向」（HuaXI, S. 50）であり、自我の行為は「触発に従いながら、換言すれば「動機づけられながら」」（ebd.）行われるものであった（本書第二章第一節、第二節参照）。この触発の生起とそれによる自我の対向によって主体の振る舞いという一連の構成プロセスが形成され、「友人」を知覚した際に生じる私の次の行為が「挨拶」へと自然に接続していくのである。フッサールは、このような触発や動機づけに未来予持的な傾向が関与すると考え、特に以下のように述べている。「人格的な主体が体験流にとってある種の発展の規則を意味するのならば……この規則は、ある種のいわゆるドクサ的な習性、自我のそのつどの振る舞いにおけるある種の既知性、意識流におけるそのつどの振る舞いの出現に関係するある種の予期の傾向、あるいは可能的な予期の傾向が相応する。今や、この振る舞いは、背景の意識においては、本来的な予期ではないが、将来的に生起することへと方向づけられた未来予持であり……まさに振る舞い方の主体が構成されるのである」（HuaIV, S. 256）。つまり、そのつどの自我の振る舞いを触発するのは、意識の傾向、すなわち背景的な地平で働く含蓄的な未来予持の傾向に他ならないのである。

これらのことから、未来予持の傾向を触発として理解するフッサールと、次の行為を情動が触発するというヴァレラの主張は、共通していると言い得るだろう。ヴァレラは触発という現象について、「これは段階的な強度によって示される素因（disposition）を提供すると言えるだろう」[51]と述べている。我々が未来予持の傾向ないし触発を、ヴァレラの言う情動トーンの触発として理解するならば、知覚や行為といった意識の活動は、動機づける感覚や情動に促されて生じるものと看做され、特に、触発が主体的な行為の連続に関与するということを考慮すれば、情動トーンは、意識の自己運動をもたらす開示性、すなわち運動の契機や未来への開け（選択性）の契機となっていると理解し得るのである。

以上のように、意識の自己運動的な展開について、その契機の基礎を情動に置いている点は、両者の主張においてともに重要な位置を占めている。視覚や運動の体験の急激な移動は情動の変化が関わっており、それを触発の機構として理解することは、単に客観的な刺激 - 反応図式によって、つまり単調な一対一対応の固定的なデータによって意識の変化を解釈することとは全く異なっている。情動トーンによる触発の開示性は、脳神経系の挙動で言えば、カオス的な不安定性や選択性に相応すると考えられる（本書第六章第一節（3）参照）。そしてまたフッサール現象学において、情動ないし感性的なものから自我への触発という意識の構成を志向性として理解することは、情動トーンによる触発の開示性と同様に、客観的な因果性による規定なのではなく、未来予持的な動機づけ、すなわち志向的な意味の連関において意識の持続性が成立しているということである。このような未来的な構成の理解こそ、まさに現象学的還元によってしか見出され得ない体験の本質規則であり、今現在の意識に生じている多様な内容変化とその移行過程の分析を可能にするのである。

（2）　神経ダイナミクスのフィードフォワード

フッサールにとって意識における未来予持的な傾向は、次の現在的な位相への触発を動機づけるものであった。そしてまたヴァレラもこの点に注目し、未来予持的な傾向による触発を、神経現象学においては情動トーンにおける触発であるとして、意識の展開にとって不可欠なものであると主張する。実際、認知科学においても、上の挨拶の例で見たように、情動的で触発的な調性（tonaly）の意識（恐れ、怒り、不安、自負）が、質的な素因として行為に関与していることが指摘されている(52)。したがってヴァレラは、この素因的な傾向によって方向づけられる認知のシークエンスが意識における時間的な連続性として認識されると考えているのである。この点は、フッサールの記述する未来予持の諸性質を鑑みれば、同様のことであると認められ得るだろう。

このような未来予持の働きや、認知科学で考えられている情動調性（トーン）という特徴について、ヴァレラは、イナクティブな認知神経科学の観点において、触発を「直接の対処（immediate coping）」[53]として考えている。そしてこの対処を、素因的な傾向における「準備性（readiness）」と「習慣性（habitus）」として分析している。準備性とは、「事物が一般的に生起するだろうという仕方についての予期」であり、習慣性とは、「我々の生の反復に関わる全てのものを持つこと」であると、ヴァレラは定義している。[54]これらの性質は、フッサールによる未来予持の記述からすれば、準備性を未来予持として、そして習慣性を未来予持と過去把持の両方が関わる相互覚起の能作として、十分に理解し得る内容である。[55]そしてまた、それらを脳の神経ダイナミクスとして考えた場合、そのダイナミクスに関わる脳神経細胞組織の機構は、フィードフォワード制御としても考えられる。準備性と習慣性をフィードフォワード制御として考えることについて、脳科学から例を挙げるとすれば、小脳の働きを参照するのが適当であると考えられる。[56]以下からは、一旦ヴァレラの記述に対する考察を離れ、具体的な小脳の活動事例を確認し、議論の補足とする。

小脳という器官は、端的に言って、運動制御を司る器官である。小脳は、末端である身体各部からの信号を受け取る受容器であり、また逆に、中枢である大脳からの信号を受け取って、これをもとに延髄の前庭神経核や反射中枢である小脳核に運動を制御する信号を投射する器官でもある。この信号のやり取りの中で小脳は、複数の筋活動の相互関係を計算して協調的な運動を実現させている。[57]この小脳の働きにおいて特徴的なのは、決まった運動パターンをフィードフォワード的に引き起こす機構を持っているという点である。[58]例えば、多数の筋肉が関与する複雑な運動の場合に、予め筋張力などの目標値を設定し、これに基づいて信号を投射して制御する機構が小脳にはある。[59] この機構による制御は、予め規定された運動を行為に投影させるという点で、そのつど出力を検出しながら（強すぎるあるいは弱すぎるなど）発生したエラーを操作器の側に帰還させて制御を調整するというフィードバック制御の仕方とは異なっている。また、フィードフォワード制御は、小脳に限らずロボットの運動制御の場面でも見られ、このような制御が用いられた場合、それは以下のような状況を回避するのに役立つ。例えば、人にしろロボットにしろ、運動ないし行動を起こす際に、多かれ少なかれ周囲の状況、環境に対応しながら、運動を継続する。だがその際、単にそのつどの環境の情報を受け取って、それから次の行動を選択して決定していたのではスムーズな行動が実現できない。また、神経回路の信号伝達においても、末端からのフィードバックをそのつど待っていたのでは、その伝達の遅れに起因するオーバーシュート、つまり情報に対する調整に運動の行き過ぎや戻り過ぎといった不安定性が生じて、運動に病的な震顫を引き起こすことがある。小脳はこのような不都合に対し、先に運動の目標軌道のアルゴリズムを組んで制御することで回避することができ、安定した活動を実現するように働いている。したがって小脳は、協調的な運動の制御を図るため、フィードバック制御だけでなく、フィードフォワード制御もともに駆使して運動を統制しているのである。

また、小脳のフィードフォワード的な運動制御として、「前庭動眼反射弓」と呼ばれる制御システムがある。[60] これは、何らかの物体に眼の焦点が合っている時に（受動的ないし能動的な運動どちらの場合も）、頭の位置が変化した場合、その動きに応じて眼球の方向を調節することによって、視野にブレが生じないようにするものである。このシステムにおいて、頭の動きに関する情報は、頭位の運動を検出する平衡器官（主に三半規管）から、小脳を経由して前庭神経核に送られ、ここでさらに動眼神経細胞に興奮ないし抑制を指示する信号へと変換されて眼の動きを調節するのに使われるという。しかし、眼球の運動によって視野のブレが補正されたかどうかの情報は、中枢神経系に送られるものの、これを前庭神経核へと伝達する経路は存在せず、こちら側の経路においては、フィードバック制御が行われていないと考えられている[61]。つまり、眼球がどれだけ動いたか、という情報は、中枢に戻って来ないのである。眼球の方向調整がそのつどフィードバックされないにもかかわらず、対象の物体から視線を外さずに正しく注視し続けられるのは、頭部がどれだけ動いたかという情報をもとに、視線を一定に保つのに必要な眼球の回転角を小脳で計算し、この目標値に向かって運動筋をフィードフォワード的に制御しているからであると考えられている。この時の小脳は、目標値を求めるため、言わばある種のコンピューターとして機能していると言える（三半規管から得られた回転速度に関するデータを積分的に処理するといった働きをしていると考えられる）。つまり、この計算に必要な様々なパラメーターは、介在するニューロンにおけるシナプス結合数やシナプス電位の形で、小脳にインプットされていると考えられるのである[62]。

こうしたフィードフォワード制御は、単に小脳のみを介した機械的な動きに使われているだけではなく、大脳連合野からの指令によって随意運動が遂行される場合にも利用されている。連合野が随意運動の指令を発するとき、指令信号は運動野を経て小脳に送られる一方、小脳からの出力が大脳運動野に接続する錐体路のニューロンに投射されるようになる。この錐体路（錐体外路）は、随意運動を無意識的に調整しており、しかも運動が実行されるいい以前に、すなわち随意運動として意識的になる以前に、小脳と大脳の間でループを形成する[63][64]。このループの過程で小脳が果たしている機能については、今なお不明な点が多い[65]が、小脳が運動制御の「コンピューター」として考えた場合、運動をシミュレートしながら必要な筋張力の値を計算し、これをもとにそれぞれの筋肉を支配する大脳運動野の各部位に適切な「準備」をさせていると看做すことができるだろう。ここで言う「準備」とは、もちろん、実際に行われる運動の内容のことであるが、神経生理学的に言えば、運動を生じるのに数百ミリ秒ほど先だって大脳運動野に運動準備電位を誘起する過程を指している。[66] 準備電位が誘起された状態では、筋張力それ自体は変化していないが、これから行おうとしている運動で収縮する筋では、伸張に対する脊髄反射が増幅し、逆に弛緩する筋の反射は減少することが判明しており、まさに運動の「準備」が整えられていると言ってよいだろう。この準備電位は、神経ダイナミクスのタイムスケールの基礎的な出来事（1/10スケール）、そして統合のための弛緩時間（1スケール）に対応している。小脳によるフィードフォワード制御は、運動の内容に対応した準備を身体（筋肉）にもたらしているのである。

このように、運動の実行以前にその状況を予測して、然るべき目標を設定するという一部の神経系のフォーマットは、フィードフォワード制御の典型である。しかしながら、運動制御の目標値は、規定されたパラメーターだけで、常に運動を制御できる訳ではない。例えば、ボールを投げて的に当てようとする時、一度で狙った的に当てるのは容易でないし、またそれが達成できたとしても、常に狙い通り投げられるわけではない。狙い通りの結果を出すには、運動の反復による学習が必要である。これは、計算された目標値が達成されたか達成されないかによって、その目標値を修正する学習機能、すなわち、フィードバックする回路が必要になる。脳科学的な観測において、ある神経系のシステムにフィードバックする回路が認められないとしても、実際には、小脳の運動制御においても、身体の可動はフィードフォワードだけで成立するのではなく、フィードバックと協働しながら調節が為されている。[67] 運動の修正に関する学習の反復、つまりフィードバックとフィードフォワードの絶えざる調整は、行為の精度向上と反復の安定性を形成するという意味で、習慣性の獲得と言い得るだろう。この習慣性が運動の作動の際に、フィードフォワードとして運動のパターンを制御するので、運動を導く素因になっていると看做すことができるのである。[68]

では、ヴァレラの記述に戻り、再度、神経現象学における触発の意義を考えてみよう。以上のような例において、脳神経のメカニズムの中に、準備性と習慣性という素因的な傾向における対処が含まれていることが認められる。だが、ここでもう一つ考慮すべきなのは、これらの素因的な傾向が単に形式的な制御システムなのではなく、情動トーンという意識の具体的な内実、すなわち意味的な内実を備えているということである。これについて、ヴァレラは以下のような例を挙げる。「私は今、ものを書きながら、私の思考を文章にして書いて表現するという予料に自分を没頭させるという素因的な態度を取っている。今この単語を書いたとき、素因は、適当な表現が見つからないことに対する微かな苛立ちという情動的な負荷によって彩られている」[69]。このような状況の中で、ヴァレラは、情動トーンが関わる意識構成のスケールを三つに分類している[70]。第一のスケールは、「情動」である[71]。ヴァレラはこのスケールを、「生き生きとした現在の構成的な調性の転換の覚知（awareness）である」と定め、このスケールが根源的な時間意識の構成のレベル、つまり、未来予持的な傾向に対応し、後のスケールにおける構成の基礎的な部分を担うものと規定する。そして第二のスケールは、「触発」である。このスケールは、「身体化された行為に干渉する一連のものに対して特有の素因的な傾向」[72]である。情動の傾向によって生じた触発は、実際の身体的な行為を引き起こす際のきっかけ、ないしは動機づけであって、これによって知覚や行動が発現する。そして最後に第三のスケールは、「気分」である。これは、「時間を超えた叙述的な記述のスケール」[73]である。実際に触発によって引き起こされた行為の中で、その際にともに生じる顕現的な情態性は、意識の構成におけるタイムスケールとは別に、一般的な意味における気分として叙述的に表現される。これら情動トーンの各タイムスケールは、過去把持に対応する神経ダイナミクスのタイムスケールのように、観測し得る客観的な時間を指定できるわけではないが、意識の構成の情動スケールに、段階性の違いが見られることは、注目すべき点であろう。ヴァレラは、このような情動のスケールにおける段階性と発展の記述から、「情動は、存在論的な準備性の不可欠な部分なのである。しかしながらこのことは、そのような存在論的な構成が、生きているものとしての我々の歴史と、脳生理学における微小な出来事から不可分なものを、基本的で情動的な素因の内で根を下ろしているという事実を曖昧にすべきではない」[74]と述べている。したがってヴァレラは、このような情動トーンにおける触発という体験の事実から、形式的な制御システムからは見出せない具体的で実質的な現象を見落とすことなく、神経現象学の自然化的な考察対象とすることが可能であると考えているのである。

（3）　神経ダイナミクスの駆動としての力学的なランドスケープ

我々は、ヴァレラが認識や行為に関する情動とその触発を脳科学的な見地とリンクさせているという点を確認してきた。その考察の中でヴァレラが述べる最も重要な主張は、「運動を実行するための志向が、程度の異なる情動トーンの変化とカップリングされている」[75]という点である。つまりヴァレラはここで、身体的な運動性と情動トーンという、それぞれ異なって作動していると看做される両システムがカップリングすることで、そのカップリングが神経ダイナミクスにおける力学的なランドスケープ（展望）として、認識や行為を促す駆動的な契機となっていると理解しているのである。この力学的なランドスケープとは、いかなることなのか。

この力学的なランドスケープの例として、ヴァレラは、脳神経系の活動における「準備ポテンシャル」という現象を挙げている。例えば、指が運動する際に脳の電気ポテンシャルを計測すると、その全体に渡って、運動の開始に何分の一秒かの「先立つ」大きくゆっくりとした電気ポテンシャルが生じていることが観測される[76]。その時に、実際に指を動かした被験者は、自分が運動を始めようと決めた、と答えるという。つまり、被験者の運動に先立って、すなわち指を動かすことの以前に、具体的な力学的ランドスケープとして、CAが活動を始めているということである。このような準備ポテンシャルは、運動ないし行為の際に、神経ダイナミクスの中で駆動の契機という役割を果たしていることを示していると考えられる。これについてヴァレラは、この先立つ電気ポテンシャルが、運動の起源としての力学的なランドスケープであると看做し、このことを「情動調性が流れのダイナミクスの中で果たす役割の仕方の、直接的な証拠である」(77)と指摘するのである。つまり、先意識的な活動ということで、現象学的な記述における触発と、情動トーンという力学的なランドスケープの準備ポテンシャルという科学的な観測の証拠が相応していると、ヴァレラは主張するのである。この見解において、「情動調性は、この重要な活動〔準備ポテンシャル〕によって、神経ダイナミクスの主要な境界条件であり、初期条件である」(78)ということになる。こうしてこの情動トーンが以後の運動の構成的な条件ないし効果として、行為のメカニズムと調和するとヴァレラは考えるのである。

以上のことから我々は、情動トーンによる触発が知覚や行為の素因的な傾向になっているということを、ヴァレラに即して理解し得るし、しかもそれが、未来予持の本性に相応するものであると考えることができるのである。情動という感性的な領野における触発的な、衝動的な契機（本書第三章第一節参照）は、まさに顕現的な意識の発生に関わる初期条件とも言うべきものであり、またこの情動トーンを未来予持的な傾向と看做せば、それは過去把持と並んで、神経ダイナミクスに相応する力学的な原理であると見ることができるだろう。そしてさらに、こうした情動トーンと未来予持的な発生を、ヴァレラは、「位相空間のランドスケープと、その中を動く特定の軌道との間の、相互的なブートストラップ」(79)が、神経ダイナミクスの意識化ないし身体化の際の条件となると述べている。これは一体いかなることなのか。

「ブートストラップ」とは、「自動、自給の」「自動実行する」といった意味であり、「履いている靴を摑んで自分自身を持ち上げる」といったような状況を示す概念である。一般に、コンピューターに電源を入れたとき、オペレーティング・システム（OS）を起動するための処理を担うシステムを言う。端的に言えば、OSが起動するのにそれを起動させるシステムを必要としているという状況である。この概念は、発達心理学における認知の問題や、ロボット工学において、幼児やロボットがいかにして学習するのかという問題を考察する際に使用されている。[80] これらの領域において問題となる学習の仕組みは、ブートストラップ学習と呼ばれ、学習者が外部からもたらされるタスクの教示やその評価、または環境からの制御なしに、自身の内的な、生得的な能力に基づいて環境と相互作用し、新たな能力を創造することを指す。例えば、学習者の初期設定として特徴的な対象物を注視するという機能が備わっている場合、その機能が対象との関わりの中で発動して、対象の注視が成功した場合、それを能力として創発するという事態がある。このような生得的なものと環境的なものとの対において、カップリングという相互作用による新たな事象の創発をブートストラップ的なダイナミカルシステムとして理解するのが、ヴァレラの基本的な立場である（本書第四章第三節（4）参照）。つまりこの見解は、それぞれの契機や条件を独立的なものと考えることなく、例えば「歩行」という身体的な行為と、「道」という環境条件の関係のように、不可分かつ相互的なリンクが生じているという事態を考察の基本としているのである。したがって、触発や情動トーンの発生を考える、という場合であれば、異なったシステム同士のカップリングは、ブートストラップ的にダイナミカルシステムを立ち上げていると考えられる。そしてまた、そのダイナミカルシステムの新たな変数として、情動トーンという力学的なランドスケープを形作られると、ヴァレラは考えるのである。[81]

以上のことから、ヴァレラはそれら身体と環境の両契機がそれぞれ立ち上がって来るブートストラップ的な駆動が生じている場面を観測し、そして同時に、それらの契機以上の何かが立ち上がって来る場面を観測することが肝要である、としている。これは、古典力学的な因果性や、作用・反作用のような線形の表現とは全く異なり、様々なファクターによって、そのファクターからは単純に想像や予測ができないような結果を生じる複雑系や、その自己組織化として考えねばならない。これについてヴァレラは、「この統合的な見解において、自然形態（有機体の体制）と、それらの生態学的な埋没性における選択プロセスの間の関係は、矛盾ではなく、力動的な見方をすれば、そもそも相互的な鱗状重層（imbrication）なのである」[82]と述べている。こうしてヴァレラは、力学的な諸原理を駆使して、触発や情動という意識的な構成プロセスにおける駆動の契機を指摘し、また、これらの原理が領域間を跨いで、諸領域における様々な特徴の相応を主張するための一つの方策であると考えるのである。

この自然システムの自己組織化の解明という立場において、ヴァレラは、「フッサールによって提案された二重の志向性の一般的な構造は、私が思うに、力学的なブートストラップというこのクラスのものである。触発と情動調性の分析は、このことに対して証拠を与え得る」[83]と述べている。つまり、フッサールの二重の志向性という記述は、不可分な二つの志向性の契機によって、それぞれの志向による構成以上のものが創発されることの記述、すなわち時間意識が根本的に創発であるということの記述であると理解することも可能であろう。[84]したがって、ヴァレラは、触発と情動調性による力学的なランドスケープのブートストラップ的な作動を、時間意識を構成する二重の志向性という構成構造に相応すると考えるのである。我々は以下においてさらにこの問題を考察することとする。

第三節　ヴァレラによる新たな時間図式の考察

ヴァレラは、以上のような見解に基づいて、フッサールの時間図式に手を加え、「新たな時間図式」を呈示する。これは、複数の構成能作を担う志向性の協働による時間意識の創発というアイディアによって、時間意識における構成のダイナミクスを表現するために、フッサールの時間図式を刷新しようとするヴァレラの試みである。ヴァレラがこのような試みを行うのは、時間意識が点から点へと単純に移行するような線形の軌道を持って推移しないということを鑑みた場合、フッサールによる従来の時間図表が点と直線のみによって描かれていることについて、その意図を表現するのに不十分であるということに由来する。ヴァレラは、フッサールの呈示する二重の志向性によって生じる流れ、すなわち「力動的な傾向（*dynamical* trends）」[85]を導入した図式を提案することによって、時間意識における離散的な位相の連続という非線形性を表現しようとするのである。我々はヴァレラの図表を吟味することによって、ヴァレラが指摘する時間意識の非線形的な力学的軌道と、フッサールの時間意識の構成論が重なり合う点を明確にする。

そこで我々は、まず（1）フッサールの二重の志向性の議論を振り返って確認しつつ、ヴァレラがどのようにその議論を理解しているのか、という点を考察する。ヴァレラは、これまで我々が考察してきた現象学的な記述における二重の志向性を神経ダイナミクスの挙動に相応させながら、自然化的な説明を試みる。またその中で、彼は二重の志向性という時間意識の構成の機構を、力学的な原理を用いた新たな時間図式として呈示する。[86]そして、そこで呈示される時間図式において、我々は（2）時間意識の構成の機構が、パイこね変換という物理学的、

I

静態的な構成―延長志向性―時間性の三分構造

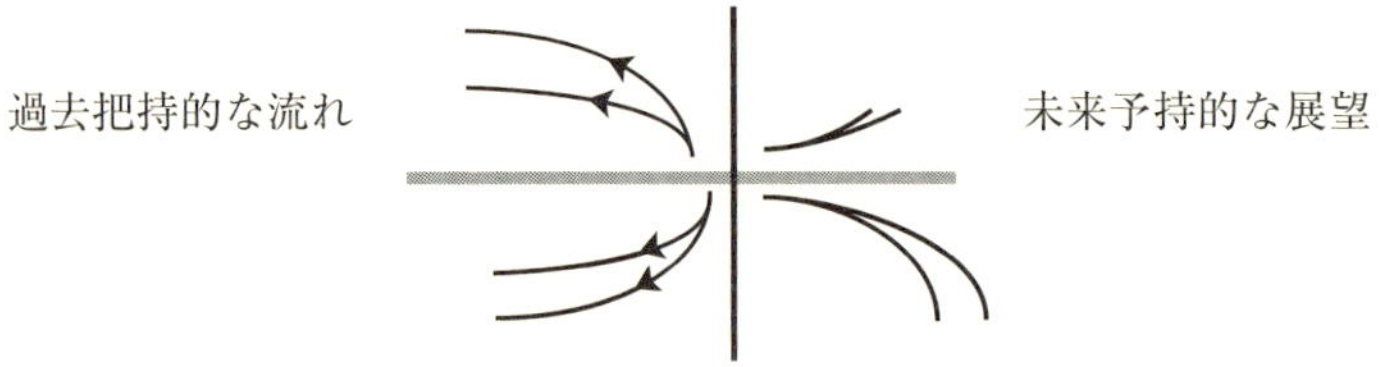

II

発生的な構成―交差志向性―流れ

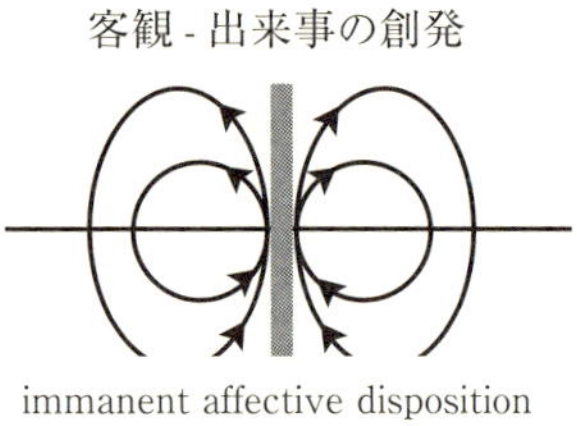

イメージ

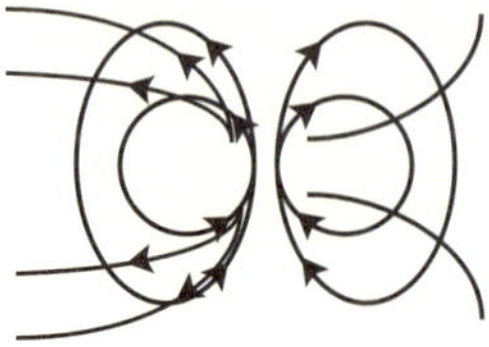

図 3　ヴァレラ「見かけの現在」（303 頁）における図

数学的なオペレーションを用いて理解し得る可能性を呈示し、神経現象学における自然化的な説明を試みることにする。これらのことを通じて我々は、（3）ヴァレラによる神経現象学的な時間意識の考察を総括することとなる。

（1）延長志向性による一方向的な流れと交差志向性による循環的な発生

ヴァレラは、時間の非対称性、すなわち未来から過去への流れを構成するのが延長志向性の働きであると看做している[87]。フッサールの時間図式において、延長志向性は横軸として表現され、現在点の系列を表すことから、一見して古典力学的な線形の時間パラメーターのように見える。しかしそれは、単に時間点の系列のみを表すのではない。その系列は、現在的な位相の「流れ」なのであって、未来から過去へという時間意識の絶えざる移行を示している。つまり、この未来から過去へという移行の方向性において、延長志向性の構成は、一方向的に規定され、絶えざる流れを示すものとして理解せねばならない。現在の諸位相の系列が、その進行において非対称的であることは、これまでに考察されたように、過去把持と未来予持の充実と空虚の移行における特質から明らかであり（本書第二章第一節（4）参照）、これについてはヴァレラも、「二つの異なる種類の力動的なアイディア、〔すなわち、〕過去把持的な軌道（trajectories）（過去）と、予期についての順序パラメーター（未来）[88]」であることを指摘し、力動的に移行する時間的な意識内容を「過去の軌道」と「未来の展望」とに区別している[89]。

まず、前者の過去の軌道であるが、これを現象学的に言えば、過去把持の持続によってその軌道を過去地平へと残していくということに相応している（本書第二章第一節（4）参照）。つまり、過去把持は、志向の最大充実である「今」という直観的な現前を脱充実化して空虚にし、「今にあった」ものとしてその痕跡を過去地平に残していくのである。ヴァレラは、このように意識が過去へと痕跡を残していく様子を「軌道」と呼ぶ。それは、一般的には記憶（あるいは意識活動の歴史）であり、認知科学や物理学において言えば、システムの履歴ということになるだろう。他方、未来の展望であるが、それは現象学的に言えば未来予持であり、この能作によって意識は様々な展開可能性を、空虚な、未規定的な在り方で未来地平に広げている（本書第二章第一節（2）参照）。このような未来予持は、ある何らかの充実への傾向（可能性）を有していても、まだ実際には現前していないため、過去把持された現前のように、痕跡としての軌道は生じない。このような未来予持の諸性質について、ヴァレラは、未来予持の空虚で未規定ながらも次の現前への傾向を有していることを展望と呼んでいる。したがって未来の展望とは、意識の活動が一定の線形的な軌道ないし決定論として規定されるのではない、ということを含意しているのである。[90] これらの点において、横軸に表される過去と未来の流れは、過去把持と未来予持という志向的な能作の内実に即して、現在点を境に明確に区別されるのである。以上のことから、我々が過去把持と未来予持の諸性質を考慮する限り、時間意識は必ず非対称的な流れとして構成されるということが理解される。したがって、この横軸における延長志向性によって、意識の位相に過去と未来の相異なる方向性と様相が構成され、時間的な流れの順序が現れるのである。

次にヴァレラは、横軸の延長志向性に対して、縦軸として表現される交差志向性を、現在の位相において具体的な内容を持つ意識の発生的な構成を担うものであると看做している。[91] 現象学的な分析において見出される現在的な位相とは、これまでの過去の位相を全て恒常的に含蓄しており、またこれから到来するであろう、開かれた未来のあらゆる未規定な位相もともに含蓄的に志向している。このような現在的な意識における発生の機構とは、過去地平に拡がる空虚表象が到来する与件と相互覚起を生じることで、自我へ向かって触発し、現在において直観的に顕現するということであった（本書第二章第二節、第三章第一節参照）。この点についてヴァレラは、「発生的な構成に関して、縁暈（過去と未来の地平）は、一方で先意識的な、触発的な基体において再現出し（恒常性）、そして他方で意識的な、身体化された自我、（すなわち）情動的な変化の気づきにおいて再現出する（変化）」[92]と述べている。つまり、我々がこの発生プロセスをヴァレラの表現に即して理解するとすれば、過去の方面において、過去地平に貯蔵されている空虚表象の全て（過去に経験した物の全て）は触発的な基体の恒常性に相応する、ということになるだろう。また未来の方面において、自我という顕現的な意識活動の対向を促す触発的な傾向は、与件の到来とともに生じている情動的な変化に相応する、ということになるだろう。このような意識活動の発生の規則性は、脳神経系における、ある今性のテクスチュアがCAの準備ポテンシャルから発火し、弛緩時間を経るという一連の反応プロセスに構造的に相応すると考えられる。また、そこでの神経ダイナミクスのプロセスも、現在的な運動や知覚の出力がフィードフォワードとフィードバックによって生じていたように、過去の履歴（記憶）と、それを現在へと投射する触発的な素因（予期）による内部発生的な力動性に相応すると考えられるのである。この点についてヴァレラは、「［交差志向性の］自己 - 呈示（Self-manifestation）は、我々の分析において、自己 - 運動あるいは発生的な不安定性として現れる。これは単なる記述の人為的な所産ではなく、自己組織化についての不変的で形式的な記述なのである[93]」と述べている。したがって、このような構造とプロセスを持つ意識の発生は、時間図式に即して言えば、その縦軸において新たに刷新されつつ過去へと流れて行き、それが次の現在的な位相の構成に対する新たな触発の素因となることから、過去と未来の絶えざる循環的な構成として表現されるのである。ここでの過去への流れとは、もちろん延長志向性の能作であり、交差志向性はその延長志向性とともに作動することで、循環を循環として成立させることになる。また反対に、延長志向性は、交差志向性の能作における発生的な現在位相の構成によって、それを起点とした流れにおける過去と未来の区別と秩序を成立させる。これらのことから、両志向性は相互依存的であり、時間意識の構成にとって不可分離的な作動をしていることが理解されるのである。[94]

このように相互依存しつつ不可分離的に作動する二重の志向性を、ヴァレラはあえて四つの要素に分解し、新たな時間図式を表す。[95] まず一方では、上で見たように、延長志向性による一方向的な流れの構成が過去の軌道と未来の展望に分けられ、時間様相としての過去、現在、未来という時間性の三分構造が横軸に示される。そして他方で、交差志向性による発生的な構成は過去の触発的な素因として、神経系のシステムの中でアトラクトした志向的な内容と、その触発によって生じる不安定性（非線形性）を備えた発生的ないし創発的な自己運動とに分けられ、それらが縦軸に示されている。つまり、ヴァレラの呈示する四つの要素とは、（1）過去の軌道、（2）未来の展望、（3）触発的な素因、（4）発生的な自己運動を指しているのである。ヴァレラは、横と縦の二つの軸においてそれぞれに働く四つの要素の協働を、「今性の四重構造」[96]と呼ぶ。（1）と（2）の要素による一方向的な流れと、（3）と（4）の要素による循環的な発生を合わせた軌跡を持つ時間図式こそが、ヴァレラの呈示する新たな時間図式なのである。[97] これら四つの要素は、もちろん、相互依存性において統合されており、単に記述的な、表現的な呈示なのではなく、実効的なリンクを持っていることは、上で述べられた通りである（この点については、本節（2））において再度考察する）。したがって、これら四つの要素の統合全体がまさにある一つの拡がりある現在、すなわち今性というものを形作っているのである。以上のことから我々は、二重の志向性による時間意識の構成の内実を、ヴァレラの神経現象学的な見解から呈示される今性の四重構造の図式的な表現によって、力学的な道具立てを用いた自然化的な説明として、より力動的な理解を得ることになるだろう。

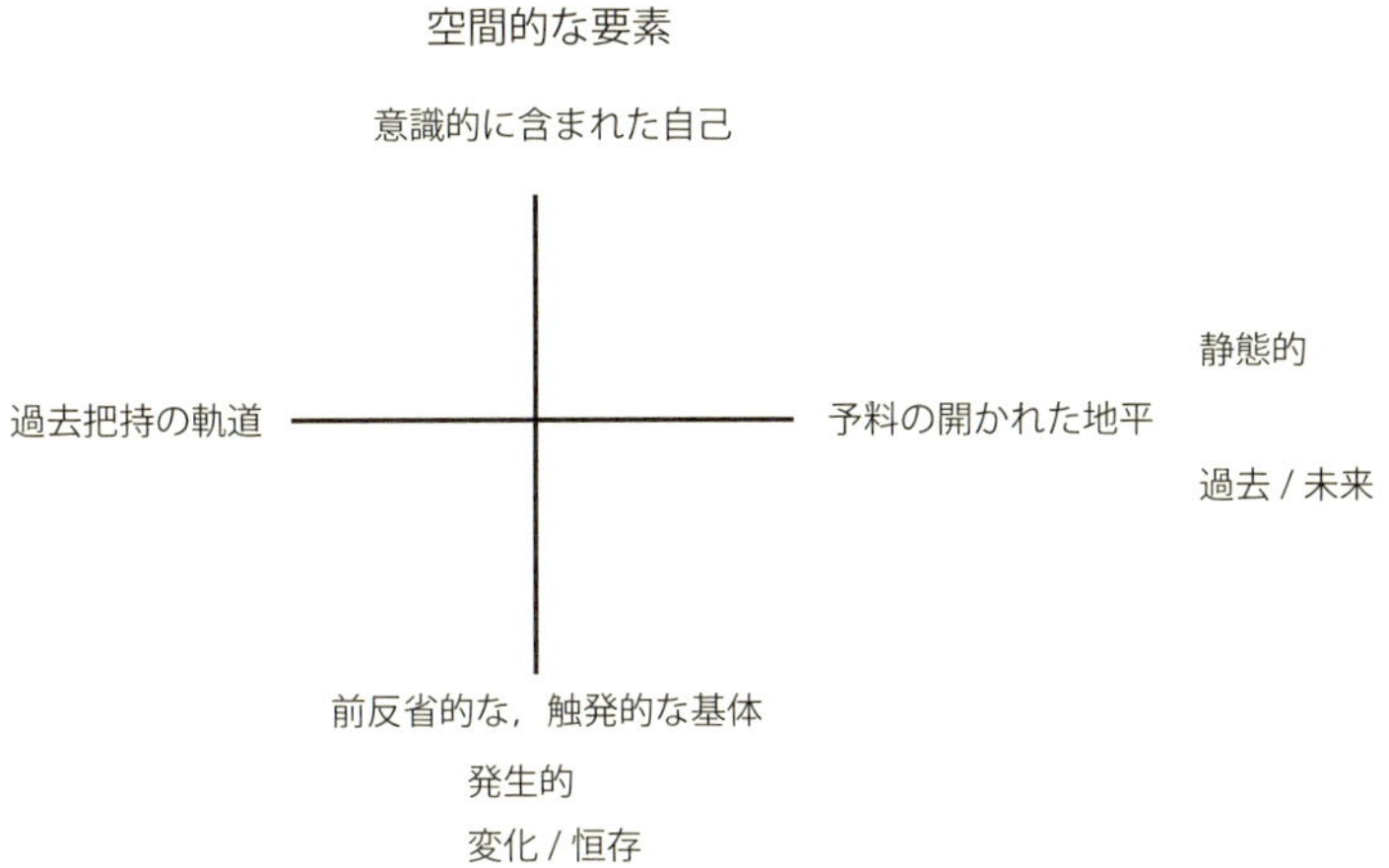

図 4　ヴァレラ「見かけの現在」（304 頁）における図

（2）二重の志向性の相互依存性と不可分離性

――パイこね変換による理解

上で示された新たな図式についてヴァレラは、「私は、時間性の構成における四つの要素の相互依存性とそれらの役割を、自然化が提供し得る最も直接的な洞察と看做している[98]」と述べる。ヴァレラは二重の志向性について、以上のような神経現象学における今性の四重構造を指摘したが、我々は今性の四重構造に即して、この二重の志向性に対する自然化的な説明をさらに詳細に考察する。二重の志向性の自然化を考察するにあたり、このような二つの異なった構成を担うシステムの協働的な作動を自然化的に説明するモデルとして、我々はカオス力学における「パイこね変換」という時間発展とともに位相空間（物理的な位置と運動量）を変換していく操作を呈示し得る。なぜなら、二重の志向性における時間的に延長する能作と、その時間的な伸び拡がりを統一して現在的な位相にまとめる能作は、ある系を伸ばしつつ縮めるといった、パイこね変換に見られるオペレーションに類似し、その点において、両者が相応性を持つであろうという可能性

図5　パイこね変換を繰り返していくと，影をつけた部分と白い部分とが破片となって分断されていく。

が示唆され、このような自然化的な説明を提供し得る試みを許すであろうと考えられるからである。このことについて池上高志は、「このフッサールの時間知覚と力学系のパイこね変換が結びつけられる。ヴァレラはのびる方向と縮む方向がつくる多様体こそ、この縦と横の志向性だという。この結びつけは今のところメタフォリカルなものに留まっているが、そのおかげで力学系の本質である、時間構造というものに焦点が当てられ、カオスをたんにさいころの作り方ととらえるのではなく、その背後の複雑さと時間発展に目を向けさせることに一役買っている」[99]と述べている。したがって我々は、神経現象学においていまだ比喩的にしか示唆されていない二重の志向性の構成構造とパイこね変換の結びつけを実際に試みることで、この今性の四重構造（二重の志向性）と、パイこね変換という説明モデルが相応し得るのか、ということについて考察する。

　パイこね変換とは、カオス的な系が時間発展する際に、系の軌道が不可積分的に不安定性を生じるという機構を理解するための、数学的なモデルである。[100] 具体的な操作としては、例えばある系の位相を図形的に正方形として呈示した場合、その系に対して、図形的には正方形を半分に潰して引き伸ばし、中央から半分に切って積み上げるといった、一連の操作を行うものである（図5参照）。実際にこの操作を、例えばある図形（丸でも三角でも、ただの直線でもいい）が描かれた正方形に適用してみる。その正方形に描かれた図形が円の場合であれば、まず押し潰すという操作によって、円の描かれた正方形は、縦の長さが半分で、横の長さが倍の長方形となり、その中に描かれた円は、変化した正方形の形状にしたがって楕円になる。そしてこの潰されて横に伸びた長方形は、真ん中から半分に切られ、二つになった長方形の一方が他方の上

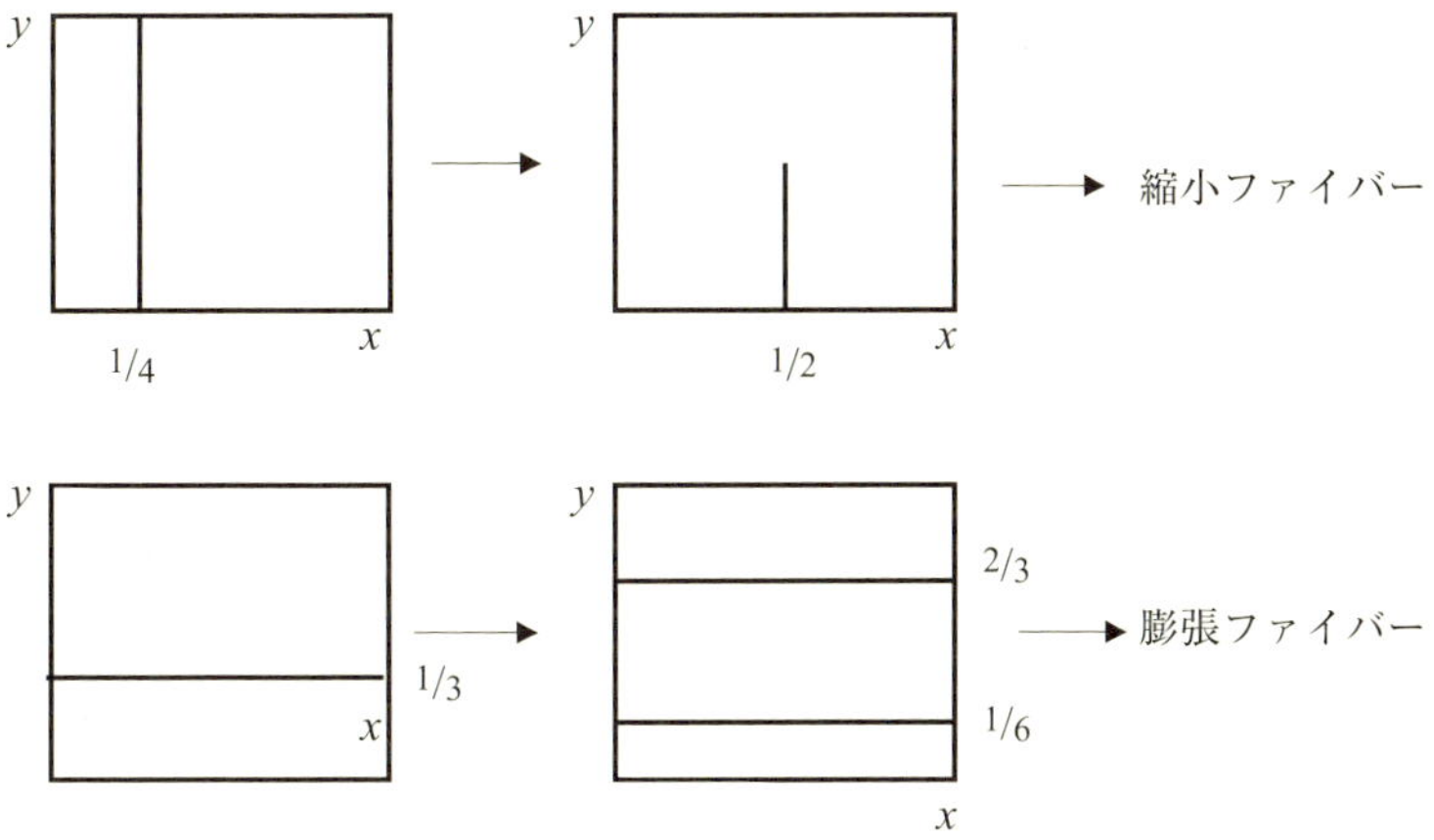

図6　ニコリス，プリゴジン『複雑性の探求』（227 頁），図 86 における，パイこね変換の縮小ファイバーと膨張（拡大）ファイバー

に重ねられる。すると、それらの長方形は、また正方形に戻ることになる。しかしその際、そのもとに戻った正方形の中に描かれた円は、半分に切られた楕円が重なったような図形になってしまう。この動作を何度も繰り返すと、その図形はもとの形を失い、どんどん正方形の中に細かく広がっていく。伸ばして切って重ねるといった、それらの操作を続けていくうちに、描かれた図形はばらばらになっていく。そのような操作の回数を重ねる度、つまり時間が経過する度に、図形はどんどん散らばって、十分な時間が経つと、描かれた図形の断片は一様に正方形の中に分布する。この変換の操作自体は、正方形に描かれた図形の初期状態によらず、一定の終状態、すなわち「ばらばらな状態」へ向かうものである（しかし、ここで注意せねばならないのは、パイこね変換を有する系が、一定の方向を持つとしても、この操作は数学的に規定された説明モデルなので、時間反転すれば元の状態に戻ってしまうということである。この点については後述する）。ここで重要なのは、パイこね変換という操作が、平衡状態への運動モデルであるということとともに、系の可逆性とカオス性が同居している

ということも示しているということである。(101)

では、このようなパイこね変換という操作が、なぜ二重の志向性に相応し得るのか。まず考えるべきことは、我々の意識、ないしはその意識に対応する脳神経系がカオス性を有しているということである。すでに述べたように、脳神経系はそれを組織する多数の神経細胞の相互作用によって成立しているが、それらは摂動や振動を持ち、それらが共振し、その発散から系に揺らぎを与え、カオス性を生じることになる（ニューラルカオスとニューラルオシレーター（本書第六章第一節（3）参照））。そこで生じる神経系の挙動は非線形的であり、その系は不可積分で不安定な系、すなわちカオス系ということになる。つまり、脳神経系がカオス系であれば、その挙動はパイこね変換という操作によって理解し得るということである。カオス性を持った系の時間発展ということを考えた場合、上のパイこね変換の例で見れば、その系の位相空間を表す正方形は、X軸（横軸）とY軸（縦軸）という位相空間全体より次元の低い二つの変数によって表される。ここでパイこね変換の操作を見てみると、時間をtとしてそれが増大していくとき（時間が経過するとき）、正方形は縦軸方向へ半分に縮小され、横軸方向へ二倍に拡大する。つまりカオス系は、時間発展とともに、縮小する方向と拡大する方向という異なる変数を同時に有しているということになる。このことは、縦に一本直線を引いた正方形と横に一本直線を引いた正方形のそれぞれに、パイこね変換の操作を実行してみれば直ぐに判明する。(102) 縦の直線を引いた正方形は操作を重ねるごとにどんどん線が短くなっていき、横の直線を引いた正方形は直線が正方形の中に何本も増えていく。これについてイリヤ・プリゴジンは、「縮小あるいは拡大する多様体は、もしそれらが存在するならば、明らかに時間的に非対称な対象である。縮小する多様体は、ある意味で、未来へ向けて一塊になって運動してゆく……しかし過去にさかのぼるとそれらはどんどん発散してゆく履歴をもっている。拡大する多様体はちょうど逆である。その上の点は未来においてどんどん発散してゆく振る舞いをする。しかし過去にさかのぼればさかのぼる程どんどん収束してゆく履歴をもっている」と述べている。[103] この縮小と拡大をヴァレラの今性の四重構造に照らし合わせれば、まず縮小する縦軸の挙動は、まさに過去の膨大な履歴から、ある現在的な自己運動への触発という発生的な挙動、すなわち過去からすれば現在という未来に向かって統一する発生的な挙動に相応すると看做し得る。そして拡大する横軸の挙動は、未規定的に開かれた未来の展望として発散しており、それが現在の出現として収束し、その収束したものが過ぎ去った際の軌道となっていくということに相応するものと考えられる。もちろん、ここでの縮小と拡大という表現は、力学系の物理状態を表す位相空間においてのものだが、しかし、意識の二重の志向性に照らし合わせた場合、当然、空間的な伸縮ではなく、発生における現在への志向的な統一とその持続として捉えねばならい。特にパイこね変換において縮小する縦軸は、図式的に縮小しているに過ぎず、交差志向性の内実として考えれば、時間発展に伴って増え続ける過去把持の現在における圧縮であり、むしろ内容は増大しているのである（現在化における過去把持の漸増連関について、本書第一章第一節参照）。そもそもパイこね変換は、系の時間発展によるエントロピーの増大、複雑性の増大の中で、系が一定の統一を保ち続けるというモデルでもある。したがって、このパイこね変換における拡大と縮小は、持続しながら増え続ける過去把持の諸位相の合致統一として理解され得るのである（だが、当然のことながらパイこね変換は系の運動の数学的なモデルであり、それ自体で意識構成の内実を示しているわけではない。あくまで理解のためのモデルないし補助線に留まるのであり、現象学的な本質規則性であるということではない）。

　このようなパイこね変換とヴァレラの見解の相応は、ヴァレラが時間意識における構成の機構に対して、非線形性ないしカオス性を考慮したダイナミクスとして看做していることからすれば、相応して当然と言えるだろう。

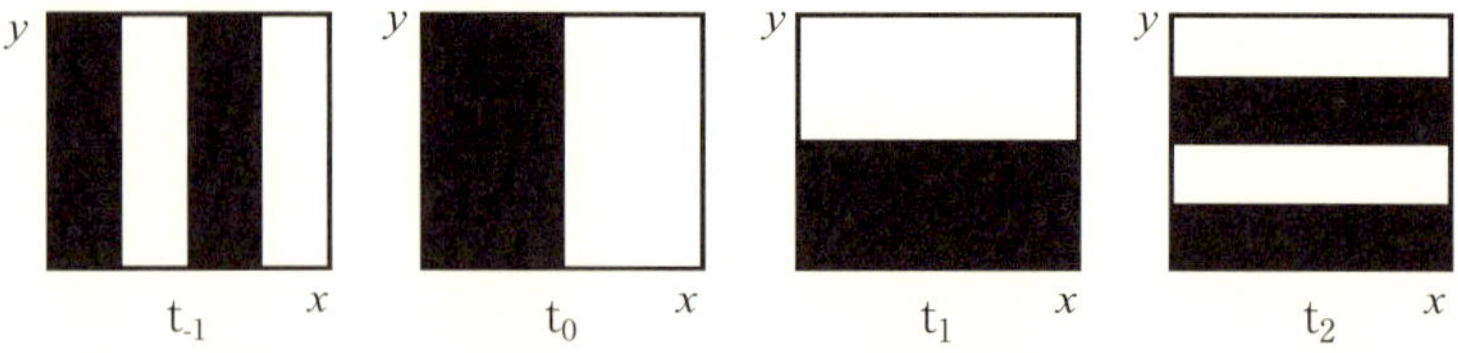

図７　パイこね変換における内部年齢（時間）の変化

こうして我々は、フッサールの二重の志向性を、ヴァレラの神経現象学的な研究の成果である今性の四重構造の理解に即して、パイこね変換という数学的なモデルで自然化し得るという可能性を、ここに見出すのである。

　だが一方で、パイこね変換は、時間反転 $-t$ をすれば、系はもとの状態へと戻っていくという可逆的な性質も持っている。この点では、この操作が時間の非対称性、すなわち過去や未来という時間様相を持っているわけではないし、また時間の不可逆性を示しているわけでもない。この点に関して時間意識の不可逆性と矛盾が生じると考えられ、このモデルを適用することは適切でないと見做し得るかもしれない。だが、パイこね変換が適応している系を開始した初期状態 t_0 よりさらに前、すなわち $-t$ の方向へと時間変数を遡ると、$+t$ への時間発展とは異なる発展の仕方をする。これについて、今度は正方形に図形を描くのではなく、縦半分から白と黒で色分けされている正方形を設定し、パイこね変換を行ってみる（図７参照）[104]。そしてここではさらに、パイこね変換を施している系に対し、パラメーター的な外部時間ではなく、系の時間発展の推移を示す内部時間[105]を設定し、その系の、言わば年齢を取って行く。設定した t_0 の位相から、上述の操作の手順で変換を進めて時間発展させて行くと、図形の柄は細かい白黒の横縞模様となる。これを時間反転して操作を巻き戻して行けば、やがて開始した初期状態である縦半分に白黒で色分けられた図形に戻る。しかし、さらに初期状態以前の時間反転方向 $-t$ へと操作を継続していくと、今度は細かい白黒の縦縞模様の図形になっていく。つまりパイこね変換では、任意の時点を系の時間発展の開始点に設定すると、＋と－では発展の仕方が異なるのである。これは従来の古典力学の運動軌道のみの洞察からは見えて来ないものである。[106] 要するに、ある時点t_0と定め、それを境にプラスを未来、マイナスを過去とした二つの半群を取れば、カオス的な系には過去と未来の区別ができ、時間の方向性を定めることができるのである。[107] したがって、可逆であるパイこね変換というモデルから、実際の力学系が過去と未来を持つ時間発展を記述することは可能であると考えられるのである。

ここで重要なことは、数学的なモデルであるパイこね変換から、「過去」と「未来」という時間の方向が規定できるという点である。系の遷移を考慮する場合は、その点の前後関係、すなわちその系全体における持続性を考慮しなければ、時間発展がそれとして規定し得ないため、この点はカオス的な系の実際の現象に即した場合、見過ごし得ない点なのである。このことは我々が「観測する」という行為を現象の分析に含み込む場合に生じることで、もちろん純粋に数学的な操作や前提の中には生じない。だが我々が事象に対して現象学的還元を遂行し、領域的存在論を考慮するならば、我々は純粋数学という思考を認めつつも、我々の体験の具体的で明証的な事象に即して、領域横断的で多角的な解明を実際に考慮すべきであると考えられる。特に量子力学や複雑系を観測する場合は、古典力学のように、時間的な推移の重要性を考慮しないわけにはいかない、ということと同様である。

(3)　神経現象学的な時間意識分析という研究プログラムの成果と意義

以上のように我々は、ヴァレラの神経現象学による時間意識の自然化的な説明がいかなるものであるか、ということを考察した。時間意識の神経現象学的な分析におけるヴァレラの目的は、「体験の構造についての現象学として呈示することであった。具体的には、「一方で我々は、適切に - 定義された神経生理学的な特性とともに、外的な創発のプロセスに関係づけられ、他方で我々の生き生きとした経験に密着する現象学的な記述に関係づけられる」[109]ということである。これらの両領域の記述と説明が本性として循環し、相互制約するということをヴァレラはこの時間意識の考察を通じて明らかにしようとしたのだが、実際のところ、これら両領域の相互移行の本性とはいかなることであったのか。

この本性についてヴァレラは、以下の三つの要素がそれぞれ同等に重要な役割を果たしていると主張する。それらは、「(1)神経生理学的な基礎、(2)主に非線形的なダイナミクスに由来する形式的で記述的な道具立て、そして(3)生き生きとした時間的な体験の本性が、〔現象学的〕還元の下で研究されること」[110]である。(1)の神経生理学的な基礎とは、脳神経細胞の諸特性、すなわち細胞組成や電位変化、その時間区間などである(本書第六章第一節(2)参照)。そして、(2)は、(1)の活動を力学の道具立てを用いて、神経ダイナミクスのカオス性、自己組織化による創発などを理解することである(本書第六章第一節(3)、第二節(2)(3)参照)。最後に、(3)は、通常の経験を、現象学的な還元にもたらして、具体的な体験、すなわち現象学的に明証的な体験として記述し、その本質規則性を呈示するということである。ヴァレラは、「これら三つの要素が構成的な仕方においてともに編み合わされる」[111]ということを理解せねばならないと注意する。これまで見てきたように、これらの要素に対して我々は、単に併記するのではなく、またそれぞれを列挙して配置するというのでもなく、それらはともに「活動的なリンク」[112]を持っているということを指摘せねばならない。このリンクについて、我々は互いの要素が相補性を持ち、互いの領域を柔軟に横断しながら実効的に循環し得るということをこれまでの考察から認めることができる。もちろん、我々がこれらの異なる諸要素を構成的な仕方で統合的にリンクされていると看做すことができるのは、神経現象学が現象学的還元を方法論として用いた認知科学であるということを理解しているからに他ならない。したがってヴァレラは、「私は、こうした時間意識の三つに編み合わされた分析が、現象学的な分析を、その伝統的な記述的な道具立てを超えて刷新し、そして同時に、神経生理学的なものを現象学的な領域へと、明示的な仕方でリンクするという、実質的な新しさを持っていると信じている[113]」と主張するのである。

これまで考察してきた神経現象学の試みは、現象学の諸説を認知科学が自然科学的に実証しているということ以外、何か新たなものがあるのだろうか。しかし、このような疑問は、ヴァレラの神経現象学の意図を正しく理解していないことから生じるものであると言える。以上のヴァレラの主張にもあるように、神経現象学とは、哲学と科学による意識考察の探究プログラムを呈示するものであり、その本意は、過去の哲学の諸学説を現代の科学的成果と照らし合わせて真偽判定をする、ということでは全くない。むしろ神経現象学とは、現象学の方法論である現象学的還元によって描き出された一人称的な経験から、科学的な研究を方向づけるための方法論に過ぎないのである。つまり、神経現象学が探求のプログラム、方法論に過ぎないという以上、我々が欲する新たなものとは、現象学的な探究の中で生まれる、我々の経験に即した「新たな問い」であるべきで、科学的な実証による確認ではないのである。

しかしながら、意識の質という問題（クオリア問題）に、神経ダイナミクスという見解を持ち込んでも、やはりその力学的な性格（量化、記号化、観測方法）から、その見解によって明らかにされる事柄は、構成に関する挙動の形式的な説明に過ぎないのではないか、という根強い疑問は残るだろう。そもそも、力学的な説明のみでは、各々の感覚質（クオリア）や、意味の連関（文脈）という意識における根本的な問題に触れることができないということから、認知科学的な研究に現象学の方法論を持ち込んで補完しようというのが、この神経現象学の目論見であった（本書第四章第三節参照）。確かに、力学的な道具立てによる説明の中から創発という可能性は示されたが、それが質的な意識現象にどう繋がっていくのかということは、未だ明確ではない。だがヴァレラは、現象学的な還元によって体験における情動という重要な意識活動の契機を指摘しており、そのことからすれば、その情動という諸々の質的な側面に関わる現象が神経ダイナミクスに関係するという重要な洞察を持っていることは、神経現象学の要点であると考えられる。つまり、数式で表現できない以上、当然のことであるが自然科学的な理解ではなく、現象学における志向性の分析によって、適切な理解を与える必要があるということである。情動や触発ということで、連合や相互覚起、衝動という受動的綜合による発生の分析が意識現象の質的な側面の解明に本質的な寄与を与えることは、これまで見てきたヴァレラの考察においても見出すことが可能な事柄である。したがって、我々は、単に具体的な体験の記述に認知科学の成果を充てがって、その相応を指摘するだけでなく、現象学的な本質規則性を正確に理解した上で、認知科学的な研究成果を哲学的に考察し直すという研究も、同時に行わねばならないのである。現象学の自然化だけでなく、認知科学の現象学という方向もともに推し進めることが、事象の本質へとさらに近づく重要な要件になると考えられる。現象学によって具体的な体験を記述する中でこそ、自然科学研究をも統合し得る「超越論的現象学」によって、自然科学研究の適切な位置づけが可能になるのである（本書第五章第二節参照）。

ここでのヴァレラの時間意識を巡る神経現象学の研究プログラムは、現象学という哲学においても重要な課題である時間意識の問題に対し、新たな理解をもたらした。特にヴァレラの時間図式を新たに書き換える試みや、現象学の自然化の可能性を探る試みなどは、試みであるとは言え、研究の契機として興味深いものを提供する。これらの試みは、広い意味で、哲学と諸科学との学際的な研究の可能性にも繋がっていると考えて差し支えないだろう。ヴァレラによる認知科学と現象学の共同作業、両者の研究を相互に証明し、吟味することで、さらに新たな見解へと問いを導く可能性を呈示することが、我々の今後の研究課題となる。

註

（1） Cf. Varela (1996), pp. 341- 343.

（2） Cf. Varela (1999), pp. 266- 306.

（3） Cf. Varela (1999), p. 266.

（4） Op. cit.

（5） Cf. Varela (1999), p. 268. これについてヴァレラは、フッサールが例として呈示する、メロディーを聞くという考察のために限定された経験の記述だけではなく、メロディーを聞いている状況下全体（コンサートホールにいる場合や読書のBGMとして聞いている場合など）も、経験の具体性として、ともに記述する。

（6） Cf. Varela (1999), pp. 266- 267.

（7） Cf. Varela (1999), p. 266.

（8） Cf. Varela (1999), p. 268.

（9） Cf. Varela (1999), p. 269.

（10） 多重安定性という概念は、非線形力学から用いられた道具立てである。基本的に、「安定性（stability）」という概念の定義は、「力学系の解の安定性」を意味する。力学系の解はその解に対する小さな摂動を持ち、固定した一定の解を指定することは通常できない。したがって、力学系は常に新しい解をもたらすが、それが極めて小さく、もとの解と常に近似的な新しい解をもたらし続ける場合、実際の軌道は不安定であっても、差し当たり解としては安定であると言われる。なぜなら、系が安定していると看做される場合、摂動があっても、力学系の構造は以前の力学系と質的に変わらないからである。特に多重安定性と言われる場合は、双安定性を指すのが一般的である。双安定性とは、複雑系において、安定性を持ったある系の解が、ある条件下（パラメーターの変化）で急激に別の解へ移行し、別の解で安定性を得るが、またパラメーターの値を戻すと以前の解へ戻るといった軌道を呈示する（雨宮隆「生物生態系の機能的階層構造と多重安定性――非線形科学から見た生態環境問題」数理解析研究所講究録、一五二二巻所収、二〇〇六年、一二〇―一三五頁参照）。

（11）Cf. Varela (1999), p. 270.

（12）Cf. Varela (1999), pp. 269-272.

（13）Cf. Varela (1999), pp. 272-273.

（14）Cf. Varela (1999), p. 272.

（15）Op. cit.

（16）モジュールとは尺度や測定基準の意であり、あるシステム内の構成要素の一単位を指す。ここでは、脳神経細胞がある一定の集合的ネットワークを形成することをモジュール化と呼ぶ。この脳神経細胞のネットワーク形成（CA）と、ある感覚 - 運動が相応することで生じる知覚形成の事態を、ヴァレラはイナクションと呼ぶ（cf. Varela (1999), p. 272）。

（17）Cf. Varela (1999), p. 272.

（18）Op. cit.

（19）Cf. Varela (1999), p. 273. 各スケールは時間単位の比である。

（20）アトキンソンとシフリンによれば、外界から入力された情報（刺激）は、初めは無意識的に感覚登録器（sensory registers）に入力され、その情報は、感覚記憶（sensory memory）としてごく短時間だけ保持されるという。特に視覚刺激の感覚記憶は、アイコニック・メモリー（iconic memory）と呼ばれ、また、聴覚刺激の感覚記憶はエコイック・メモリー（echoic memory）と呼ばれる。人は、無意識に情報を感覚登録器で感覚記憶にするが、その持続時間は極めて短く、各感覚記憶の時間が単位化されている。これらのことについて、ロフタス・J・R・ロフタス・E・F『人間の記憶――認知心理学入門』大村彰道訳、東京大学出版会、一九八〇年を参照。

（21）Cf. Varela (1999), p. 273, p. 276.

（22）Cf. Mirollo, R., Strogartz, S., „Synchronisation of pulse- coupled biological oscillators", in *SIAM Journal on Applied Mathematics*, vol. 50, No. 6, Dec., 1990, pp. 1645-1662.

（23）Cf. Varela (1999), p. 274.

（24）Cf. Varela (1999), p. 276. この一連のプロセスは、平均して０・５秒ほどかかる。

（25）Cf. Varela (1999), p. 274.

（26）Cf. Varela (1999), p. 283.

（27）カップリングと受動的綜合の諸規則性の関連について、ヴァレラや、彼と同様に神経現象学を研究するナタリー・デプラズは、特に対化の働きが相応すると考えている（cf. Depraz（2008））。

（28）Cf. Varela (1999), p. 275.

（29）Op. cit.

（30）揺らぎとは、微粒子ないし素粒子の共鳴に関係しており、共鳴は振動に関係する。これについては、以下の注（36）、（38）を参照のこと。

（31）このことはカオスの「初期条件に対する鋭敏さ」と言われる。カオスということについて、例えばパチンコの玉の動きを考えてみる。玉が打ち出されて盤上の釘に衝突すると、玉は運動する向きを変える。もちろん衝突の仕方が同じなら、玉は何度でも同じ運動方向を取る。しかし、打ち出された玉の初速や入射角がほんの少しでも違うと、その後の運動が大きく変わってくる。つまり、玉の釘に対する衝突のエネルギーや入射角が若干変わり、釘に当たらないか、あるいは当たってもその微妙なズレで真逆の方向に運動するということが起こるのである。これは、玉の初速が大体分かっていても、完全でないのならその後の運動を予測することができないということを示している。この僅かなズレが玉を出鱈目な方向へ運動させる。したがって、このような運動の特徴がカオスと呼ばれるのである。カオス的な運動の軌道は方程式で記述可能であり、決定論的なのだが、カオス性が発現した場合、初期値の極めて微小な誤差であっても、二つの軌道はまったく別のものになってしまう（田崎秀一『カオスからみた時間の矢』講談社、二〇〇〇年。一三七—一三九、一四四頁参照）。

（32）例えば、ウサギの嗅球脳波と嗅覚系領域における神経活動の関連、ラットの錐体細胞の活動、ヒトの脳波形など様々ある。

金子邦彦・津田一郎『複雑系のカオス的シナリオ』朝倉書店、一九九六年。二一五頁参照。

(33) 多体系は計算すべき項が著しく多く、自由度が増え、リヤプノフ指数（軌道の離散性を示す度合い）が非常に高くなるため初期条件が鋭敏になり、軌道予測が困難になる（金子・津田(1996)、五頁参照）。

(34) 金子・津田(1996)、二一四―二二四頁参照。

(35) ホジキン - ハックスレー方程式について、伊藤宏司『ニューロダイナミクス』共立出版、二〇一〇年、九―一一頁参照。ニューロンにおける興奮性物質（ナトリウム）と抑制性物質（カリウム）のイオン交換による相互作用によって、活動電位の変化を示す。特にニューロダイナミクスの単純加算だけを考えた静的モデルではなくて、活動電位の時間的な推移を考慮した動的モデルにおけるこの方程式の解は強制振動系となり、分岐構造とカオス解を持つ。さらにそのネットワーク構造を考えた場合、神経系にもカオスが現れる。特に、強制振動は神経軸索において生じる。

(36) ある物体が振動するとき、一秒間辺りの往復の数を振動数と言うが、二つ以上の振動体が同じ振動数で振動すると、その物体の間に大きなエネルギーの移動が起こる。例えば、寺の釣り鐘やブランコなどをその振動に合わせて押してみると、時間をかければ小さな子供でも大きく揺らすことができる。このように振動数が一致して大きな振動を生じることを共鳴現象と言う。具体的には、二つの振動体が互いに力を及ぼし合っている場合、つまり相互作用している場面において、二つの振動体 ω_1 と ω_k の振動数が一致する（$\omega_1 = \omega_k$）と共鳴現象が起こるのである。共鳴に関する方程式は以下のものである。

$$\tan\delta = 2\gamma\omega / \omega_1 - \omega_k$$

固有角振動数 ω_1 に近い角振動数 ω_k の外力を加えると、非常に大きな振幅の振動が生じる。これが共振であり、共鳴・共振運動、あるいは強制振動と言う（大槻義彦・大場一郎編『新・物理学事典』講談社、二〇〇九年。七〇五―七〇九頁参照）。

(37) このシナプスには、膜電位を上昇させる方向に作用する興奮性シナプスと、下降させる方向に作用する抑制性シナプスがある。これは活動電位を出力するニューロンごとに決まっており、ニューロンにも興奮性と抑制性の二種類（Dale の法則）がある（伊藤(2010)、二一―四頁参照）。

(38) 共鳴に関する運動方程式の中に、

$$1/ \omega_1 - \omega_k$$

という、振動数の引き算が分母の中に現れて来る。振動数が同じ値に近づいて行くと、その分数はどんどん大きくなり、無限大となって発散する。この無限大が現れて来ることを、共鳴特異性と言う。このように発散する式において、運動方程式は解けなくなる。振動とは、振動体の状態が一意に定まらず揺れ動く事象であるが、この振動が発散するということは、共鳴によってその瞬間のエネルギー、すなわち運動量が跳ね上がるということである（発散振動）。これによって、粒子間の相互作用で位置や速度に差異が生じ、後に起こる現象が全く違ったものになり、次に何が起こるか予想不能になってしまうと考えられる。つまり、このような共鳴が起きるときには、系が不可積分になってしまうということである。不可積分になるということは相互作用が働いているということであり、相互作用が働く場合、定義上、可積分しか扱えない古典力学の軌道は、このような系には適用できない。これらのことから、共鳴現象においても、運動がカオス的で不安定になったと言い得るのである（プリゴジン・I『確実性の終焉』安孫子誠也・谷口佳津宏訳、みすず書房、一九九七年。九一―九五頁参照）。

（39）例えば、いくつかのニューロンが外部刺激によって平衡安定性を失い、活動電位を発生すると、発火したニューロンは、ネットワークの他のニューロンに電気信号を送り出し、様々な応答を引き起こす（伊藤（2010）、一四七―一六七頁参照）。

（40）海馬の錐体細胞とバスケット細胞、または嗅球の僧帽細胞と顆粒細胞など多数あり、この結合は一般的なものであるという（伊藤（2010）、一七七頁参照）。

（41）ニューラルオシレーターについて、伊藤（2010）、一七七―一七八頁参照。この変化は平衡状態からの分岐であるが、この分岐は単一ニューロンの局所的な変化と、ニューロンが何らかのネットワークに組み込まれている場合では分岐の仕方が異なる。前者の分岐は、固定的な選択肢を超え出ることはないが、後者の分岐は想定困難な大域的な変化を呈する現象へと発展する可能性が出てくる（伊藤（2010）、一四七―一五四頁参照）。

（42）Cf. Varela (1999), p. 291.

（43）例えば、ネッカー立方体（錯視を起こさせる立方体の絵）の多重安定性に関して、共通の位相の変数を持つ多数の振動子（細胞アセンブリ）による座標系を仮定し、パースペクティブに関する変数を導入すると、その力学的な展開は、ある位相に引きずられる傾向と離れようとする傾向の混合として現れる。つまり、対象（ここではネッカー立方体）に対して、視点を様々に変化させた時、ある視点において、振動子の振る舞いが急速に変化するのである。この変化を生じる地点のパースペクティブが、認識を生じさせる神経ダイナミクスの境界条件と初期条件となる。それは、ほんの僅かな変化や攪乱でも、軌道を変化させるというカオス的な傾向を含意している（cf. Varela（1999), pp. 285-294）。

(44) 現在の位相と過去の位相が自己合致する仕組みについて、フッサールは連合的な覚起という意識の働きを呈示していた（本書第二章第二節（2）参照）。連合とは通常、類似物の想起と理解されるが、しかしフッサールの場合、通常の意味での連合がすでに構成された対象の間で生じるのに対し、それ以前に働いている原連合を指摘する。原連合における構成とは、対象構成が為される最中に働いている規則性、すなわち原意識における先現象的な与件という構成契機の間で働く意識の本質規則性を指している。したがって原連合は受動的志向性として、同様の次元で働いている過去把持とともに、意識の根本的な構成原理と考えられるのである。

(45) これらの持続や変化は、時間内容の過去把持的な変様の中で、各々の位相が自ずと合致することで生じており、ここでの合致を構成する過去把持を、フッサールは交差志向性と呼んでいた。フッサールは過去把持を二重の志向性として捉えており、交差志向性の他に、延長志向性という交差志向性によって構成されたそのつどの諸位相の連続的な構成を担う志向性がある（本書第一章第三節（3）参照）。

(46) Cf. Varela（1999), p. 283, pp. 291- 294.

(47) ヴァレラは、ブレンターノを引き合いに出し、時間意識の過去へのズレを準現在化の想起作用、すなわち記憶の中で表象として見ることと、フッサールの現在化に属するたった今過ぎ去った過去の直接的かつ明証的な体験とを区別している（cf. Varela (1999), p. 279.)。

(48) Cf. Varela (1999), p. 283.

(49) Cf. Varela (1999), p. 296.

(50) Op. cit. ヴァレらの言う情動トーンとは、一般的な感情を指すだけでなく、三つの順序を持つ段階、すなわち、衝動、触発、気分を総じて示す術語である。

(51) Cf. Varela (1999), p. 297.

(52) Cf. Varela (1999), pp. 299- 300.

(53) Cf. Varela (1999), p. 298.

(54) Cf. Varela (1999), p. 299.

(55) この習慣性の議論について、山口一郎『文化を生きる身体』知泉書館、二〇〇三年、二六九―三〇〇頁参照。山口はこの箇所で、現象学における受動的綜合と、仏教における唯識を対照考察しており、相互覚起と「種子生現行―現行薫種子」という、意識と無意識（顕在的な意識と潜在的な意識）の相互影響関係から習慣性が構成される際の規則性を考察している。ヴァレラが認知科学だけでなく仏教も研究していることを鑑みれば、意識の問題に関して、現象学、唯識、認知科学の三領域が相関し合うことは、非常に重要な問題である。

(56) 以下からの小脳の構造とその働きについて、多賀厳太郎『脳と身体の動的デザイン――運動・知覚の非線形力学と発達』金子書房、二〇〇二年、甘利俊一・坂田英夫編『脳とニューラルネット』朝倉書店、一九九四年、丹治順『脳と運動――アクションを実行させる脳』第二版、共立出版、二〇〇九年を参照している。

(57) 丹治（2009）、九八―一一〇頁参照。

(58) 多賀（2002）、八五―八八頁参照。

(59) 川人光男『脳の計算理論』産業図書、一九九六年。一三六―一四一頁参照。小脳における運動制御の機構は、入出力の特性において学習するのだが、この機構は「内部モデル」と呼ばれている。この内部モデルのフィードバック制御を「順モデル」、フィードフォワード制御を「逆モデル」と言う。

(60) 川人光男「脳と人間型ロボットを創ることにより脳を知る」土井利忠・藤田雅博・下村秀樹編『脳・身体性・ロボット』シュプリンガーフェアラーク東京、二〇〇五年。一〇五―一〇九頁参照。

(61) 丹治（2009）、一〇七―一一〇頁参照。

(62) 小脳の構造は、どの部分も均一な構造になっており、規則的で幾何学的であるという。このような構造において、丹治は、あたかも計算機の基板ような配置であると述べており、実際、小脳の回路配線は、ほとんど解明されている（丹治（2009）、一〇六頁参照）。しかしながら、この回路の働き方の原理はいまだ分かっていない。ただ、このような構造から、川人は、計算論的な内部モデルを呈示しており（川人（1996）参照）、この呈示は、小脳研究にとって重要な点であるのはもちろん、計算主義的な主張の根拠にもなり得る。

(63) 随意運動を支配する神経の主要経路。大脳から延髄へと命令を伝える。大脳を介さない運動伝達路を、錐体外路と言い、随意運動を無意識的に調節している。

(64) 川人光男「随意運動制御の計算論」甘利俊一・坂田英夫編『脳とニューラルネット』朝倉書店、一九九四年。二三五―

二五〇頁参照。

（65）多賀（2002）、七五―七六頁参照。

（66）これが小脳からの情報に基づいていることは、小脳を除去したサルやネコで準備電位が著しく減少するという実験結果から確かめられる。

（67）川人（2005）、一二六―一三〇頁参照。

（68）伊藤正男「脳の中には何があるのか」土井利忠・藤田雅博・下村秀樹編『身体を持つ知能――脳科学とロボティクスの共進化』シュプリンガー・ジャパン、二〇〇六年。三〇―三二頁参照。

（69）Cf. Varela (1999), p. 300.

（70）Op. cit.

（71）Op. cit.

（72）Op. cit.

（73）Op. cit.

（74）Cf. Varela (1999), p. 301.

（75）Op. cit.

（76）Cf. Deecke, L., Scheid, P., Kornhuber, H., „Distribution of Readiness Potentials Preceding Voluntary Finger Movements. ", *Experimental Brain Research.* vol. 7, Springer-Verlag, 1969. pp. 158- 168.

（77）Cf. Varela (1999), p. 301.

（78）Op. cit.

（79）Cf. Varela (1999), pp. 301- 302.

（80）浅田稔「認知発達ロボティクスによる脳と心の理解」土井利忠・藤田雅博・下村秀樹編『脳・身体・ロボット――知能の創発を目指して』シュプリンガーフェアラーク東京、二〇〇五年。六六―八八頁参照。

（81）Cf. Varela (1999), p. 302.

（82）Op. cit.

（83）　Op. cit.

（84）　Cf. Varela (1999), pp. 304- 305.

（85）　Cf. Varela (1999), p. 302.

（86）　ヴァレラは論稿の中で（cf. Varela (1999), p. 303）、静態的な構成を横軸において成す志向性を「横の志向性（Transversal Intentionality（Querintentionalität））」と呼び、発生的な構成を縦軸において成す志向性を「縦の志向性（Longitudinal Intentionality（Längsintentionalität））」と呼んでいるが、フッサールに即した場合、それぞれの志向性の呼称は逆である。フッサールの時間図式では、縦軸に Querintentionalität が当てられ、発生的な構成を成すのであり、横軸に Längsintentionalität が当てられ、静態的な構成を成すと表現されている。縦と横の違いだけで、各志向性の特徴はヴァレラの理解において間違いはないが、正確を期すため、ここではヴァレラの表記を修正し、第Ⅰ部で述べたように、Querintentionalität を交差志向性と呼び、Längsintentionalität を延長志向性と呼び、それぞれを縦軸と横軸に対応させることとする。

（87）　Cf. Varela (1999), p. 303, Figure 9. 5, I. 本文二七八頁の図3を参照のこと。

（88）　Cf. Varela (1999), pp. 302- 303.

（89）　Cf. Varela (1999), p. 303.

（90）　未来の予期が可能的なものに過ぎないということを、ヴァレラは指摘している（cf. Varela（1999), p. 304）。

（91）　Cf. Varela（1999), p. 303, Figure 9. 5, II. 本書二七八頁の図3を参照のこと。なお、テキストでは、図のⅠには Transversal Intentionality、Ⅱには Longitudinal Intentionality となっているが、注（86）での指摘のとおり反対にして変更し、Ⅰを延長志向性、Ⅱを交差志向性と修正している。

（92）　Cf. Varela (1999), p. 304.

（93）　Cf. Varela (1999), pp. 294- 295.

（94）　Cf. Varela (1999), p. 305.

（95）　Cf. Varela (1999), p. 303, Figure 9. 5, p. 304, "Spatial Ingredients". 本文二八三頁の図4を参照のこと。

（96）　Cf. Varela (1999), p. 302.

（97）　Cf. Varela (1999), p. 303, Figure 9. 5, "*The Image*" 本書二七八頁の図3を参照のこと。

(98) Cf. Varela (1999), p. 305.
(99) 池上高志『動きが生命を作る』青土社、二〇〇七年、一六一―一七頁参照。
(100) 以下のパイこね変換の説明について、田崎（2000）、一五四―一六四頁参照。また、本書二八四頁、図5参照。
(101) これについて、グレゴリー・ニコリスとイリヤ・プリゴジンは、パイこね変換について、「要約すると、パイこね変換で記述される動力学は、保存的、逆転可能、時間的に可逆、回帰的、かつカオス的である。これらすべての性質の発現によってパイこね変換は極めて有用な例となる。なぜなら、これらと同じ性質が、複雑な振舞いを示す現実世界の動力学系を特徴づけているからである」（ニコリス・G、プリゴジン・I『複雑性の探求』安孫子誠也・北原和夫訳、みすず書房、一九九三年。二二五頁参照）と述べている。
(102) これについて、ニコリス、プリゴジン（1993）、二二七頁、図86参照。また、本書二八五頁、図6を参照のこと。
(103) プリゴジン（1984）、二二九頁参照。
(104) 本書二八八頁、図7は、筆者が作ったものであるが、これについてニコリス、プリゴジン（1993）、二二九頁、図88参照している。
(105) 客観的に規定されたニュートンの絶対時間ではなく、系の位相幾何的な変化についての時間のことであり、言わば「位相空間の年齢」である（プリゴジン・I、スタンジェール・I『混沌からの秩序』伏見康治・伏見譲・松江秀明訳 みすず書房、一九八七年。三五三頁参照）。
(106) これについて、プリゴジンは、ニュートン力学の法則では「調和振動や二体系といった単純な力学系においては、そのような分解は存在せず、未来と過去は区別され得ない」（プリゴジン（1997）、九二頁参照）と述べている。安定した古典力学の運動軌道は、単線であり、数学的に規定された軌道上を運動するという前提となっていることから、時間変数 t は、例えマイナスになろうとも変数として連続し、等質である。つまり、マイナスに過去、プラスに未来という意味は、そもそもこの前提の中からは見出すことができないのである。したがって、時間発展の仕方が二種類あるということは、古典力学的な分析の範疇に入ってこないということになる。
(107) このような過去と未来の区別において、プリゴジンは、「時間発展は、もはや過去と未来が同じ役割を果たす群ではなく、時間の矢の方向づけを持つ半群によって記述される」（プリゴジン（1997）、一三三頁参照）と述べている。なぜ、観測の開始点を定め、内部時間を設定するのかというと、カオス的な系において初期条件の設定は、後の系の時間発展を大きく作用するので、「考察の開始点を定める」という措置は、系の振る舞いを記述する上で重要なものとなる。実際、我々は有限な眼差しの下で、すなわち経験の下で事象を記述している。この前提を無視して理念的な無限性に前提を差し替え、その事実を曇らせるべきではないと言えるのではないか。

（108）Cf. Varela (1999), p. 305.
（109）Op. cit.
（110）Cf. Varela (1999), pp. 305- 306.
（111）Cf. Varela (1999), p. 306.
（112）Op. cit.
（113）Cf. Varela, F., J., "Present- Time Consciousness", in *Journal of Consciousness Studies*, 6, 2- 3, *The View from Within: First- person approaches to the study of consciousness*. Edited by Francisco J. Varela and Jonathan Shear, Imprint Academic, 1999. p. 137.

結論

以上、本書はフッサールとヴァレラの時間意識論を考察し、そして「力動性としての時間意識」という事態をそれぞれの論点に即して明らかにしてきた。まず第I部で我々は、フッサールの生涯に渡る時間意識論を時系列に即して追うことで、意識の活動が時間意識的な構成を必然的に伴うことを明らかにした。特に第一章では、我々はフッサールの時間意識論を考察する中で、彼とともにブレンターノやマイノングという同時代の哲学者たちの時間論と対決し、「拡がりある現在」、「現象学的還元」、「現出論」、そして「原意識」という、極めて重要な体験の在り方を考察した。これらのことは、以後の現象学的な分析を展開する上で基礎的な見方となった。そしてフッサールはそれらの現象学的な分析の方途を駆使して、ついに特有な志向性である「過去把持」という含蓄的な意識の能作を発見することとなった。この過去把持の発見は、フッサールにとって最後まで時間意識分析の要となるものであった。

そして第二章において我々は、この過去把持という時間意識を構成する能作から、意識の未来的な様相の構成に関わる「未来予持」という志向性の能作を考察した。この未来予持の考察は、本論を展開する上での重要なポイントとなる考察であった。従来の研究において、未来予持は過去把持の単なる裏返し、未来側への過去把持の鏡像、あるいは付帯的なものとして主題的に詳述されることは少なかった。しかし本書は、この未来予持に過去把持とは異なる特有の性質、すなわち「空虚性」、「不充実性」、そして「傾向」という性質を考察し、時間意識の構成における未来予持の必要性と必然性を指摘したのである。未来予持の諸性質は、フッサールの現象学的な分析の深化とともに、「意識の発生」という問題系においてその理解に対し重要な役割を演じる。特に未来予持の傾向という性質は、含蓄的で、言わば無意識的になされる受動的綜合という感性的な領野への分析を導き、発生の端緒である「触発」という現象の志向的な方向づけと動機づけの分析を可能にする重要な観点なのである。そしてさらに、未来予持の諸性質は、予期外れという「空虚な体験」を考察する際に主導的な役割を果たし、受動的綜合における諸規則性、すなわち「直観と空虚表象の覚起、連合」を考察する際の鍵ともなった。このことが時間意識論はもとより、受動的綜合の議論を複雑なものにしているとも言い得るだろう。

受動的綜合の分析が時間意識における構成の諸能作の解明とともに深まっていくことについて、我々は第三章において、根源的に感性的な領野を綜合する「相互覚起という対化の綜合」と「衝動志向性」を指摘することとなった。第一章における過去把持の発見という考察の端緒から、時間意識の分析は感覚の移行形式の構成に関わっていることがすでに指摘されていた。だがそれは、未来予持の考察を経由することによって、さらに受動的綜合という感性野の綜合を詳細に解明することができるようになったのである。つまり、未来予持の理解を通じて、対化や衝動の分析が改めて感覚の発生という現象を明確化することとなったのである。そこでの考察で明らかになったのは、感覚与件が「空虚形態」との相互覚起によって感覚内容を形成している、という事態である。その形成の際に生じているのが原触発であるが、それは我々の意識の始源として、発生的な構成を根本的に「方向づける衝動」であることを見出した。我々は、このような「衝動志向性の空虚な方向づけ」をその未来予持的な性質から見出し、時間意識の構成との関連を指摘することができたのである。意識の活動が衝動志向性を駆動の契機としているということはつまり、意識とは総じて時間性を伴っている、ということに他ならない。したがって、「時間意識の構成の諸能作は、意識自体の力動性として理解される」という帰結が導かれるのである。こうして本書第Ⅰ部は、フッサール現象学の時間意識論において呈示される諸本質規則性が、意識活動の根本にあると結論づけるのである。

さらに我々は、第Ⅰ部の考察をもとにして、フッサール現象学の現代における展開の一つとして登場したヴァレラの神経現象学を第Ⅱ部で考察することになった。ヴァレラは、フッサールの現象学的還元を方法論として用いることで、認知科学における従来の理論と、実際に体験される現象との齟齬を際立たせる。そこでヴァレラは、現象に重きを置くことで、体験される現象そのものの究明を貫徹し、理論的な枠組みの変更を試みたのである。このことについて我々は、第四章において、ヴァレラの神経現象学的な研究に対する見解とその考察方法ないし態度が、現象学的還元を介することで単に認知科学と現象学の擦り合わせではなく、本質的な相関関係が浮き彫りになってくるということを考察した。ヴァレラは現象学的還元を認知科学に導入することで、認知科学に「先入観ないし前提の括弧入れ」と「現象の直接的な記述」という研究態度を規定したのである。そこでは、認知科学における単なる表象主義とは異なる「イナクション」という、身体を基にして立ち現れてくる認知の在り方が呈示された。この在り方は、力学的な道具立てを用いて提案された新しいアイデアであり、このことはまさに、意識における力動性についての物理的な側面における表現である。ヴァレラは、フッサールやメルロ＝ポンティの現象学を継承することによって、意識現象をメカニクスではなくダイナミクスとして理解する必要性を呈示したと言い得るだろう。

だがその一方で神経現象学には、現象学的な体験の記述を数学を用いて理念化するという「現象学の自然化」

という目標があった。それは、脳科学や物理学を道具立てとして使用することからして、ある種自然なことではある。しかしながら我々は、その目的が成立し得るかどうか、現象学の側から吟味せねばならなかった。そこで我々は、第五章においてフッサール現象学の「領域的存在論」を考察し、現象学的に呈示された身体性に基づいて、事実学が体験の理念化として構成される過程を明らかにした。この考察により、現象学の自然化という企図は、そうした現象学的な構成論を経た上で展開されるべきであるということを指摘したのである。

そして我々は、最終的に第六章において、ヴァレラが実際に時間意識を神経現象学的に研究した論稿を用い、その妥当性を考察したのである。この考察の中で我々は、過去把持と未来予持がヴァレラの指摘する神経ダイナミクスの構造に相応することを見出した。このことによって、現象学と、認知科学に代表される自然科学や経験科学といった事実学領域との、「相互制約や相補性」が指摘されるに至ったのである。特にこの指摘は、認知科学的な観測結果と、現象学的に記述される生き生きとした体験との間を、力学的な道具立てを用いて接続できるというものであった。もちろんこの力学的な道具立ては、上述のように、自然主義的な観点から言えば、数学や物理学のモデルとして理解される。しかしこのモデルの内実は、現象学的な観点から見直せば、具体的な体験記述の間主観的な本質直観として、構成の本質規則性として見出される実質的で実効的なリンクとして理解されるだろう。そのリンクを理解する鍵は、認知科学における「カップリング」という理解と、現象学における「対化」という構成的な「作動」の現象の把捉にある。この「作動している」という点が、現象学においては志向性の時間的な性質、発生の本質規則に関わり、認知科学においては、イナクティブな観点、身体における感覚と運動のカップリングという、力動的な生成に関わるのである。このことが本書の結論における最も重要な観点であると言えよう。差し当たり我々は、ヴァレラの指摘にもある通り、この作動という事態を呈示し得る力学を現象学と認知科学の領域を架橋する手段として用いるのである。

しかしながら、意識や身体の諸システムにおけるこの「作動」それ自体を見出すことは、非常に困難な課題である(1)。というのも、作動そのものを分析の為に記述しようとしても、すでにその記述しようとした作動は過ぎ去ってしまっているからである。反省という仕方では、作動しつつあるという継続の在り方が対象化され、そこで生じている作動の内実とは異なるものとして説明されてしまう。ここで言われる対象化とは、継続して作動しているものを任意の始点と終点を決めて抜き出し、作動を完了したものとしてその連続性を説明するということである(2)。例えば、「マッチを擦ったら、火が点く」という事態は、マッチを「擦る」という始点と火が「点く」という終点を繋げて、単純な因果関係として説明される。しかし、この始点と終点の「間」を記述し、説明することは非常に難しい。マッチの火薬とそれが接する摩擦面の反応という物質的な運動を、火薬と摩擦面のそれぞれの系の作動と看做した場合、その作動そのものへの回帰と記述は、いかにしてなされるのか。このような問題について、河本英夫は、「初期状態と最終結果の両端だけが決まるということ以上に細かく立ち入るためには、数学的な比喩を用いるよりない。オートポイエーシスの定式を数学的な比喩で考えようとすると、個体の出現のような系そのものの質的転換をどう含ませるかが決定的な条件となる(3)」と述べている。我々は、二重の志向性をパイこね変換という数学的なモデルを比喩として使用し、これらの問題を考察したが、ここでの河本の指摘にある「系そのものの質的変換」という点は、明確に指摘できなかった。この問題は、システム間のカップリングによる創発という事態の記述と解明にも関わっている。感覚や身体という領域であれば、現象学からは、原意識という内的意識における特有の把捉、すなわち非反省的な意識体験そのものの感じ取り、という把捉が、差し当たり呈示し得る方策ではあるが(4)、これについての考察は今後の課題としたい。

以上の考察を通じて、我々はヴァレラの神経現象学における時間意識の分析がフッサールの時間意識分析における「力動性としての時間意識」という結論において一致する、と主張できるのである。このことから、我々が積極的に現代科学の成果を現象学的な研究に取り入れようとする限りで、神経現象学は、非常に優秀な研究プログラムを呈示していると言い得るだろう。したがって神経現象学は、本論における時間意識の考察を通じて、現象学の現代における展開を主導し得るものであることが、認められるのである。

註

(1) この「作動」という点について、河本英夫『システム現象学　オートポイエーシスの第四領域』新曜社、二〇〇六年、三七五―三八五頁参照。

(2) このような作動するものの事後的な同定と分離を、松野孝一郎は、「外部観測」と呼んでいる。これに対し、作動の進行を直接的に同定と識別をし続けることを「内部観測」と呼ぶ。前者が説明的であるのに対し、後者は記述的である(松野孝一郎『内部観測とは何か』青土社、二〇〇〇年参照)。

(3) 河本(2006)、三七六頁参照。

(4) この点について河本は、「円環的に作動するものは、その作動に応じて、作動とともに、作動を感じ取ることが基本である。このとき意識の働きを感じ取る原意識を、反省的な視点ではなく、むしろみずからの作動を感じ取るための行為的な気づきとして捉えることが必要になる」(河本(2006)、三八四―三八五頁参照)と述べている。

あとがき

本書は、二〇一三年度に東洋大学大学院文学研究科に提出された博士課程論文「力動性としての時間意識――現象学と認知科学における時間意識の構成」を部分的に修正したものである。ほとんど原文のままであり、内容は変わらないが、刊行に際して補足を施した。

本書の成立にあたり、本当に多くの方々にお世話になった。

まずは、学部生の頃より今もずっとご指導をいただいている東洋大学名誉教授の山口一郎先生に心より御礼申し上げたい。大学一年生で受けた一般教養科目「哲学史」で先生の講義を拝聴して以来、博士後期課程を修了するまでの一二年間を先生のもとで勉強をさせていただいた。一二年間二四回の学期でのうちで、先生の担当する科目を履修しなかったことは一度もなかった。おそらく六〇〇回くらいは先生の講義を受けているはずである。それほど先生の受動的綜合、間主観性、なにより時間意識の講義は難解で、かつ魅力的なものであった。私は先生に師事する中で、フッサール現象学の研究はもとより、そもそも哲学研究とは何であり、どのようにするのか、ということについてのイロハを一から教授していただいた。しかしながら、私は非常にできの悪い学生であったので、毎回の授業で先生にご迷惑ばかりをかけていたと思う。博士論文の提出も先生の退職後となってしまった。それでも先生は忍耐強く、懐深く、私の研究を最後まで面倒を見てくださった。今の私があるのは、まったくもって先生のおかげである。今現在も先生と研究をご一緒させていただける機会が多く、本当に有り難いことであると思っている。今後しっかりと学恩をお返ししたい。

そして博士論文の審査をお受けいただいた東洋大学教授の河本英夫先生、東洋大学名誉教授の村上勝三先生、同じく東洋大学名誉教授の長島隆先生にもこの場を借りて改めて御礼申し上げたい。

河本先生には博士論文の主査をお引き受けいただいた。本書が、博士論文が学際研究の方針を持ったのは、河本先生の影響が非常に大きいと感じている。私が博士後期課程二年の頃、研究の方向性が見えなくなり頭打ちになって挫折しかけたとき、東洋大学「エコ・フィロソフィ」学際研究イニシアティブ（TIEPh）の研究室で、河本先生が「時間の不可逆性」、「エントロピー」というキーワードをくださった。このときは訳も分からずご指導いただいたままに、科学的な方面から時間論を研究した。すると、これを突破口にすることができ、研究の広がりを得て先へ進むことができたのである。このとき私は河本先生に目を開かせていただいた。河本先生は研究者として一流であることはもちろん、教育者としても一流であることは、多くの学生が思っていることである。現在、体育大学という異分野で研究を行っているが、それができているのも、こうした学際的な研究の仕方をお教えくださった河本先生のご指導のおかげであり、感謝に堪えない。

そして村上先生には、博士論文の副査をお引き受けいただいた。実は私は、学部生の頃より村上先生の授業を受けたことは一度しかない。学部一年の「哲学演習I」でお世話になって以来、院生時代も直接ご指導いただくことはあまりなかった。しかしながら、村上先生の精緻なテキストの読み、鋭い思索は、ご著書や論文からいつも学ばせていただいていた。何より、博士課程を修了した後、東洋大学国際哲学研究センターで研究助手として採用していただき、ともにお仕事をさせていただいたことは、私の大きな財産となっている。研究と仕事の仕方をお教えくださったのは、まさに村上先生であると思っている。

また長島先生にも、博士論文の副査をお引き受けいただいた。長島先生には、研究室でいつも院生の後の研究についてご指導いただいた。常に論文を書き続けること、講義を大切にすること、研究者として、大学人として基礎を疎かにしないようにとお教えいただいた。今も金言として大事にしている。

他にも、学部生の頃からご指導いただいた東洋大学教授の相楽勉先生、永井晋先生、自治医科大学教授の武内大先生には、公私ともに大変お世話になった。私は先生方の講義で育てられ、いつもお声がけいただき励まされた。心より感謝申し上げたい。また、山口研究室には優秀な先輩方が大勢おられ、特に稲垣諭先生や中山純一先生にも大変お世話になった。多くのご助言をいただき、勝手ながら私の目標となっていただいた。現象学を研究する上で、最高の環境であったと思う。

現在、東京女子体育大学に奉職し、スポーツ運動学の金子一秀教授をはじめ、体育、スポーツの分野の様々な先生方と協同研究をさせていただいているが、哲学という一般的でない学問を受け入れていただき、理解いただいていることに驚いている。体育学は何とも懐が深い。そしてそれとともに、体育、スポーツの現場に携わることで現象学の可能性の広さにも改めて向き合うことができている。同僚の先生方にもこの場を借りて御礼を申し上げたい。ぜひここでもう一段成長できるように、精進する次第である。

そして知泉書館の小山光夫氏には、本書の出版をご快諾いただき、そればかりか、編集に際してきめ細やかなご配慮をいただいた。貴社で書類や校正の打ち合わせの際、多くのご助言のみならず、見識の深い思索、学術書を出版することへの情熱をお話しいただいた。どれも私のような若輩にとっては勉強になることばかりであった。厚く御礼申し上げたい。

最後に、学問で生きていくというわがままを何も言わずに許し、支えてくれた祖父母、両親、そして妻に、心よりの感謝を。

なお本書は、東洋大学平成三〇年度「井上円了記念研究助成金」、並びに東京女子体育大学平成三〇年度「奨励個人研究費」を受けて出版される。

二〇一八年九月四日　祖母の命日に

武藤　伸司

Zeitbewusstsein als Dynamik

von

Shinji MUTO

Chisenshokan Tokyo

2018

Inhalt

索　引

サ　行

タ　行

ナ　行

ハ　行

マ　行

ヤ・ラ　行

文 献 表

1．フッサール全集

〈Husserliana〉

Bd. I: *Cartesianische Meditationen und Pariser Vorträge*, hrsg. von S. Strasser, 1950.（邦訳：『デカルト的省察』浜渦辰二訳，岩波書店，2001 年）

Bd. II: *Die Idee der Phänomenologie.* Fünf Vorlesungen, hrsg. von W. Biemel, 1950.（邦訳：『現象学の理念』立松弘孝訳，みすず書房，1965 年）

Bd. III: *Ideen zu einer reinen Phänomenologie und phänomenologischen Philosophie.* Erstes Buch. Allgemeine Einführung in die reine Phänomenologie, hrsg. von W. Biemel, 1950. Als neue Erscheinung: Erstes Halbband. Texte der 1. 2. 3. Auflage; Zweites Halbband. Ergänzende Texte (1912- 1929), hrgs. von K. Schumann, 1976.（邦訳：『イデーン I』全 2 冊（I-1, I-2），渡辺二郎訳，みすず書房，1979 年（第 1 巻），1984 年（第 2 巻））

Bd. IV: *Ideen zu einer reinen Phänomenologie und phänomenologischen Philosophie.* Zweites Buch. Phänomenologische Untersuchungen zur Konstitution, hrsg. von M. Biemel, 1952.（邦訳：『イデーン II』全 2 冊（II-1, II-2）立松弘孝・別所良美訳（II-1），立松弘孝・榊原哲也訳（II-2）みすず書房，2001 年（第 1 巻），2009 年（第 2 巻））

Bd. VI: *Die Krisis der europäischen Wissenschaften und die transzendentale Phänomenologie*, hrsg. von W. Biemel, 1954.（邦訳：『ヨーロッパ諸学の危機と超越論的現象学』細谷恒雄・木田元訳，中公文庫，1974 年）

Bd. X: *Zur Phänomenologie des inneren Zeitbewusstseins (1893-1917)*, hrsg. von R. Boehm, 1966.（邦訳：『内的時間意識の現象学』立松弘孝訳，みすず書房，1967 年）

Bd. XI: *Analysen zur passiven Synthesis.* Aus Vorlesungs- und Forschungsmanu- skripten (1918-1926), hrsg. von M. Fleischer, 1966.（邦訳：『受動的綜合の分析』山口一郎・田村京子訳，国文社，1997 年）

Bd. XII: *Philosophie der Arithmetik.* Mit ergänzenden Texten (1890- 1901), hrsg. von L. Eley, 1970.

Bd. XIV: *Zur Phänomenologie der Intersubjektivität.* Texte aus dem Nachlass. Zweiter Teil: 1921- 1928, hrsg. von I. Kern, 1973.（邦訳：『間主観性の現象学 II　その展開』浜渦辰二・山口一郎監訳，ちくま学芸文庫，2013 年）

Bd. XV: *Zur Phänomenologie der Intersubjektivität.* Texte aus dem Nachlass. Dritter Teil: 1929- 1935, hrsg. von I. Kern, 1973.（邦訳：『間主観性の現象学 II　その展開』浜渦辰二・山口一郎監訳，ちくま学芸文庫，2013 年）

Bd. XIX/1: *Logische Untersuchungen.* Zweiter Band. Untersuchungen zur Phanomenologie und Theorie der Erkenntnis. Erster Teil, hrsg von U. Panzer, 1984.（邦訳：『論理学研究』第 2

巻，第3巻，立松弘孝・松井良和，赤松宏訳，みすず書房，1970年（第2巻）1974年（第3巻））

Bd. XIX/2: *Logische Untersuchungen.* Zweiter Band. Untersuchungen zur Phanomenologie und Theorie der Erkenntnis. Zweiter Teil, hrsg von U. Panzer, 1984.（邦訳：『論理学研究』第4巻，立松弘孝訳，みすず書房，1976年）

Bd. XXIV: *Einleitung in die Logik und Erkenntnistheorie.* Vorlesungen 1906/07, hrsg. von U. Melle, 1984.

Bd. XXV: *Aufsätze und Vorträge (1911- 1921)*, hrsg. von Th. Nenon und H. R. Sepp, 1987.（邦訳：「厳密な学としての哲学」『ブレンターノ　フッサール』世界の名著62，小池稔訳，中央公論社，1980年）

Bd. XXXI: *Aktive Synthesen: Aus der Vorlesung „Transzendentale Logik" 1920/21 Ergänzungsband zu „Analysen zur passiven Synthesis"*, ed. R. Breeur, 2000.

Bd. XXXIII: *Die „Bernauer Mannuskripte" über das Zeitbewusstsein (1917/18)*, eds. R. Bernet, D. Lohmar, 2001.

〈Husserliana Materialien〉

Bd. VII: *Einführung in die Phänomenologie der Erkenntnis. Vorlesung 1909.* Hrsg. von E. Schuhmann, Springer, 2005.

Bd. VIII: *Später Texte über Zeitkonstitution (1929- 1934). Die C- Manuskripte*, hrsg. von D. Lohmar, 2006

2．公刊されたフッサールの他の著書

Erfahrung und Urteil. Untersuchung zur Genealogie der Logik, hrsg. von L. Landgrebe, Hamburg, Felix Meiner, PhB 280, 1972.（邦訳：『経験と判断』長谷川宏訳，河出書房新社，1975年）

3．その他の参考文献（引用していないものも含む）

〈外語文献〉

Alves, Pedro M. S., Consciência do tempo e temporalidade da consciêcia. Husserl perante Meinong e Brentano. in *Phainomenon, 3.* 2001.

———Objective Time and the Experience of Time, in *Husserl Stud.* 2008.

Bechtel, W., Abrahamsen, A., *Connectionism and the Mind.* (2nd ed.), Oxford: Basil Blackwell, 2002.

Bergmann, G., *Realism.* The University of Wisconsin press, Madison, Milwaukee, and London, 1967.

Bernet, R., Einleitung, S. XIX- XXIV, in E. Husserl: *Zur Phänomenologie des inneren Zeitbewusstseins (1893- 1917).* Text nach Husserliana Bd.X/ Edmund Husserl. Hrsg. u. eingel. von R. Bernet. Hamburg: Meiner, 1985.

Brentano, F., *Die Abkehr von Nichtrealen.* Hrsg, von F. Mayer- Hillebrand. Hamburg: Meiner, 1966.

——— *Philosophische Untersuchungen zu Raum, Zeit und Kontinuum.* Aus d. Nachlass mit Anm. von Alfred Kastil. Hrsg. u. eingel. von Stephan Körner u. Roderick Chisholm. -1. Aufl. -Hamburg: Meiner, 1976.

——— *Deskriptive Psychologie.* Hrsg, von R. M. Chisholm und W. Baumgartner. Hamburg: Meiner, 1982.

——— *Psychologie von empirischen Standpunkte.* Sämtliche veröffentlichte Schriften. Hrsg. von Thomas Binder und Arkadiusz Chrudzimski Band 1. Frankfurt: ontos verlag, 2008.

——— *Schriften zur Sinnespsychologie.* Sämtliche veröffentlichte Schriften. Hrsg. von Thomas Binder und Arkadiusz Chrudzimski Band 2. Frankfurt: ontos verlag, 2009.

Brough, J., "The Emergence of an Absolute Consciousness in Husserl's Early Writings on Time- Consciousness", in *Man and World.,* 1972.

Chalmers, D. J., "Facing Up to the Problem of Consciousness", in *Journal of Consciousness Studies,* 2, No. 3: 200- 219, Imprint Academic, 1995.

Chrudzimski, A., *Gegenstandstheorie und Theorie der Intentionalitaet bei Alexius Meinong.* Phaenomenologica, Springer, 2007.

Chisholm, R. M., *Brentano and Meinong Studies.* Studien zur österreichischen Philosophie. Hrsg. von R.Haller Band 3. Amsterdam: Rodopi B.V. ,1982.

Crick, F. *The Astonishing Hypothesis: The Scientific Search for the Soul.* A Touchstone Book, Published by Simon and Schuster, New York. 1994.

Deecke, L., Scheid, P., Kornhuber, H., "Distribution of Readiness Potentials Preceding Voluntary Finger Movements.", *Experimental Brain Research.* vol. 7, Springer-Verlag, 1969.

Depraz, N., "The rainbow of emotion: At the crossroads of neurobiology and phenomenology", in Continental Philosophy Review 41: 237- 259, Springer, 2008.

Diemer, A., *Edmund Husserl Versuch einer systematischene Darstellung seiner Phänomenologie.* 2. verbesserte Auflage Verlag Anton Hain. Meisenheim am Glan, 1965.

Dodd, J., "Reading Husserl's Time- Diagrams from 1917/ 18", in Husserl Studies 21: 111- 137., Springer, 2005.

Egger, M., *Bewusstseinstheorie ohne Ich-Prinzip?* Verlag Dr. Kovač Hamburg 2006.

Franck, D., *Dramatique des phénomènes.* Press. Universitaires de France, 2001.（ディディエ・フランク『現象学を超えて』本郷均・米虫正巳・河合孝昭・久保田淳訳，萌書房，2003 年）

Gallagher, S. and Zahavi, D., *The Phenomenological Mind.* Published Routledge, London and New York, 2008.（邦訳：ショーン・ギャラガー，ダン・ザハヴィ『現象学的な心』石原孝二・宮原克典・池田喬・朴嵩哲訳，勁草書房，2011 年）

Gibson, J. J., *The Perception of the Visual World. Boston*: Houghton Mifflin. 1950.

——— *The Ecological Approach to Visual Perception.* Published by Houghton Mifflin Company, Boston, Massachusetts, USA, 1979.（邦訳：J・J・ギブソン『生態学的知覚論——ヒトの知覚世界を探る』古崎敬・古崎愛子・辻敬一郎・村瀬旻共訳，サイエンス社，1985 年）

Goldstein, K., *Der Aufbau des Organismus.* Nijhoff, Den Haag 1934.（邦訳：K. ゴールドシュタイン『生体の機能——心理学と生理学の間』, 村上仁・黒丸正四郎訳，みすず書房，1970 年）

Held, K., *Lebendige Gegenwart.* Martinus Nijhoff, 1966.（邦訳：K. ヘルト『生き生きした現在』新田義弘・小川侃・谷徹・斎藤慶典共訳，北斗出版，1997 年）

——— „Die Problem der Intersubjektivität und die Idee einer phänomenologi- schen Transzendentalphilosophie", in *Perspektiven transzendentalphänomenologi- scher Forschung*, Den Haag, Martinus Nijhoff, 1972.

Held, R., Hein, A., "Adaptation of disarranged hand- eye coordination contingent upon re-afferent stimulation.", in *Perceptual- Motor Skills 8*, 1958.

Holenstein, E., *Phänomenologie der Assoziation.* Martinus Nijhoff, The Hague, Netherlands, 1972.

Jackendoff, R., *Consciousness and the Computational Mind.* Cambridge, MA: MIT Press. 1987.

Janich, P., *Das Maß der Dinge. Protophysik von Raum, Zeit und Materie.* Suhrkamp Verlag KG 2002.

Kandel, E., James Schwartz, J., Jessell, T., *Principles of Neural Science.* Fourth Edition, McGraw- Hill Medical. 2000.

Keijzer, F., *Represantion and Behavior.* Cambridge, MA: MIT Press, 2001.

Kern, I., *Husserl und Kant*, Haag, 1940.

Kortooms, T., *Phenomenology of Time.* Kluwer Academic Publishers, Printed in the Netherlands, 2002.

Kraus, O., *Franz Brentano.* München, 1919.

——— „Zur Phänomenogsie des Zeitbewusstseins", in *Archiv für die gesamte Psychologie.* Bd. 75. Leipzig, 1930.

Landgrebe, L., „Das Problem der Teleologie und der Leiblichkeit in der Phänomenologie und im Marxismus", in *Phänomenologie und Marxismus 1*, Suhrkamp, 1977.（邦訳：「目的論と身体性の問題——現象学とマルクス主義をめぐって」小川侃訳『現象学とマルクス主義 II』所収，白水社，1982 年）

Libet, B., *Mind Time The Temporal Factor in Consciousness.* Harvard University Press; New Ed., 2005.（邦訳：ベンジャミン・リベット『マインド・タイム』下条信輔訳，岩波書店，2005 年）

Lohmar, D., *Phänomenologie der Mathematik.* Phänomenologica 114, Kluwer Academic Publishers, printed in The Netherlands, 1989.

——— "What does protention "protend" ? Remarks on Husserl's Analyses of Protention in

Bernau Manuscripts on Time- Consciousness", MLAin *Philosophy Today*, 2002.

Lotze, H., *Metaphysik, Drei Bücher der Ontologie, Kosmologie und Psychologie mit einem Anhang. Die Prinzipien der Ethik*, einem Namen- und Sachregister herausgegeben von Georg Misch. Leipzig, Meiner, 1912.

Marbach, E. *Das Problem des Ich in der Phänomenologie Husserls*, Phaenomenologica 59, 1974.

Matsuno, K., *Protobiology: Physical Basis of Biology.* CRC Press, Inc, 1989.

McGinn, C., *The Mysterious Flame: Conscious Mind in a Material World*, Basic Books, New York, 1999.

Meinong, A., „Über Gegenstände höherer Ordnung und deren Verhältnis zur inneren Wahrnehmung". in: *Gesamtausgabe*, Band 2, 1971.（英訳：Schubert Kalsi, M- L., *Alexius Meinong. On Objects of higher Order and Husserl's Phenomenology.* Martinus Nijhoff. The Hague, Boston, London, 1978）

Melloni, L., Molina, C., Pena, M., Torres, D., Singer, W., Rodriguez, E., "Final proof of role of neural coherence in consciousness?": in *The Journal of Neuroscience*, March 14, 27(11), 2007.

Mensch, J.R., "Husserl's Concept of the Future", in *Husserl Studies 16*, 1999.

Merleau- Ponty, M., *La structure du comportement.* Presses universitaires de France, Paris, 1942.（邦訳：メルロ＝ポンティ『行動の構造』滝浦静雄・木田元訳，みすず書房，1964 年）

——— *Phénoménologie de la perception.* Éditions Gallimard, Paris, 1945.（邦訳：メルロ＝ポンティ『知覚の現象学 1』竹内芳郎・小木貞孝訳，みすず書房，1967 年）

——— *Le visible et l' invisible.* Éditions Gallimard, 1964.（邦訳：メルロ＝ポンティ『見えるものと見えないもの』滝浦静雄・木田元訳，みすず書房，1989 年）

Mirollo, R., Strogartz, S., "Synchronisation of pulse- coupled biological oscillators", in *SIAM Journal on Applied Mathematics*, vol. 50, No. 6, Dec., 1990.

Morris, R., *Time's Arrows — Scientific Attitudes Toward Time.* Simon and Schuster, New York, 1984.（邦訳：リチャード・モリス『時間の矢』荒井喬訳，地人書館，1987 年）

Mulligan, K., Brentano on the Mind, in *The Cambridge Companion to Brentano.* Ed. D. Jaquette, Cambige Univ., 2004.

Natorp, P., *Allgemeine Psychologie nach kritischer Methode*, 1912.

Newton, I., *The Principia.* Prometheus Books 59 John Glenn Drive, Amherst, New York 1995.

Ni, L., „Urbewußtsein und Unbewußtsein in Husserls Zeitverständnis" in *Husserl Studies*, 21. Springer, 2005.

Niel, L., *Absoluter Fluss- Urprozess- Urzeitigung.* Verlag Königshausen & Neumann GmbH, Würzburg, 2011.

Petitot, J., Varela, F. J., Pachoud, B., Roy, J-M., (eds.), "Beyond the Gap: An Introduction to Naturalizing Phenomenology", in *Naturalizing phenomenology: Issues in contemporary*

phenomenology and cognitive science. : 1- 80. Stanford: Stanford University Press, 1999.

Prigogine, I., *From Being to Becoming: Time and Complexity in the Physical Sciences.* W. H. Freeman and Company, San Francisco, 1980.（邦訳：イリア・プリゴジン『存在から発展へ——物理科学における時間と多様性』小出昭一郎，安孫子誠也共訳，みすず書房，1984 年）

Rössler, Otter E., *Endophysics: The World As an Interface.* World Scientific Publishing Company, 1998.

Schuhmann, K., *Reine Phänomenologie und phänomenologische Philosophie: Die Dialektik der Phänomenologie II.* Martinus Nijhoff, den Haag, 1973.

Schuhmann, K., „Die Dialektik der Phaenomenologie": Band I: *Husserl ueber Pfäender.* Phaenomenologica. Martinus Nijhoff, Springer, Haag 1973.

Searle, J. R., *The Rediscovery of Mind.* Cambridge, MA: The MIT Press., 1992.（邦訳：ジョン・R・サール『ディスカバー・マインド！——哲学の挑戦』宮原勇訳，筑摩書房，2008 年）

Sokolowski, R., *The Formation of Husserl's Concept of Constitution.* Martinus Nijhoff. The Hugue, 1970.

Van Atten, M., "Why Husserl schould have been a strong Revisionist in Mathematics" *Husserl Studies*. 2002.

Varela, F. J., Thompson, E., Rosch, E., *The Embodied Mind: Cognitive Science and Human Experience.* Cambrige, MA: The MIT Press. 1991.（邦訳：フランシスコ・J・ヴァレラ，エヴァン・トンプソン，エレノア・ロッシュ『身体化する心』田中靖夫訳，工作舎，2001 年）

Varela, F. J., "Neurophenomenology —A Methodological Remedy for the Hard Problem", in *Journal of Consciousness Studies,* Vol. 3, No.4: 330-349 Imprint Academic, 1996.（邦訳：フランシスコ・J・ヴァレラ「神経現象学——意識のハード・プロブレムに対する方法論的救済策」河村次郎訳『現代思想』10. vol. 29. 所収，青土社，2001 年）

——— "Present- Time Consciousness", in *Journal of Consciousness Studies, 6, 2- 3, The View from Within: First- person approaches to the study of consciousness.* Edited by Francisco J. Varela and Jonathan Shear, Imprint Academic, 1999.

——— "The Specious Present —A Neurophenomenology of Time Consciousness", in *Naturalizing Phenomenology*, eds. J. Petitot, F. J. Varela, B. Pachoud, J- M. Roy, SUP, California, 1999.

Whitehead, Alfred North., *Process and Reality.* Edited by David Ray Griffin and Donald W. Sherburne, The Free Press, New York, 1978.

Zahavi, D., "Time and Consiousness in the Bernau Manuscripts", MLAin *Proceeding of the third international Meeting for Husserl Studies in Japan,* 2003.

——— "Phenomenology and the project of naturalization.", in *Phenomenology and the Cognitive Sciences,* 3/4. 331- 347. Kluwer Academic Publishers. Printed in the

Netherlands, 2004.

〈邦語文献〉
合原一幸『カオス――まったく新しい創造の波』講談社，1993 年
浅田稔「認知発達ロボティクスによる脳と心の理解」，土井利忠・藤田雅博・下村秀樹編『脳・身体・ロボット――知能の創発を目指して』シュプリンガーフェアラーク東京，2005 年
阿部龍蔵『熱統計力学』裳華房，1995 年
甘利俊一・坂田英夫編『脳とニューラルネット』朝倉書店，1994 年
雨宮隆「生物生態系の機能的階層構造と多重安定性――非線形科学から見た生態環境問題」『数理解析研究所講究録』1522 巻所収，2006 年
池上高志『動きが生命を作る』青土社，2007 年
伊藤宏司『ニューロダイナミクス』共立出版，2010 年
伊藤正男「脳の中には何があるのか」，土井利忠・藤田雅博・下村秀樹編『身体を持つ知能――脳科学とロボティクスの共進化』シュプリンガー・ジャパン，2006 年
稲垣諭『衝動の現象学』知泉書館，2007 年
大槻義彦・大場一郎編『新物理学事典』講談社，2009 年
小倉貞秀『ブレンターノの哲学』以文社，1986 年
鹿児島誠一『振動・波動入門』サイエンス社，1992 年
加藤恭義・光成友孝・築山洋共著『セルオートマトン法――複雑系の自己組織化と超並列処理』森北出版株式会社，1998 年
金子邦彦・津田一郎『複雑系のカオス的シナリオ』朝倉書店，1996 年
川人光男「随意運動制御の計算論」，甘利俊一・坂田英夫編『脳とニューラルネット』朝倉書店，1994 年
――――『脳の計算理論』産業図書，1996 年
――――「脳と人間型ロボットを創ることにより脳を知る」，土井利忠・藤田雅博・下村秀樹編『脳・身体性・ロボット』シュプリンガーフェアラーク東京，2005 年
河村次郎『意識の神経哲学』萌書房，2004 年
河本英夫『オートポイエーシス』青土社，1995
――――『システム現象学　オートポイエーシスの第四領域』新曜社，2006 年
北原和夫『プリゴジンの考えてきたこと』岩波書店，1999 年
木村彰吾「超越論的意識と純粋自我の問題――デカルト・サルトル・フッサール」『立命館文学』10・11・12 第 496・497・498 号，立命館大学人文学会，1986 年
工藤和男『フッサール現象学の理路――『デカルト的省察』研究』晃洋書房，2001 年
蔵本由紀 編『リズム現象の世界』東京大学出版会，2005 年
呉羽真「生活世界における心――意識の問題と現象学の自然化」『哲学論叢』35 号，58-69 頁，京都大学，2008 年
郡司ペギオ - 幸夫『原生計算と存在論的観測』東京大学出版会，2004 年

――――『時間の正体』講談社選書メチエ，2008 年
小林利裕『フッサール研究』法律文化社，1990 年
斎藤慶典「フッサール初期時間論における「絶対的意識流」をめぐって」，日本哲学会編『哲学』No.37，法政大学出版局，1987 年
――――『思考の臨界』勁草書房，2000 年
――――『フッサール　起源への哲学』講談社選書メチエ，2002 年
榊原哲也「時間と還元」，『論集Ⅶ』東京大学，1987 年
――――「フッサールの時間意識――初期時間論における「時間構成的意識流」の概念の生成」，哲学会編『近代哲学論叢』哲学雑誌，第 104 巻，第 776 号，有斐閣，1989 年
――――『フッサール現象学の生成』東京大学出版会，2009 年
佐々木正人『アフォーダンス――新しい認知の理論』岩波書店，1994 年
――――「運動はどのようにアフォーダンスにふれているか」，佐々木正人・松野孝一郎・三嶋博之著『アフォーダンス』青土社，1997 年
佐藤幸三「フッサール現象学における自我について」『哲学・思想論叢』第 22 号，筑波大学哲学・思想学会，2004 年
佐藤力『非線形振動論』朝倉書店，1970 年
品川哲彦「人格的自我――フッサール自我論における」，日本哲学会編『哲学』No.37，法政大学出版局，1987 年
篠木芳夫「ナトルプの一般心理学とフッサール」，日本哲学会編『哲学』No.29，法政大学出版局，1979 年
多賀厳太郎『脳と身体の動的デザイン――運動・知覚の非線形力学と発達』金子書房，2002 年
竹内淳『ボルツマンの原理』講談社，2008 年
武内大『現象学と形而上学』知泉書館，2010 年
竹山説三『電磁気学現象理論』丸善出版，1949 年
田崎秀一『カオスからみた時間の矢』講談社，2000 年
田島節夫『フッサール』講談社学術文庫，1996 年
谷徹『意識の自然』勁草書房，1998 年
丹治順『脳と運動――アクションを実行させる脳』第 2 版，共立出版，2009 年
戸田山和久「心は（どんな）コンピューターなのか　古典的計算主義 vs. コネクショニズム」，信原幸弘編『シリーズ心の哲学Ⅱ ロボット篇』，勁草書房，2004 年
中村雅樹「ブレンターノの時間論」，日本哲学会編『哲学』第 32 号，法政大学出版局，1982 年
――――『ブレンターノの倫理思想』晃洋書房，1997 年
――――「表象なき認知」，信原幸弘編『シリーズ心の哲学Ⅱ ロボット篇』勁草書房，2004 年
成田常雄「持続と変様――フッサール時間論における対象意識について」『思想』No.652，岩波書店，1978 年

新田義弘『世界と生命　媒体性の現象学へ』青土社，2001 年
野家伸也「ヴァレラの「自然化された現象学」をめぐって」，日本現象学会編『現象学年報』18 号，113-122 頁，2002 年
信原幸彦「認知哲学のおもな流れ」，信原幸弘編『シリーズ心の哲学Ⅱ ロボット篇』，勁草書房，2004 年
船橋弘「フッサール現象学における自我概念の展開」『宮城教育大学紀要』第 12 巻，宮城教育大学，1977 年
真達大輔「過去把持の二重の志向性について」『現象学年報』19 号，日本現象学会，2003 年
松野孝一郎『内部観測とは何か』青土社，2000 年
松野孝一郎，郡司ペギオ - 幸夫，オットー・E・レスラー『内部観測』青土社，1997 年
三嶋博之「アフォーダンスとは何か」，佐々木正人・松野孝一郎・三嶋博之著『アフォーダンス』青土社，1997 年
水地宗明「ブレンターノ時間論（1）」，滋賀大学経済学会編『彦根論叢』215，1982 年
――――「ブレンターノ時間論（2）」，滋賀大学経済学会編『彦根論叢』217，1982 年
武藤伸司「時間の不可逆性について――物理学における時間の考察と，現象学的記述の関係」『東洋大学大学院紀要』46 集，東洋大学，2010 年
――――「現象学と自然科学の相補関係に関する一考察（2）」『「エコ・フィロソフィ」研究』Vol. 10，東洋大学「エコ・フィロソフィ」学際研究イニシアティブ，2016 年
――――「本質直観と時間意識」，河本英夫，稲垣諭編著『現象学のパースペクティブ』晃洋書房，2017 年
村上陽一郎『時間の科学』岩波書店，1986 年
村田憲郎「反省する意識と反省される意識との「同時性」について――フッサール現象学における初期時間論の変遷をめぐって」，一橋大学一橋学会編集『一橋論叢』第 124 巻第 2 号，日本評論社，2000 年
――――「「根源的連合」説と「統握 - 内容」図式：ブレンターノとフッサールの時間論」，一橋大学一橋学会編集『一橋論叢』第 133 巻第 2 号，日本評論社，2005 年
茂木健一郎「偶有性の脳科学 The Contingent Brain」，藤田雅博／下村秀樹編『発達する知能』丸善出版，2012 年
山口一郎『他者経験の現象学』国文社，1985 年
――――『現象学ことはじめ』日本評論社，2002 年
――――『文化を生きる身体』知泉書館，2003 年
――――『存在から生成へ』知泉書館，2005 年
――――『人を生かす倫理』知泉書館，2008 年
――――『感覚の記憶』知泉書館，2011 年
――――『現象学ことはじめ　改訂版』日本評論社，2012 年
和田渡「時間意識の問題――『内的時間意識の現象学』に即して」『文化学年報』第 27

号，同志社大学文化学会，1978 年
———「分水領としての『ベルナウ時間意識草稿』——意識流の自己構成と意識の受動性及び無意識に関する問題」『フッサール研究』第 3 号，2005 年

〈邦訳文献〉

カント , I.『純粋理性批判』上，原佑訳，平凡社ライブラリー，2005 年
ゲルマン , M.『クォークとジャガー』野本陽代訳，草思社，1997 年
サルトル , J- P.『自我の超越　情動論素描』竹内芳郎訳，人文書院，2000 年
シュベンク , Th.『カオスの自然学』赤井敏夫訳，工作舎，1986 年
デスパーニア , B.『現代物理学にとって実在とは何か』柳瀬睦夫監修・丹治信春訳，培風館，1988 年
ニコリス , G., プリゴジン , I.『複雑性の探求』安孫子誠也・北原和夫訳，みすず書房，1993 年
ベルネ , R., ケルン , I., マールバッハ , E.『フッサールの思想』千田義光・鈴木琢真・徳永哲郎訳，哲書房，1994 年
プリゴジン , I.『存在から発展へ』小出昭一郎・安孫子誠也，みすず書房，1984 年
———『確実性の終焉』安孫子誠也・谷口佳津宏訳 みすず書房 1997
プリゴジン , I., コンデプディ , D.『現代熱力学——熱機関から散逸構造へ』妹尾学・岩元和敏訳，朝倉書店，2001 年
プリゴジン , I., スタンジェール , I.『混沌からの秩序』伏見康治・伏見譲・松江秀明訳，みすず書房，1987 年
ポアンカレ , H.『科学と方法』吉田洋一訳，岩波文庫，1953 年
マクファデン , J.『量子進化』斉藤成也監訳・十河和代・十河誠治訳，共立出版，2003 年
メルロ＝ポンティ , M.『目と精神』滝浦静雄・木田元共訳，みすず書房，1966 年
———『言語と自然　コレージュ・ドゥ・フランス講義要録』滝浦静雄・木田元共訳，みすず書房，1979 年
モハンティ , J. N.『フッサールとフレーゲ』貫成人訳，勁草書房，1991 年
モンナ , A. F.『現代数学発展史』鶴見和之・新井理生訳，電機大出版局，1993 年
ヤニッヒ , P.『製作行為と認識の限界』河本英夫・直江清隆訳，国文社，2004 年
ラマチャンドラン , V. S.『脳の中の幽霊，ふたたび』山下篤子訳，角川書店，2005 年
レヴィナス , E.『フッサール現象学の直観理論』佐藤真理人・桑野耕三訳，〈叢書・ウニベルシタス 357〉，法政大学出版局，1991 年
ロフタス , J. R., ロフタス , E. F.『人間の記憶——認知心理学入門』大村彰道訳，東京大学出版会，1980 年

武藤　伸司（むとう・しんじ）
1983年，福島県生まれ。東洋大学文学部哲学科卒業，東洋大学大学院文学研究科哲学専攻博士後期課程修了。博士（文学）。東洋大学国際哲学研究センター研究助手を経て，現在東京女子体育大学常勤講師。専門は哲学，現象学。
〔主要業績〕「本質直観と時間意識」（共著，河本英夫・稲垣諭編著『現象学のパースペクティヴ』，晃洋書房，2017年），「第8章　ベルンハルト・ヴァルデンフェルス「為しうることと為しえないこと」（武藤伸司／訳）」（村上勝三・東洋大学国際哲学研究センター編著『ポストフクシマの哲学—原発のない世界のために』，明石書店，2015年），「『ベルナウ草稿』における未来予持と触発——意識流の構成における未来予持の必然性を問う」（研究奨励賞受賞論文，『現象学年報』29号，2013年）他。

〔力動性としての時間意識〕　ISBN978-4-86285-288-5

2018年12月20日　第1刷印刷
2018年12月25日　第1刷発行

著　者　武　藤　伸　司
発行者　小　山　光　夫
製　版　ジ　ャ　ッ　ト

発行所　〒113-0033 東京都文京区本郷1-13-2
電話03(3814)6161 振替00120-6-117170
http://www.chisen.co.jp
株式会社　知泉書館

Printed in Japan　印刷・製本／藤原印刷